集人文社科之思 刊专业学术之声

集 刊 名：知识产权研究
主办单位：中国社会科学院知识产权中心
主　　编：周　林
执行主编：张　鹏
编　　委：管育鹰　杨延超　李菊丹　肖　华　董炳和　宋红松
刊物支持：上海市华诚律师事务所

STUDIES ON INTELLECTUAL PROPERTY RIGHTS

学术顾问

王　迁　　上海华东政法大学教授

卢明辉　　南京大学教授

刘晓海　　上海同济大学教授

李雨峰　　重庆西南政法大学教授

吴伟光　　清华大学法学院副教授

托马斯·霍伦（Thomas Hoeren）　德国明斯特大学教授

余家明（Peter K. Yu）　美国德克萨斯A&M大学教授

彼得·德霍斯（Peter Drahos）　欧洲大学意大利佛罗伦萨学院教授

第二十八卷

集刊序列号：PIJ-2018-324
中国集刊网：www.jikan.com.cn
集刊投约稿平台：www.iedol.cn

中国社会科学院知识产权中心
INTELLECTUAL PROPERTY CENTER CHINESE ACADEMY OF SOCIAL SCIENCES

创办于1996年

知识产权研究

第二十八卷

数据保护与信息自由

STUDIES ON
INTELLECTUAL PROPERTY RIGHTS
NO. 28

周林 ／ 主编

社会科学文献出版社
SOCIAL SCIENCES ACADEMIC PRESS (CHINA)

卷 首 语

信息法研究的一个难题是，究竟如何定义"信息"？特别是当数据的法律保护成为法学界一个"显学"之后，数据凸显出来，又遇到如何定义"数据"这个问题。"信息"和"数据"相互关联，但是在不同语境下，二者的规定不同，解读迥异。在2018年施行的欧盟《通用数据保护条例》中，个人数据被定义为"与已识别或可识别的自然人有关的任何信息"，而2021年我国《个人信息保护法》第4条第1款规定："个人信息是以电子或者其他方式记录的与已识别或者可识别的自然人有关的各种信息，不包括匿名化处理后的信息。"前者所称数据以信息为前提，而后者则不使用数据称谓，直接规定个人信息范围。

早在1985年，已故著名法学家郑成思先生就提出"信息产权"概念。在法学界，特别是在知识财产法学圈内，引入"信息"概念并进行系统研究是郑先生在学术上最重要的贡献之一。在2003年，郑先生上书国家有关部委，呼吁"应尽快出台个人信息保护法"。现如今《个人信息保护法》已经颁布并即将从2021年11月1日起施行。这是我国立法的一大进步，也折射出学术界在"信息产权""信息保护"方面的共识与发展。

但是学术上的争议犹存，例如，欧盟相关指令语境下使用的"数据"与我国"个信法"语境下使用的"信息"，二者既有区别又有联系，它们在一定程度上说的是一回事，至少在中欧学者之间的交流中，使用"个人数据"和/或"个人信息"没有障碍。德国明斯特大学霍伦教授说："每一个人都拥有信息，并且对信息可能是什么有着直观的理解。无论是被称为'信息'、'知识'还是'数据'，我们都知道像信息这样有价值的东西是存在的，尽管我们可能不明白它究竟是什么。"认识数据，了解信息，是学习和研究信息法及知识财产法最重要的方面之一。

周林
2021 年 9 月 1 日

知识产权研究

第二十八卷
2022年3月出版

编者的话

大数据的法律保护 …………………………………………… 张 鹏 / 3

主题研讨

论数据相关的权利保护和问题
　　——美国与欧盟相关规制的梳理与比较 ………………… 孙远钊 / 3
个人数据保护的责任主体研究
　　——以医疗数据为切入点 ………… 林 威　李 婷　张子谦 / 91
浅析公开数据与公开个人信息的处理边界问题 …………… 李瑛莉 / 108

信息法研究

德国版权法的过度扩张
　　——兼论信息法的一些零碎思想 ……… 托马斯·霍伦 著　韩彤 译 / 133
因事制宜，因时制宜，因用制宜
　　——美国版权法介绍 ……………………………………… 裘安曼 / 156
商业秘密刑事保护的反思与修正 …………………………… 齐劲沣 / 167

研究生论坛

独创性的客观主义判断标准反思
　　——以人工智能生成内容为模型 ………………………… 李亚兰 / 201
日本法视野下互联网服务器数据灭失的侵权责任
　　——以东京地方法院平成21年5月20日判决为例 ……… 任我行 / 222

论规避著作权技术措施与帮助犯正犯化
　　——对《刑法修正案(十一)》相关规定的分析 ………… 郭力瑄 / 241

司法前沿

涉互联网不正当竞争纠纷案件行为保全
　　司法裁量分析 …………………………… 吴月琴　何　鑫 / 255
论企业隐私政策的合同法规制 …………………………… 陈润平 / 262

书　评

从作品独占论到著作权工具论
　　——《知识财产法哲学》读后的一点思考 ………… 李　杨 / 281

英文摘要 ……………………………………………………………… / 285
征稿启事 ……………………………………………………………… / 293
稿件体例 ……………………………………………………………… / 295

Studies on Intellectual Property Rights

(Number 28)
2022 年 3 月出版

Editor's Note

Legal Protection of Big-data .... Zhang Peng / 3

Focus

On Date-related Rights and Protection—A Comparative Study on Date Protection in the US and EU .... Andy Y. Sun / 3

A Study on the Responsible Party of Personal Data Protection—From the Perspective of Health-care Data .... Lin Wei, Li Ting, Zhang Ziqian / 91

Analysis of the Processing Boundary of the Opening of Data and Personal Information .... Li Yingli / 108

Studies on Information Law

The Hypertrophy of German Copyright Law—And Some Fragmentary Ideas on Information Law   Written by Thomas Hoeren   Translated by Han Tong / 133

Adaptation to Fit the Situation, Time and Use—An Introduction to US Copyright Law .... Qiu Anman / 156

Reflection and Revision on the Criminal Protection of Commercial Secrets .... Qi Jinfeng / 167

Postgraduate Forum

A Reflection on the Objective Criteria of Determining Work's Originality—Taking AI Generated Content as A Model .... Li Yalan / 201

Tort Liability for Loss of Internet Server Data under the Perspective of Japanese Law—Review of the Tokyo District Court Judgment of May 20, 2012 .... Ren Woxing / 222

On Circumvention of Technological Measures and Defining Aiding Acts as an Independent Crime—An Analysis of the Relevant Provisions in Amendment (XI) to the Criminal Law of the People's Republic of China

Guo Lixuan / 241

Judicial Frontier

Analysis of Judicial Discretion on Preservation of Conduct in Internet-related Unfair Competition Dispute　　　　　　　　　　　　*Wu Yueqin*, *He Xin* / 255

On the Contractual Regulation of Corporate Privacy Policies　*Chen Runping* / 262

Book Review

From the Doctrine of the Exclusivity of Works to the Instrumentalism of Copyright—Reflections on Reading the Book *A Philosophy of Intellectual Property*

Li Yang / 281

Table of Contents & Abstracts	/ 285
Call for Contribution	/ 293
Submission Guidelines	/ 295

编者的话

大数据的法律保护

张 鹏[*]

以物联网、大数据、人工智能等为代表的第四次科技革命给各国法律工作者提出了很多新的挑战。特别是随着数据财产性价值的提升，数据服务提供者日益要求给予其更加灵活的利用空间与更加周延的产权保护。面对这一诉求，各国实践给出了不同的答案。其中尤以数据财产权化与不当利用行为规制两种进路为代表，体现出了不同国家对于数据保护的不同看法。鉴于此，本卷以"数据保护与信息自由"为主题发表三篇论文，期待以世界各国数据保护与利用领域的最新实践为基础，在借鉴相关学说与实践经验的同时，能够为中国数据保护与利用提供有益的借镜。

孙远钊教授的《论数据相关的权利保护和问题——美国与欧盟相关规制的梳理与比较》一文向我们全面展示了欧美国家在处理数据产权与自由利用问题上的不同进路。在理论上该文细密梳理了与大数据相关的规范体系中所涉及的两类问题：一是大数据服务提供者在收集与利用数据过程中涉及他人享有某种利益的个人信息时，如何处理个人信息主体与数据收集和利用主体间的利益关系问题；二是处于竞争状态下同为数据服务提供者的第三人不当利用他人投资构建的大数据的法律规制问题。对于这两类问题，作者旗帜鲜明地指出：智力劳动的投入与成果并不当然表示必须赋权；即使享有权利也从不等于、更无法保证具有何种价值，而是要由市场来决

---

[*] 张鹏，中国社会科学院法学研究所助理研究员，中国社会科学院知识产权中心研究员。

定。而当前对于数据的关注焦点已经从数据本身或数据库转向对数据安全性及其背后所投射或反映的个人隐私保护问题。

文章在第一个问题，即大数据的保护问题上，作者旗帜鲜明地反对既然新技术环境下数据的价值日益高涨，成为决定某一企业在市场竞争中存亡的关键因素，那么其就应该获得法律的周延保护的观点。对此，笔者也十分赞同，这种观点事实上是一种循环论证，① 即数据的价值事实上是以法律保护为依存的。假设如果没有对数据进行保护的法律制度，那么任何市场竞争主体都可以自由利用数据，这样数据的财产价值为零。只有存在对数据进行保护的法律制度，数据才能体现出市场价值。因此单纯地声称数据具有价值就该获得法律保护的观点并不能正当化数据保护。对他人智力成果的搭便车行为并不等于违法行为，人类社会正是因为自由利用行为才得以通过竞争走向繁荣。而对于某种数据的搭便车行为只有满足以下条件才能进行规制：一是搭便车行为对大数据开发者造成损害，二是该损害可能危及数据开发者继续提供新成果的积极性，三是对搭便车行为的禁止以促进提供更佳便捷服务的激励为限。

文章在第二个问题，即个人信息的保护问题上，通过该文的介绍可以发现各国在数据利用的规范构成上也存在显著差别，对这些差别的梳理与提示，可以为我国提供新的比较法上的启示，特别是验证不同国情与法律传统、不同市场经济发展阶段下，数据利用规范体系所呈现出的多样性。

林威等人的论文以"医疗数据"这一最为关涉个人信息的数据类型为中心，分析了个人数据保护的责任主体问题。文章通过比较法经验的挖掘指出，在责任主体问题上存在"控制者—处理者"二分框架。在此框架下，应当明确不同角色所承担的具体责任：一是在数据主体的知情权等积极权利的响应方面，应当由"控制者"承担直接责任；二是在其他的数据安全

---

① 〔日〕田村善之：《第四次产业革命与知识产权制度》，《知识产权法政策研究》2018年第51期。

保障义务方面,"控制者"和"处理者"应当承担直接的连带责任。

李瑛莉的论文就利用已公开的数据是否会产生侵犯个人隐私的问题进行了分析。文章指出:互联网的公共性与互联网的连通性并不意味着公开性的个人数据就不存在隐私问题,也不意味着这类数据完全属于公共产品。文章建议:在对公开数据以及公开个人信息的处理上,可以适用场景化保护,根据个案的不同,对不同类型的公开数据以及公开个人信息实施不同的保护。

在本刊特色栏目"信息法研究"中,本卷推介了三篇文章。其中托马斯·霍伦教授的宏文将版权法视作互联网4.0时代信息法知识秩序的大宪章。但是近年来一系列立法和司法层面的做法,诸如版权保护范围的扩大、保护期的延长、权利买断问题、权利限制规定的限缩性解释、邻接权的扩大、版权与商标法和专利法界限的模糊等,导致了其自身的崩溃。对此作者指出要在元规则层面将版权制度作为一种工具来定义如何公平获取信息和如何实现公平分配信息,以挽救版权法从过度扩张走向最终崩溃的危机。

作为版权界的老前辈,裘安曼先生在文章中向我们描绘了美国版权法的制度沿革与立法特点。他精到地总结了美国版权立法的几个特点:本土特点优先、讲究实用实效、着重解决问题、坚持市场原则、追求利益平衡、讲究规则程序、信奉权力制约、倚赖司法公正和不断与时俱变等。在此基础上,作者又将美国版权法与中国著作权法进行比较,使得我们对中国著作权制度的完善和长远改革方向有了更加清晰的认识。

众所周知,近期各国在商业秘密保护规则方面均进行了大幅更新,并使之成为新技术环境下对信息进行保护的主要工具。于我国而言,除了通过《反不正当竞争法》进行相关规则的更新之外,对于商业秘密刑事保护的规则更新也引起了格外的关注。对此齐劲沨的论文在详尽梳理我国商业秘密刑事保护的相关规范后指出:刑法在大幅提升对企业商业秘密的法律保护水平的同时,也应引导公民合理合法地维护自身利益,不滥用法律规范主张权益,进而实现保护商业秘密权利人的经济利益和推动大众创新与人才流动的平衡。

在"研究生论坛"栏目中本卷推介了三篇论文。其中李亚兰的论文以人工智能生成内容究竟是否具有独创性为切入点，通过反思独创性判断之客观标准，指出人工智能生成内容可版权性问题的关键不在于主体问题，而在于选择更为公平的利益分配机制。基于"最小利益分配单元"这一视角，著作权法应当坚持以自然人作为利益分配的固定起点，充分考虑"创作可能性"，以更好地实现法的正义价值。任我行的论文以数据灭失的侵权责任承担为中心，对于这一新型侵权行为，文章在介绍日本法院判决和日本相关学说的基础上，指出作为权益侵害及损害评价之客体的数据可以作为绝对权承载的客体，以权利侵害的救济路径予以保护。在财产损害的算定上，应以差额说为准，以数据寻回所需费用作为赔偿的范围。而在过错的判断及注意义务的识别上，应注意互联网数据中心服务中免责条款、责任限制条款对于行为人注意义务的影响，没有理由使行为人负担超过责任限制条款程度的注意义务。郭力瑄的论文指出《刑法修正案（十一）》将规避技术措施规定为侵犯著作权罪的不法行为类型涉及帮助犯正犯化，通过考察规避技术措施的出现背景、技术特征和现实危害，认为这类帮助行为具有实质的正犯化根据，但也需注意部分具体案件中存在欠缺正犯化根据的情况。

在"司法前沿"栏目中本卷推介了两篇论文。其中吴月琴与何鑫的论文梳理了近年来涉互联网不正当竞争纠纷案件行为保全裁定，并从《最高人民法院关于审查知识产权纠纷行为保全案件适用法律若干问题的规定》出发，分析法院对该解释的具体适用及考量因素。陈润平在论文中指出司法实践中通常仅将企业隐私政策放在格式合同的规制框架之下，忽略了立法机关和行政机关对企业隐私政策制定的各种禁止性和强制性规范，导致公法上无效的条款在私法上有效。为消弭私法规制与公法规制之间的裂痕，应当先借助《民法典》第153条第1款的规定，认定违反法律、行政法规的强制性规定的企业隐私政策条款无效。若相应规范层级较低，则需借助《民法典》第497条第2项的规定，将规范内容放在"减责限权"的框架下进行解释，从而认定相应的企业隐私政策条款无效。

本卷最后的"书评"栏目推介了李杨教授对知识产权领域的名著《知识财产法哲学》的读后感。在读后感中他特别强调了知识产权（包括著作权）必须服务于一定的道德价值，并应置于仅限于市场利益至上的个人主义观念之外的多元价值体系的环境中加以考量。

主题研讨

论数据相关的权利保护和问题
——美国与欧盟相关规制的梳理与比较

孙远钊[*]

摘　要：数据的搜集、保存、转移、传输和分析已然成为当前整个电子商务最关键的功能之一，犹如人体的神经系统和其中的讯号，能够带动着全球错综复杂而且相互依赖的产业链条有序运转。然而究竟数据应如何定义？其本身是否应该享有如何的权利保护？汇集数据的数据库又应如何？其背后所折射、反映的个人隐私信息究竟应当如何处理？如何在个人的隐私需求与国家和社会安全的需求之间求取平衡？这些问题自从电子商务开展以来便一直困扰着全球各国。本文拟从美、欧两地的发展、经验和实践进行概括的梳理并就其中产生的问题予以评论，以期对国内目前正在推进的相关立法提供参考。

关键词：数据　隐私　《通用数据保护条例》　《加州消费者隐私法》《加州隐私权法》

引　言

（一）"你若不付费便不是消费者，而成为被卖出的产品。"
　　　　　　　　　　　——安得鲁·刘易斯（又名"蓝甲虫"，2010 年）

"If you are not paying for it, you're not the customer; you're the product being sold."

---

[*] 孙远钊，美国亚太法学研究院执行长，暨南大学知识产权学院特聘教授。本文不代表作者服务单位意见。

—— Andrew Lewis（a/k/a "blue_beetle"，2010）

这是美国硅谷（Silicon Valley）互联网行业当中常被引述的一句话，中间曾经历过几次修饰成为目前的表述。最早的版本可以追溯到 20 世纪 70 年代，是对于当时开始大行其道的电视商品传销的一个讽刺性评论。① 然而对于网络时代各个平台服务的提供者或运营者不断搜集、筛选、分析、运用与再搜集其使用者的各种信息，形成所谓的"大数据"（big data）分析与某种闭环式的经济领域（circular ecosystem）乃至于达到对特定市场的垄断地位（也就是具有一定的支配力），这不啻是个更为贴切的写照。

从原来有限的军事与学术交流用途全面向各界开放，不到十年，互联网就已经成为人们从事通信联系、商务交易、出版营销和研究分析等事务和工作不可或缺的日常生活工具。② 从技术层面而言，整个互联网完全是各

---

① 这句话可以溯源到 1973 年由 Richard Serra 和 Carlota Fay Schoolman 两位艺术家在一个名为"电视交付人类"（Television Delivers People）的短视频当中表演的一段关于讽刺电视广告的歌词。当时的版本是"你不是顾客，你就是产品"（You're Not the Customer; You're the Product），后来经过多次的反转引用和改写逐渐成为现在的版本。

② 互联网最早是由美国国防部高级研究计划局（Defense Advanced Research Projects Agency，简称 DARPA 或 ARPA）从 1966 年开始逐渐开发出来的"ARPANet"，目的是确保万一发生大规模毁灭性的事件（如核子战争），所有的军事通信网络依然可以顺利操作、不受影响。不过在之后的 20 年间，这套网络系统反而主要被用于学术界的研究交流，后来更直接从国防部门转移到国家科学基金会（National Science Foundation，简称 NSF）来管理运营，名称也改为"NSFNet"。从 20 世纪 80 年代末期到 20 世纪 90 年代初期，各项相关软、硬件的配套发展已经趋于成熟，尤其是"万维网"（World Wide Web）超文本链接（hyperlink）与"镶嵌"（Mosaic）浏览器的成功开发，让整个网络系统更容易操作，也导致了爆发式的普及（仅 1993 年"互联网元年"的成长率就高达 341634%）。参见 National Science Foundation, Fact Sheet: A Brief History of NSF and the Internet（August 13, 2003），https://www.nsf.gov/news/new_summ.jsp? cntn_id = 103050。最后在政策上的"临门一脚"则是美国国会对国家科学基金会 1993 联邦会计年度的拨款正式解除了对网络系统的使用仅限于教学和研究的限制，也就是完全开放并容许各种商业化与民间参与。参见 Scientific and Advanced-Technology Act of 1992, § 4, Pub. L. 102 - 476, 106 Stat. 2297（1993），codified at 42 U.S.C. § 1862（g）（2018, Supp. I）; Shane Greenstein, Commercialization of the Internet: The Interaction of Public Policy and Private Choices or Why Introducing the Market Worked so Well, 1 *Innovation Policy and the Economy* 151（2000）; Kevin Werbach, Digital Tornado: The Internet and Telecommunications Policy, Fcc Office of Plans and Policy Working Paper, No. 29, p. 13（March 1997）。美国国会当时显然没有意识到，对这个条文文句的些微调整竟然成为无心插柳，彻底改变了全球社会与经济的未来发展方向并带动了新一波的工业革命。

种数据的传输。因此就有了"数据为王""流量为王"的说法,意思是谁能够有效获得、控制、分析和运营相关的数据,谁就扼住了网络通路的进口位置。① 然而究竟数据是什么?数据的本身是否可以享有如何的权利保护?对于数据(如数据库)的搜集、分析等行为以及由此产生的研究成果情形又是如何?对于被搜集的对象而言,他们是否享有如何的权益?如果发生数据信息被盗取、外泄等问题时是否有任何的救济?这些与数据相关的权益是否有竞合的问题?对市场会产生如何的影响?美国和欧盟在这个领域无疑是走在最前的,但也经历了各种探索、挣扎与平衡,因为其背后有非常复杂的因素和各种利益需要相互平衡考量。本文拟对美国和欧盟在过去近30年的立法和司法实践予以梳理,并探讨其中的问题以供国内的相关立法参考。

(二) 数据的定义

"数据"原是从英语"data"(这个词的原意是复数,单数是"datum",但已鲜少使用)翻译而来,其来源暂不可考,目前还没有法律上的定义。依据《大辞海》的定义,数据是指"一组表示客观事实的可鉴别的符号。它可以是数字、字符、声音、图形、图像和视频等"②。依据《韦氏大学英语词典》的定

---

① 微软公司的共同创始人及原总裁比尔·盖茨(Bill Gates)于1996年1月3日在微软公司的官方网站上贴出了一篇题为《内容为王》(Content is King)的文章,对于互联网未来的发展前景做出了许多的推导和预测,于是后来者由此先后提出了"数据为王""流量为王"等不同的表述,不过这些改版表述的原始的出处都难以确认核实。参见 Bill Gates, Content is King, https://medium.com/@HeathEvans/content-is-king-essay-by-bill-gates-1996-df74552f80d9。(微软公司后来已将此文从其官方网站上移除。)附带一提,我国官方媒体显然对"流量为王"的说法不以为然,曾刊载评论文章予以批评,主张"内容为王"永不过时。参见张一琪《人民日报海外版:"流量为王"不可取》,《人民日报》,2018年5月4日,http://media.people.com.cn/n1/2018/0504/c40606-29964056.html。

② 夏征农、陈至立主编《大辞海》(2015年修订版),上海世纪出版有限公司,2015,http://www.dacihai.com.cn/search_index.html?_st=1&keyWord=%E6%95%B0%E6%8D%AE&itemId=86775。附带参酌百度百科的表述:"数据是指对客观事件进行记录并可以鉴别的符号,是对客观事物的性质、状态以及相互关系等进行记载的物理符号或这些物理符号的组合。它是可识别的、抽象的符号。它不仅指狭义上的数字,还可以是具有一定意义的文字、字母、数字符号的组合,图形、图像、视频、音频等,也是客观事物的属性、数量、位置及其相互关系的抽象表示。" https://baike.baidu.com/item/%E6%95%B0%E6%8D%AE/5947370?fr=aladdin。

义，数据是指"诸如度量衡或统计等，用于作为论理、讨论或计算的事实信息"①。在信息产业具有相当权威性的《高德纳信息技术名称缩写及词汇》（以下简称《高德纳词汇》）则是将其定义为"未经处理的事实或数值可供计算机（电脑）处理成为有用的信息"②。简单地说，"数据"是因，"信息"是果。

所谓"大数据"也没有明确的法律定义。《高德纳词汇》从三个相关的维度定义，是指"高速（high velocity）涌现、高量（high volume）和高度多样化（high variety）的信息资产，需要借助高性价比与创新形式的信息处理来促进和强化深度的洞察、决策与自动化处理"，也就是所谓的"3 Vs"经典定义。③

至于"数据库"，1996年《欧盟数据库指令》（EU Database Directive）第1条第2款将其定义为"对独立作品、数据或其他材料从事系统性或规律性的汇集并可以电子或其他方式个别取用"④。不过这个定义颇为抽象飘忽。如果从最终呈现的形式或取向来区分，数据库可能至少包含文字、数值、图像、声音、电子服务（如电子邮件、微博、社交平台）和软件程序【如爪哇（Java）程序语言当中可供取用的"爪哇核心图书馆"（Java Core Library）】等六种类型，最后的两类则可能包含多种取向的不同组合。如果从数据库不同角色扮演者的功能来区分，则包含了出版者（publisher）、汇集

---

① Merriam-webster's Collegiate Dictionary（11th ed. 2004），https://www.merriam-webster.com/dictionary/data.
② The Gartner Group Glossary of Information Technology Acronyms and Terms（May 2003），at 122，https://www.gartner.com/en/information-technology/glossary/big-data. 其原文为"Raw facts and figures that a computer processes into usable information"。
③ The Gartner Group Glossary of Information Technology Acronyms and Terms（May 2003），at 122，https://www.gartner.com/en/information-technology/glossary/big-data. 其原文为"Big data is high-volume, high-velocity and/or high-variety information assets that demand cost-effective, innovative forms of information processing that enable enhanced insight, decision making, and process automation"。之后又有两个新的维度被提出："高精"（veracity）和"高值"（value），这是基于如何在海量的信息中能够精准地提取最为相关的数据从事分析并产出高价值的信息。
④ Directive 96/9/EC of the European Parliament and of the Council of 11 March 1996 on the Legal Protection of Databases, 1996 O. J. L77 - 20, art. 1 (2), https://eur-lex.europa.eu/legal-content/EN/TXT/PDF/? uri = CELEX: 31996L0009&from = EN. 其原文为"a collection of independent works, data or other materials arranged in a systematic or methodical way and individually accessible by electronic or other means"。

者（gatherer）、提炼者（refiner）和门户网站（portal）等四种类型。①

此外，数据依其本身的性质可区分为自然存在与人工合成两类。前者通常是基于对自然界不同事物的实验或观察所形成的记录，后者则是原本不存在于自然环境之中，而借由其他的活动由人工的介入所形成，如股市的行情、库存记录、电话号码簿内的各项资料等等。有的学者则是从数据的元素与来源特征或是关于数据的用途等不同取向来区分以便从事更深入的探究，最终的目的不外是希望能对制定相关的政策提供更明确的指引。②

（三）数据的保护方式

涉及数据权益的问题至少包括了四个不同的面向：首先是数据本身是否可以享有任何权利，其次是由多个数据所组建而成的数据库是否应享有如何保护权益的争议，再次是由欧盟对数据库的特殊赋权所派生的新闻出版者权（press publisher's right）以及相关的问题，最后则是由数据所直接或间接反映（反射）、指代的权益保护问题，也就是数据背后所牵涉的个人隐私权益保护与相关的网络安全（cybersecurity）问题。

一 数据本身

从前述的定义可明确看到，"数据"无非就是某个特定客观事实或实验观察结果所体现的信息。例如每个人的姓名、出生日期、地址、电话和身份证字号等个人信息，也可能是对特定问题的调研结果与统计数字等等。

既然是对事实的反映或呈现，就意味着其本身不具任何独创性，哪怕

---

① Stephen M. Maurer, Across Two Worlds: Database Protection in the United States and Europe, presentation at the 2001 Conference on Intellectual Property and Innovation and contained as Chapter 13 in Jonathan D. Putnam (General Editor), *Intellectual Property and Innovation in the Knowledge-Based Economy* (2008), http://www.researchgate.net/publication/228794091_Across_Two_Worlds_Database_Protection_in_the_United_States_and_Europe.

② Samuel E. Trosow, Sui Generis, Database Legislation: A Critical Analysis, *Yale J. of Law & Technology* 534, 541 (2004–2005).

在获得该数据的过程中可能投入了极大的智力劳动，也无法改变此一性质（例如爱因斯坦推导出的相对论公式），可能产生独创性的只限于对数据的选取或编排等智力创作。① 因此，数据本身无法获得任何著作权或其他以公示公知为前提的知识产权保护。② 不过这并不排除可以用商业秘密来给予保护（例如可口可乐的制作配方），但是依然必须符合《反不正当竞争法》第9条第4款所定义的要件，即相关的技术或经营信息不为公众所知悉、具有商业价值并经权利人采取相应的保密措施。这也是国际共通的标准，表明了任何人都无法对任何特定的事实享有任何的排他权或控制权，否则必将对整个市场运行造成极大的干扰和混乱。

必须特别指出，"数据"与"信息"这两个名称在人们的日常生活中经常被交替互换使用。然而"数据"与"信息"是不同的概念且两者之间其实具有因果关系。前已提及，"数据"是因，"信息"是果。在组织、信息与知识管理领域作为研究基础的"DIKW 层级模式"或"DIKW 金字塔"时应有相当的借鉴意义。"DIKW"中4个英文字母分别是指"数据"（data）、"信息"（information）、"知识"（knowledge）和"智慧"（wisdom），呈现的模型显示出了这四者的关系（见图1）。③ 可以明显看到，"数据"是没有

---

① 美国联邦最高法院表示："没有作者可以对其自己的思想或其表述的事实享有著作权。"参见 *Harper & Row Publishers, Inc. v. Nation Enterprises*, 471 U.S. 539, 556 (1985), 其原文为"No author may copyright his ideas or the facts he narrates"。这里所谓的"事实"未必等同于"真理"。

② 《与贸易有关的知识产权协定》（Agreement on Trade-Related Aspects of Intellectual Property Protection，简称《TRIPs协定》）第10条第2款规定："数据汇编或其他资料，无论机器可读还是其他形式，只要由于对其内容的**选取或编排**而构成智力创作的，即应作为智力创作加以保护。该保护不得延伸至数据或资料本身，并不得损害存在于数据或资料本身的任何版权。"（粗体为作者加列以示强调）

③ 参见 Russell Ackoff, *From Data to Wisdom*, 16 Journal of Applied Systems Analysis 3 (1989)。按：这个模式当中的各个元素，最早可上溯到1934年英国文学与剧作家 T. S. 艾略特（Thomas Stearns Eliot OM）在其1934年的作品《磐石》（*The Rock*）当中的一段台词，后来由信息管理领域的学者继受并予以润饰，包括华裔的人文地理学者段义孚教授。所以 Ackoff 教授绝非这个系统概念的首创者，但其的确是首次将所有的概念予以层级、模式化并以金字塔的方式呈现，极大地帮助和影响了相关的研究。后来的学者又对此有不同的修饰增补，但皆属于对上端层级的补充或细化，对于数据与信息的关系则未做任何调整。相关的详细介绍可参见 Anthony Figueroa, *Data Demystified—DIKW Model*, Towards Data Science, May 24, 2019, https://towardsdatascience.com/rootstrap-dikw-model-32cef9ae6dfb。

经过处理前的原始素材，经过处理后就成了信息。如果信息符合法定权利的保护要件，那么自然可以依据相关的法律获得一定的权利保护。例如，如果符合独创表达的要求，原则上就可以获得著作权；如果符合新颖性、进步性与实用性的要件，原则上便可以获得专利权。

```
        智慧
       知识
      信息
     数据
```

图 1　"数据－智慧"传导图

来源：作者梳理绘制。

由此可见，数据可以成为具有一定价值的财产，但未必具有财产权。例如，几位朋友之间互相扫描对方手机的二维码加入彼此"微信"应用软件的"朋友圈"，这并不表示他们彼此都突然取得了对方电话号码与微信公信号的"所有权"（最多只是"占有"性质）。事实上连各个当事人也并不"拥有"自己的姓名、地址与电话号码等等。至少在现行的法制体系内，每个人对自己的姓名都没有财产权（基本上只有人格权，除非透过商标申请等程序把自己的姓名转化为商标权，但那样的意义已然完全不同）。同样地，任何人（自然人或法人）也不会因为搜集到了海量的数据，汇集成所谓的"大数据"就突然取得了对那些数据的"所有权"。

也正因如此，当前的法规才能从保护个人隐私的角度切入，对数据控制者（即占有人或持有人而非"所有人"）可以如何处理、运用所搜集到的数据予以限制，包括赋予数据主体（被搜集对象）可以要求更新、补正、删除、不得从事过长的保存等法定的权利（从而可以凌驾并对抗数据控制者的占有处分，详见后述）。反之，如果贸然赋予数据持有者"所有权"的话，那么上述对数据控制者的各项限制是否还有合法合理的基础、是否还能成立就恐怕须要再行商榷了。

二 数据库

既然数据本身原则上无法获得权利保障（商业秘密在概念上并非"权利"，而是一种"法益"①），那么将无数的数据予以搜集汇整后所形成的"数据库"（databases）能否获得某种权利？毕竟建立数据库是个需要极大人力、物力资源和时间投入的工作，如果考虑在法律上赋权，自然有可能产生激励效应，但也会同时产生是否对本不应保护的事物给予过当的保护以及是否会导致垄断的问题。

（一）起源

这个问题在 20 世纪 90 年代引发了一场全球性的争论。起源是美国联邦最高法院在 1991 年对全球著作权领域产生了极大引领作用的"费斯特白页电话号码簿"案判决。② 法院在该案中表示，如要获得著作权的保护，一个作品仍然必须具备最起码的"独创性"（虽然门槛非常低），既不需要达到"额头流汗"（sweat of the brow）的程度（或高度），也与投入了多少智力劳动或资源从事作品相关信息的汇集没有任何的关系。法院在评价"额头流汗"论（也就是"智力劳动成果"论）时指出，这个要求寓含了无数的瑕疵，而其中"最刺眼"（most glaring）的缺陷是，它对汇编（compilation）

---

① 固然《民法典》第 123 条第 2 款第 5 项把商业秘密列为知识产权保护的"权利"之一，这明显是个错误。因为商业秘密既无明确的范围可以界定（事实上随时可能会产生变化，例如客户名单、商业运营信息、制作产品的配方内涵等等），而且只要符合法定的要求（如持续保持秘密的状态没有成为公知信息或失去商业价值），也没有时间上的限制（也就是无固定的保护期间，理论上可以永续），皆与法定赋权必须以确定的期限保护和具有相对确定或可界定范围的基本前提不符，尤其不能作为行使排他权的基础。反之，也正因为如此才容许他人可以用合法的反向工程手段来破解商业秘密。至于诸如客户名单与特定的配方等其本身也正是对特定事实的反映或呈现，尤其无法成为权利保护的客体。

② *Feist Publications, Inc. v. Rural Telephone Service Co., Inc.*, 499 U.S. 340 (1991)。

作品著作权的保护超越了对筛选和排列布局（selection and arrangement）的保护，也就是越过了汇编者的原创贡献而直接对于事实本身从事保护。这就使得对侵权指控唯一能够成立的抗辩是"独立创作"（independent creation），也导致后来的汇编者对于在先出版或发行的作品当中的任何信息连一个字都不得援引或使用，必须从一样的共同信息来源完全独立操作然后得到相同的结果。这样的结果很明显地违反了著作权法最重要的根本法则，即没有任何人可以对思想或事实享有著作权保护，而且容易造成人人自危、不知所以，势将严重限缩各种创作的产生。①

这个判决出台时全球还没有进入互联网时代，但它对后来整个电子商务的发展产生了巨大的影响。所谓的"白页电话号码簿"（The White Pages）其实就是一个数据库，而互联网或虚拟环境下的每一个网站、网页基本上也都是由不同的数据组合而成的数据库。联邦最高法院显然也意识到了这一点，所以在判决书中特别表示："事实性汇编的著作权是非常稀薄的。纵使具有一个有效的著作权，后续的汇编者仍然可以自由使用其中所收录的事实来帮助准备一个竞争性的作品，只要该竞争品没有呈现相同的筛选和排列。"②

（二）后续

这个判决，尤其是联邦最高法院的上述表述显然对美国后续的司法实践产生了巨大的影响。从后来的案例可以看出，无论是在上诉法院或地区法院的层级，法院鲜少会判决当事人对整个数据库完全没有著作权，实际上诉讼当事人也绝少会对整个数据库是否享有著作权保护提出质疑或挑战。主要的争点是在具体的数据库当中著作权保护所能及于的范围，而且多数案件的判决结果显示，即使有著作权，对于数据库当中整批数据的取用往往依然不构

---

① *Feist Publications*, *Inc. v. Rural Telephone Service Co.*, *Inc.*, 499 U. S. 340 (1991).
② *Feist Publications*, *Inc. v. Rural Telephone Service Co.*, *Inc.*, 499 U. S. 340 (1991). 其原文为 "copyright in a factual compilation is thin. Notwithstanding a valid copyright, a subsequent compiler remains free to use the facts contained in another's publication to aid in preparing a competing work, so long as the competing work does not feature the same selection and arrangement"。

成侵权。① 尤其具有反差性与讽刺性的是，当一个数据库的内涵愈为充实，涵盖了海量领域或范围的事实信息（大数据）时，通常反而意味着其中容易欠缺"筛选"，而且相关的"编排"已然相当固定明确，也就难以获得著作权的保护。然而这也往往是最具使用便利性和商业价值的数据库。②

（三）特殊赋权

无论如何，这个由全体大法官一致通过的经典判决几乎不可能被推翻，除非要彻底动摇整个著作权保护体系的基础。因此电子商务的运营者便改变策略，试图游说和呼吁以立法特殊赋权（sui generis right）的方式对数据库给予保护，不过有若干问题必须先行厘清。

首先是保护内涵与范围。有的数据库或汇编（非数据本身）已经包括了个别具有著作权的作品或由这些作品与其他不具有著作权保护要件（独创性）的元素共同组合而成，有的数据库则是完全由纯粹反映各种事实的数据组成。主张特别赋权只是打算针对原本不受著作权保护（即不具独创性）的部分设置一个特殊的保护，不是对原本就有著作权保护的部分再增加一道额外保障，更不是扩充既有的著作权保护范围。因此相关的政策讨论必须完全聚焦于究竟要保护什么、这个保护的性质与内涵应该如何明确定义以及应与著作权进行如何的区隔。

其次是资金与信息来源。这是指必须区别数据库的编纂是否涉及公领域的投入抑或数据库是否纯粹是私人的资助（或投资）汇集而成。如果是前者（包括由政府机构自己独完成或是透过全部或部分资助委托完成的项

---

① 关于后续案件的详细讨论，可参见美国版权局在 1997 年出版的专题研究报告。U. S. Copyright Office, Report on Legal Protection for Databases (August 1997), at 10, https://www.copyright.gov/reports/db4.pdf. 再后续的立法及司法发展与分析可参见 Mark Davison, Database Protection: Lessons from Europe, Congress, and WIPO, 57 *Case Western Reserve L. R.* 829 (2007); Marshall Leaffer, Database Protection in the United States is Alive and Well: Comments on Davison, 57 *Case Western Reserve L. R.* 855 (2007)。

② *Warren Publishing, Inc.* v. *Microdos Data Corporation*, 115 F. 3d 1509 (11th Cir. 1997); *American Dental Association* v. *Delta Dental Plans Association*, 126 F. 3d 977 (7th Cir. 1997)。

目），由于其使用了纳税人的公款，基本的政策原则应当是，除非涉及国家安全等特殊的保密要求，原则上该数据库应维持对社会公众一定程度的开放和自由取用，任何涉及对其后续的转让或限制他人的使用都必须依法受到监管。与此相关的另一个问题是数据信息的来源究竟是单方抑或多方。对于通过单一信息来源所组建的数据库而言，其中的内容往往难以从其他渠道获得，就表示难有能与其竞争的替代者，也就容易形成垄断。这表示在政策上必须更加关注如果对此种信息垄断予以赋权将对市场的竞争和发展造成何种影响。在互联网时代，对于握有市场生态系统（market ecosystem）入口地位优势的平台而言，这个问题尤为凸显。

最后是使用方式与目的。有的数据库在功能上犹如一个制造过程当中的工具，主要是被用来形成更多派生的最终产品（以数据作为制造的中介），有的数据库的主要作用就是直接供终端使用者利用（以数据作为最终的产品）。隶属于美国国家科学院（National Academy of Sciences）的国家科学研究委员会（National Research Council）在一个关于数据的研究报告中提出，对数据库的使用分为终端使用（end use）与派生性使用（derivative use）。[①] 前者最常见的情形是使用者在从事某个与工作、个人需求有关的事项时直接取用数据库内的信息来确认某个信息或是将其作为某个论述的参考佐证；后者则是把既有的单个或多个数据库内的信息进行转化性或增益性（附加价值）的运用，在既有的基础上形成一个新的信息产品。美国国家科学研究委员会的调研显示，派生性使用已成为当前从事规模性调研最为重要的途径（例如对各种生物基因组合的图谱排列），也让数据库的发展更具动态性而且更加的复杂多元，尤其是交互式检索与数据分享等反馈能够让数据库产出更高的附加价值。由此产生的顾虑是，一旦在政策上对数据库赋权，就形同对各式的信息分享设下了屏障，并可能导致过度的商业

---

① National Research Council Committee for a Study on Promoting Access to Scientific and Technical Data for the Public Interest, A Question of Balance: Private Rights and the Public Interest in Scientific and Technical Databases (1999), at 34, https://www.nap.edu/download/9692.

化，也就会直接或间接阻碍各种未来的科技与人文研发。①

对数据库究竟是否应该给予保护以及如何给予保护虽然引发了很大的争论且至今依然存在分歧，但是在一个基本指针上则是具有共识：对于不具独创性的数据库如要赋权保护，真正要保护的是对数据库的投资利益（包括人力、科技、财务和时间等经济性与非经济性的多方面投入）。② 因此如果要"特别立法"，必须将其与著作权的保护范围做出明确的区隔，对于本来就已经符合著作权保护要件的部分（如果有的话），就不再另行赋权，形成双重或多重保护。

（四）现况

目前全球对于不具独创性的数据库的保护方式可分别以欧、美两地的不同取向为代表。欧盟采取了以"公律"来保护的手段，也就是上述的"特别立法"，欧盟于1996年通过了《欧盟数据库指令》并将其作为整合各成员国国内立法的指引和依据。③ 美国国会原本也曾不断提出立法动议，但始终未能获得足够的支持，其中还产生了是否合宪的争议。④ 鉴于整个态势

---

① National Research Council Committee for a Study on Promoting Access to Scientific and Technical Data for the Public Interest, A Question of Balance: Private Rights and the Public Interest in Scientific and Technical Databases (1999), at 41, https://www.nap.edu/download/9692.
② 参见《欧盟数据库指令》，前言（7）。数据库的建立和维持需要巨大的投入，若任由他人在其电脑上弹指之间任意取用，显然造成不公，因此成为欧盟主要的立法动机。
③ The Gartner Group Glossary of Information Technology Acronyms and Terms（May 2003），at 122，https://www.gartner.com/en/information-technology/glossary/big-data.
④ 美国国会自1996年首次提出了关于保护数据库的立法草案，但是遭到了科学研究与教育机构（尤其是国家科学研究委员会）相当强烈的反对，认为这会对各种研究、交流增加许多无谓的障碍，导致对科技创新产生反效果。参见 H. R. 3531，Database Investment and Intellectual Property Antipiracy Act of 1996，104th Cong.，2nd Sess.（1996）。之后的历届国会不时有议员提出不同版本的立法草案，但最终都未能获得通过。至于合宪性的争议，《联邦宪法》第1条第8款第8项，即通称的"专利暨著作权条款"（Patent and Copyright Clause）规定只明文授权国会制定专利法和著作权法，并确认经联邦最高法院在19世纪判决的"商标案"判决效力无法扩及其他领域，因此宣告当时的《商标法》违宪。参见 Trademark Cases，100 U. S. 82（1879）。这也迫使国会必须另辟蹊径，改以《联邦宪法》第1条第8款第3项，即通称的"州际商务条款"（Interstate Commerce Clause）作为后来制定《商标法》的依据。如国会想以此作为对数据库特别立法的依据，固然在表面上不失为一个好的策略，（转下页注）

让通过这样的一个立法的机会益趋渺茫，业者便改以"自律"的方式来维护自身的利益，也就是以合同来建立并绑定其与使用者之间的法律关系，要求使用者必须同意由网站提供者事先拟好的一个制式性合同才可以取得浏览通行或使用的许可，这也成为当前所有电子商务运营的基本操作模式。

虽然美国国内的相关立法尝试迭遭挫败，但这显然并未对当时的克林顿政府试图与欧盟联手进一步推动从国际上对数据库给予某种特别的公约保护形成阻挠。在双方的共同运作下，世界知识产权组织（WIPO）于1996年12月2~20日召开了一个"关于若干著作权及邻接权问题的外交会议"（Diplomatic Conference on Certain Copyright and Neighboring Rights Questions），讨论并通过了在互联网环境下国际著作权保护的两项多边协定，即《世界知识产权组织版权条约》（WIPO Copyright Treaty）和《世界知识产权组织表演和录音制品条约》（WIPO Performances and Phonograms Treaty），通称为"互联网条约"（The Internet Treaties）。①不过美方代表其实还提出了一个关于对不具独创性的数据库给予特殊保障的建议并通过相关的委员会主席提出了具体的条约草案（共21个条文）。②但是因为各国代表对此存在意见分

（接上页注④）但只要其实质内容与著作权相仿（多个立法草案显然正是如此），就很有可能会遭到法院的质疑，认为其无非是想"暗度陈仓"，超越了《专利暨著作权条款》容许的范畴，对根本不该受到著作权保护的"事实"或多个"事实"的汇集变相赋予一个"异化"的著作权。

① 克林顿政府当时的策略显然是打算同时在美国国内和国际组织当中推动其"数字议程"（Digital Agenda），来补强《TRIPs协定》未能涵盖的部分，而且希望能借助当时国际整合高涨的势头，相互为用，彼此拉抬，互做对方的杠杆。无论何者率先通过，都可以分别对国际社会和美国国会形成巨大的压力，产生必须搭上这一波国际保护列车的急迫感。关于整个历史过程的详细介绍与分析，参见 Pamela Samuelson, The U. S. Digital Agenda at WIPO (WIPO Panel Principal Paper), 37 *Va. J. Int'l L.* 369 (1996 – 1997)。

① 关于美国政府的提议，参见 Proposal of the United States of America on Sui Generis Protection of Databases, WIPO Doc. BCP/CE/Ⅶ/2-INR/Ⅵ/2 (May 20, 1996)。相关的具体条款（草案），参见 Chairman of the Committees of Experts on a Possible Protocol to the Berne Convention and on a Possible Instrument for the Protection of the Rights of Performers and Producers of Phonograms, Basic Proposal for the Substantive Provisions of the Treaty on Intellectual Property in Respect of Databases to be Considered by the Diplomatic Conference, WIPO Diplomatic Conference on Certain Copyright and Neighboring Rights Questions, WIPO Doc. CRNR/DC/6 (August 30, 1996), https://www.wipo.int/meetings/en/doc_details.jsp?doc_id=2487。

歧，不少国家的代表认为还需要更多的时间来仔细研究，加上会议本身的时间非常有限，如果要继续在这个议题上纠结就很可能来不及通过另外两个条约，所以这个议题最后被搁置，留待后议。虽然世界知识产权组织后来针对不具独创性的数据库如何保障又进行了6个调研并召开了一些会议，但都难以形成共识，最终则是不了了之。①

（五）评论

虽然美国国内和国际组织尝试以特别立法（公律）来保护不具独创性的数据库都以失败告终，但是其中还是有若干的发展值得一提。

首先，欧、美两地对非独创性数据库给予保护的发展进程仿佛是对行的两条平行线。双方都在1996年推出了各自的立法草案，欧盟方面一开始是从反不正当竞争的角度切入，仅提供有限的保护，然而最后却大幅膨胀并转化成一个变相或"异化"的著作权法，甚至在某些地方还超出了一般著作权法所赋予的保护范围。② 美国方面则是从一开始就提出了一个与《欧盟数据库指令》内容非常近似的规模性立法草案，但因为争议太大，经过多年多次的反复妥协和对其中内容的淡化处理，该草案最后成为《欧盟数据库指令》与美国既有司法判例的混合体，从不正当竞争的角度用民事"窃取"（misappropriation）作为给予保障的基础。③

例如，虽然《欧盟数据库指令》宣称只是创设了一个特殊的数据库权利，实际上却与以往用"额头流汗"作为著作权赋权的基础难以区别，都

---

① WIPO, Protection of Non-Original Databases, https://www.wipo.int/copyright/en/activities/databases.html.
② 关于《欧盟数据库指令》的制定过程与详细分析，参见 Mark Davison, Database Protection: Lessons from Europe, Congress, and WIPO, 57 *Case Western Reserve L. R.* 829 (2007)。
③ 以美国国会在1997年的立法草案为例，无非就是把既有的司法判例予以成文化，尤其是联邦第二巡回上诉法院"国家篮球协会诉摩托罗拉公司"案判决的影响。参见 H. R. 2652, Collections of Information Antipiracy Act, 105th Cong., 2nd Sess. (1997); *National Basketball Association v. Motorola*, 105 F. 3d 841 (2^{d} Cir. 1997). 关于美国历届国会的立法草案，参见 Samuel E. Trosow, Sui Generis, Database Legislation: A Critical Analysis, *Yale J. of Law & Technology* 534, 541 (2004–2005)。

以是否投入了"相当投资"（substantial investment）以获取、确认或呈现其内容作为是否可以获得权利的基础，亦即只要有相当智力劳动或资金的投入，不问是否具有独创性就可以获得赋权。

在具体的权利内涵方面，《欧盟数据库指令》第7条要求对不具独创性的数据赋予"抽取权"（right of extraction）和"再使用权"（right of re-utilization）。前者被定义为"以任何方式或形式将（数据库的）全部或相当部分内容永久或暂时性地转移到另一载体（或介质）"，也许表面的用词不同，但与著作权法的"复制权"实在没有太大的差异；后者则被定义为"通过散布复制品、出租、线上或其他形式的传输，以任何形式向公众提供一个数据库的全部或相当部分内容"，实际上等于汇集和包裹了著作权法当中的其他权利，如"向公众传输权"、"散布权"和"展览权"等。又如表面上指令仅提供了15年的保护期限，然而只要对数据库不断更新而且显示有"相当投资"（包括对数据库的维持与内容的确认等等），就可以获得一个全新的保护期间，实质上便等于取得了无限期的保护。

在侵害认定方面，《欧盟数据库指令》第8条逐字引用了《伯尔尼保护文学和艺术作品公约》（Berne Convention for the Protection of Literary and Artistic Works）第9条第2款原本作为考量是否构成著作权合理使用的"三步分析"文句，却将其转化为侵害认定的标准，另外还采取了从质与（或）量同时评价的做法。把数据库的"品质"或"质化分析"（qualitative analysis）纳为侵害的测试基准（显然是为了保护数据库的投资利益）可能会引发一个相当大的潜在问题。指令并未对"质化分析"提供进一步的定义和说明，但可以看到这至少为数据库的制作或提供者开启了一个求偿的便利之门。因为这可让数据库的提供者即使在被引用的非独创性数据"数量"相当有限的情况下仍然主张该少量数据对其数据库的总体"品质"具有相当显著的影响。

此外，《欧盟数据库指令》第9条对于此一特殊权利的行使只容许在下列三种极为有限的情形下例外地受到限制（即容许他人不经许可对公共数据库当中的非独创数据进行相当程度的抽取或再使用）：一是对非数字化或电子化的数据库进行抽取只限于私人目的（对业经数字化的数据库则无此例外）；二是关于从事教学或科研的抽取，必须注明出处和达成何种非商业性的目的；三是为公共安全、行政或司法程序所从事的抽取或再使用。因此，即使是涉及纯粹采用事实内容的新闻报道都无法享有任何的例外（欧盟在 2019 年借着《数字单一市场著作权指令》的通过更创设出了"新闻出版者权"，也引发了更大的争议，详见后述）。因此，仅从上述的分析即可看到，欧盟的这个指令实际上所涵盖的保护范围已经凌驾于著作权之上，给予不具独创性的数据更大范围的保障。

（六）案例与成效

欧盟法院（Court of Justice of the European Union，简称 CJEU 或 ECJ）在 2004 年 9 月 11 日同时对三个涉及欧洲足球赌局和一个涉及英国赛马协会的数据库案件出台了判决，采取了所谓的"派生理论"（spin-off theory），大幅限缩了《欧盟数据库指令》的适用范围，表示此一"特殊权利"只适用于"首要数据库"（primary databases），即按照《欧盟数据库指令》第 7 条第 1 款规定的字面意义，法律所要保护的只限于纯粹为了"获取、确认或呈现特定信息"所从事的独立于原本属于企业运营投入以外的投资（包括人力和物力等资源）。因此凡是在企业一般运营过程中所开发出的信息（附带性数据，例如在物联网的环境中下游机器所自动生成的数据等），之后再被纳入或组建成为数据库的部分都属于"派生性数据库"，无法获得这个指令所赋予的特殊权利保护。[1] 这四个判决的出台对欧盟市场造成了很大的影响，因此欧盟委员会（European Commission）随即在翌年展开了一项调研并发布了报告，对指令的执行成效进行首次实证分析和评价。[2] 调研的结论是，一方面这个指令的出台基本上已经达到了让欧盟各成员国整合相关规

---

[1] Fixtures Marketing Ltd v. Oy Veikkaus AB, [2005] ECDR 2, [44] (ECJ) (C - 46/02, 9 November 2004); Fixtures Marketing Ltd v. Svenska Spel AB (C - 338/02, 9 November 2004); British Horseracing Board Ltd v. William Hill, [2005] E. C. R. 1, [80] (ECJ 2004) (C - 203/02, 9 November 2004); Fixtures Marketing Ltd v. OPAP (C - 444/02, 9 November 2004).

[2] European Commission, First Evaluation of Directive 96/9/EC on the Legal Protection of Databases, DG of Internal Market and Services Working Paper (12 December 2005).

制的目的，但在另一方面指令所赋予的"特殊权利"对欧盟的"数据库产业"发展并未产生能够确证的正面或负面效果。① 此外，调研报告认为，由于欧盟法院将这个指令的适用范围大幅限缩，也就形同事先免除了这个指令是否会对相关市场的竞争造成负面影响的顾虑。② 有学者便指出，这个结论试图替自己缓颊，但实际上已经表明了当初通过这样一个版本的指令是个错误，浪费资源和时间。③

一些成员国在落实这个指令与其国内既有的规制整合的过程当中发生了"方枘圆凿"的困难，各国对于指令的解释也未必一致。例如，在法国的一宗案件，由原告所提供的关于当地各项公共建设项目的招标信息，基本上完全来自其客户的反馈和贡献，而且客户要列入相关名录还需支付费用，因此原告对于此一数据库的建构不但没有进行任何显著的投资，事实上还获得了相当的收益。被告则是完全搭载原告的"顺风车"，未经同意大量撷取了原告的信息然后用传真方式转发给其现有或潜在的客户，明显想挖原告的墙脚（被法院判认为"寄生虫式的侵害"）。法院面临的难题是，如果依据法国的反不正当竞争法，被告的行为显然侵害了原告的利益；但如果依据《欧盟数据库指令》，原告则无法获得"特殊权利"的保护，因为原告从未对其数据库给予"相当的投资"，也就没有任何侵害可言。巴黎上诉法院（Cour d'appel Paris）最终采取了迂回折中的方式，在法国国内法没有抵触欧盟指令的范围内判决给予原告损害赔偿。④ 相反地，在前述的英国

---

① European Commission, First Evaluation of Directive 96/9/EC on the Legal Protection of Databases, *DG of Internal Market and Services Working Paper* (12 December 2005). 这个调研聚焦于三个问题：（1）在"特殊权利"保护出台生效后，欧盟的数据库产业的成长率是否有所增长？（2）此一"特殊权利"的受益人是否因为受到此一保障的激励而开发出更多的数据库？（3）指令所提供的权利保护范围是否能针对欧盟鼓励创新的需求？

② European Commission, First Evaluation of Directive 96/9/EC on the Legal Protection of Databases, *DG of Internal Market and Services Working Paper* (12 December 2005).

③ 参见 Mark Davison, Database Protection: Lessons from Europe, Congress, and WIPO, 57 *Case Western Reserve L. R.* 843 (2007)。

④ *Groupe Moniteur v. Observatoire des Marches Publics*, Cour d'appel Paris (4^e ch. B), 18 June 1999, [2000] RIDA n. 183, p. 316; Estelle Derclaye, The Legal Protection of Databases: A Comparative Analysis (2007), at 81.

赛马协会案中，负责初审的英国高等法院（The High Court of Justice）莱迪法官（Sir Hugh I. L. Laddie）则判认"相当投资"只是个相对较低的门槛要求。①

由于各成员国的司法实践并未对指令的落实形成一致的见解，欧盟委员会在2018年对这个指令的执行成效又进行了新一轮的实证分析和评价。②整体而言，这次的调研延续了2005年的结论：没有证据显示此一特别赋权对欧盟的数据库产业完全起到了激励投资的效果，也没有对各利益相关者（stakeholders）创造一个具有完整功能的准入体系（fully functioning access regime）。至于原本受到关切的潜在负面效应，如数据闭锁（data lock-up）或相关的反竞争状态等，很可能还是因为欧盟法院对其适用范围的限缩，迄今尚未发生。由于与数据库有关的方方面面在这个指令所导致产生的市场环境下已经存续了20多年，虽然各方对这个赋权还是有着截然不同的意见，但至少到目前为止还维持着"水波不兴"的局面，因此欧盟执行委员会最终建议维持现状，不考虑废除或从事规模性的修改。③ 这个结论也直接反映到了欧盟在2019年通过的《数字单一市场著作权指令》（Digital Single Market Copyright Directive，简称《DSM指令》）当中，包括首先在第1条第2款开宗明义地表示，除了第3、4、24条的修正内容，新的指令对1996年的数据库指令没有任何影响。④

为了促进创新，新的修正内容允许研究组织（research organizations，指大学、研究机构或其他主要以科学研究或相关的教育活动为宗旨的非营利性或公益组织）和文化传统机构（cultural heritage institutions，指可供公众

---

① *British Horseracing Board Ltd v. William Hill*，[2001] EWHC 517, RPC 612.
② European Commission, Evaluation of Directive 96/9/EC on Legal Protection of Databases, Commission Staff Working Document, SWD（2018）146 final（25 April 2018）.
③ European Commission, Evaluation of Directive 96/9/EC on Legal Protection of Databases, Commission Staff Working Document, SWD（2018）146 final（25 April 2018）.
④ Directive（EU）2019/790 of the European Parliament and of the Council of 17 April 2019 on Copyright and Related Rights in the Digital Single Market and amending Directives 96/9/EC and 2001/29/EC，[2019] O. J. L 130/92.

取用的图书馆、博物馆、档案馆或影音记录保存机构）可以不经许可径行从事相关的文字与数据挖掘（text and data mining）工作，并可对获取到的数据信息予以保留储存以供后续的科技研发或是作为确认数据正确性的依据。由此可见，诸如公共电视台或广播组织以及商业性或营利性的研究机构还是需要经过许可，其不适用这些例外规定。

（七）自律

前已提及，相对于欧盟采用"公律"对不具独创性的数据库予以特别赋权的做法，美国则是因为立法无望而完全走上了"自律"的道途，以签订制式性的使用许可合同来作为主要的保护方式：对于实体物称为"拆封许可"（shrinkwrap license），在网络环境中则称为"点击许可"（clickwrap license），亦即使用者只要一拆开物件的密封包装或是点击了网站入口的同意按键就表示全盘接受了制式合同的条款内容。这种制式合同究竟是否有效、是否可以实际执行等问题在开始时曾经遭到各界相当的质疑，不过司法判决原则上已经给予相当充分的支持。例如，在一个对后来发展颇具影响力的判决中，美国联邦第七巡回上诉法院表示，以合同条款来限制被许可方的复制行为仍然有效并可执行，不受联邦著作权法"先占"（preemption）的影响或被取代。[①]

也是受到这些司法判决的影响，美国的"法律统一委员会"（Uniform Law Commission）[②] 在 20 世纪 90 年代末期特别针对与计算机软件和其他数

---

① 参见 *ProCD, Inc. v. Zeidenberg*, 86 F. 3d 1447（7th Cir. 1996）。因为合同是否有效是由各州州法（或普通法）规制，著作权则完全是联邦立法和司法规制的事项，当两者发生竞合时，一般是由联邦法规完全"先占"或取代州法的规制。这个判决出台后遭到了学界相当多的批判，认为形同开了一扇后门，让不具独创性的数据库所有人可以变相去除著作权法对于独创性的要求；另外则是这个判决形同变相默认了不具独创性的数据库所有人对那些纯粹只是反映事实的数据竟然还可以享有所有权。虽然这个判决迭遭批判，却没有减损其对后来司法实践趋势的影响。参见 Marshall Leaffer, Database Protection in the United States is Alive and Well: Comments on Davison, 57 *Case Western Reserve L. R.* 858（2007）。
② 成立于 1892 年，是一个非官方的非营利组织。其全名是"统一州法律委员全国会议"（National Conference of Commissioners on Uniform States Laws）。这个机构极具影响力，所推动的法律整合项目当中最知名的当数《统一商法典》（Uniform Commercial Code）。

据信息相关的许可协议着手起草了一个新的"模范法规"(model act),希望能推荐给各个州议会并使其通过成为立法。① 其中不乏颇具争议之处,甚至差点导致整个项目胎死腹中,但该法规最终还是出台成为《统一计算机信息交易法》(Uniform Computer Information Transaction Act,简称 UCITA),并迅速获得弗吉尼亚州(Commonwealth of Virginia)和马里兰州(State of Maryland)通过,成为当地的法律。② 虽然迄今依然只有这两个州接受了这套规制,但其影响却不容小觑,因为已有不少的合同便是选择以这两个州的法律作为准据法。③ 这套规制当中最重要的精神是"契约自由",容许当事人自行订立超越法规范围的许可协定。④ 因此许可人可以限制被许可人从事合理使用、制作存档或对第三方从事转让等。这自然对许可人或所有人极度有利。不过法院依然可以特定的合同内容"不合情理"(unconscionable)或违反根本性的公共政策(fundamental public policy)判决该合同部分/全部无效或无法执行(unenforceable)。⑤

在欧盟方面,即使已经有特殊赋权保护,当地的厂家以合同作为保护

---

① 本法适用到所有不及于完整权益移转的电子交易(即不适用于买卖),但明文规定不适用于包括金融、保险、电影、广播、录音和新闻媒体等产业的计算机信息(数据)交易。参见 UCITA,§ 103 (d)。
② 法律统一委员会在 20 世纪 90 年代初期在美国律师协会(American Bar Association,简称 ABA)的支持下开始酝酿对《统一商法典》进行修改,增列关于计算机软件或其他电子数据的许可合同的规制。到了 1995 年终于组建成一个起草委员会,并获得了另一个极具影响力和权威性的组织——美国法律研究院(American Law Institute,简称 ALI)——的支持和参与。原本计划在《统一商法典》第二编"产品销售"(Article 2:Sale of Goods)之后再增列一个"第二编之二"(Article 2B),但是由于其中有太多极具争议性的问题和规定,委员会内部成员都难以达成共识,结果 ALI 方面在 1999 年极不寻常地宣布退出,也连带威胁到整个努力,使其可能胎死腹中(作为对《统一商法典》的修正,必须先得到 ABA 和 ALI 的支持通过才能推荐给各州的州议会)。为了挽救局面,法律统一委员会便将整个草案抽出,作为一个单行的"模范法规"发布并命名为《统一计算机信息交易法》。
③ 不过爱荷华(Iowa)、北卡罗来纳(North Carolina)、佛蒙特(Vermont)和西弗吉尼亚(West Virginia)等四个州也随即通过了所谓的"防空洞条款"(bomb shelter provisions),保护其州内居民不受此种准据法选择的影响。面对这些发展和来自 ABA 与 ALI 的批评,法律统一委员会在 2002 年对《统一计算机信息交易法》做了相当幅度的修改。
④ UCITA,§ 106 (a)。
⑤ UCITA,§ 105 (a)。

的手段也极为普遍。欧盟执行委员会2018年对《欧盟数据库指令》的成效调研分析报告显示，有52.5%的数据库所有人依赖合同作为最主要的保护方式，有40.3%的受访者同意或强烈认同合同可以提供比指令更好的保护。在出版和金融领域，相关的比例则是更高，使用合同的比率分别达到了78.6%和100%。此外，欧盟法院在最近的判决中也表明，合同与指令的保护互不排斥；只要不违反成员国的国内法，数据库所有人可以通过合同在指令之外增加对使用者的限制。①调研报告因此总结："合同对于保护数据库的投资起着主要作用。根据数据库的业者，能与其重要性相比拟的只有技术保护措施。反不正当竞争法似乎只占了相当次要的地位。"②

经过四分之一个世纪的实践和经验，对数据库究竟在法律上要如何看待和处理，固然在表面上还是呈现出欧、美两种不同的取向和模式，但是实际上已经趋同，即以订立许可合同作为当事人之间最主要的规范工具，兼以技术保护作为配套措施。也正因为将市场机制下的许可使用作为导向，反而迄今没有出现大量的诉讼案件，让电子商务的运行能够更加顺畅。从某些方面来看，虽然以合同作为手段有其局限性，但是可让制定合同的一方在相当的程度和范围内享有主控的地位，以一纸合同行走全球，不需要到各个国家去游说立法、争取支持、耗时耗力，也更符合互联网时代的需求。对使用方而言也可以在弹指之间快速地获得对特定数据库的取用权限，非常简便。这也显示出处理知识产权的问题贵在多管齐下，以合乎市场机制与人性化的管理为优先，以技术措施与法规执行为辅助配套，最终逐渐让法律成为备而不用的环节，大量减少因诉讼所造成的资源和时间耗费。

---

① *Ryanair Ltd v. PR Aviation BV*（C-30/14, 15 January 2015）.
② Estelle Derclaye, The Legal Proteition of Databases: A Comparative Analysis (2007), at 34. 其原文为 "Contracts play a primordial role in protecting the investment in databases. Their importance is only matched by technological protection measures according to database makers. Unfair competition law seems to have considerably less importance"。

三 新闻出版者权

（一）内涵

能够体现数据价值（尤其是及时性价值）的一个重要指标是新闻报道，这也成为欧盟《DSM 指令》当中最具争论性的内容之一。《DSM 指令》第 15 条所规定的"新闻出版者权"既是欧盟新创的一个邻接权（neighboring right）或相关权（related right），又与数据保护息息相关（因为涉及对不具独创性的新闻事实报道的赋权）。其主要目的是作为给投资新闻创作的经济回报，具体内容包括以下三个方面。

第一，额外赋予新闻出版者对其新闻报道从事网络使用的复制权和向公众提供权（right of making available to the public），包括当信息社会服务提供者如谷歌（Google）或脸书（Facebook）等网络平台在网络上使用新闻内容时，纵使该新闻报道不受著作权保护，在该新闻报道出版日起 2 年，仍需经许可并支付相应的费用才可从事复制或信息网络传播。

第二，在下列三种例外情形排除适用上述的条款：①个人的私人或非商业性使用；②网络链接行为；③个别字词或非常简短的摘录。

第三，各会员国应于 2021 年 6 月前将指令规定转化为国内法，完成整合。①

（二）争议与评论

1. 欠缺实证调研基础

在互联网时代，网络平台服务提供商（Internet platform providers，简称 IPPs）往往也同时扮演了所谓"新闻聚合者"（news aggregator）的角色。不

---

① 基于各种原因，包括新冠肺炎疫情的影响，截至原定的期限，还没有任何会员国正式完成国内的立法修正。截至 2021 年 12 月，只有捷克、法国与匈牙利等三国已自行设定以 2021 年 7 月 6 日作为完成转化立法的截止期限。

少的调研显示，这已成为当前欧盟多数人获取新闻信息的主要来源之一。[1]因此当欧盟执行委员会提出《DSM 指令》第 15 条的立法草案（当时是列为第 11 条）时，显然认定作为"新闻聚合者"的平台服务提供商不但没有开创出"市场扩张效应"（market expansion effect），反而还造成了"替代效应"（substitution effect），亦即认为新闻聚合者在其平台上已经提供了足够详细的信息以至于用户不再有兴趣或是觉得有需要链接到原始的出处去阅读完整的新闻报道。于是这就导致新闻媒体在网络流量与广告收益等方面损失巨大，继而又产生连锁反应与恶性循环，最终造成创作量的大幅下跌，也让一般人对各种新闻内容的接触和取用不断减少。然而实际的状况是否果真如此恐怕还有很大的商榷余地。已经有学者专家对这个立法的基本前提提出了批判，尤其如果参酌德国和西班牙的经验，可知实际的状况显非如此，更不存在直截了当的因果关系。因此批评者认为欧盟执行委员会的这个前提假设太过表面化，这样规定反而会对网络电子商务的供需造成不当的干扰。[2]

2. 市场的对应与屏蔽效应

这个要求新闻聚合者必须事先寻求新闻内容出版者的许可并支付费用的规定经常被称为"链接税"（link tax）条款或直接被称为"谷歌税"。对此，谷歌公司的一位高阶主管曾经表示："真正让我们担忧的并不是费用，对谷歌而言那可能无关痛痒，而是如此一来所创设出的前例。试想我们是不是还得向每一个把自己烹饪的食谱放到网络上的人寻求事先许可还要签

---

[1] 例如，News Sources Used in European Countries in 2020, Statista, https://www.statista.com/statistics/422687/news-sources-in-european-countries/；Katerina Eva Matsa, Most Western Europeans Prefer TV News While Use of Print Outlets Lags, *Pew Research*, September 27, 2018, https://www.pewresearch.org/fact-tank/2018/09/27/most-western-europeans-prefer-tv-news-while-use-of-print-outlets-lags/。

[2] Diana Passinke, An Analysis of Articles 15 and 17 of the EU Directive on Copyright in the Digital Single Market: A Boost for the Creative Industries or the Death of the Internet?, Stanford-Vienna Transatlantic Technology Law Forum, European Union Law Working Papers No. 49, https://law.stanford.edu/publications/no-49-an-analysis-of-articles-15-and-17-of-the-eu-directive-on-copyright-in-the-digital-single-market-a-boost-for-the-creative-industries-or-the-death-of-the-internet/。

约付费？"谷歌负责新闻业务的副总裁则是进一步警告，这个规定很可能会产生始料不及的后果：在《DSM 指令》出台生效前会出现在"谷歌新闻"（Google News）当中的各种新闻出版者大约有八万个，由于现在谷歌必须同这些出版者一一协商订立许可协议，在有限的时间和资源下，这就意味着谷歌势必得严选慎挑，大幅限缩未来所能涵盖的媒体范围，以后就只能从非常有限的新闻来源中提供内容。①

这个"链接税"条款的一个根本问题是，虽然欧盟执行委员会在其幕僚的工作报告中列举了许多统计数字试图显示当前"报业危机"（newspaper crisis）的严重性，却始终未曾提出"关联性的"实证数据与经济分析，显示增加这个"新闻出版者权"将会为新闻出版业者带来如何的经济收益；也没有提出任何证据来证明成为新闻聚合者的平台服务提供者与新闻媒体之间究竟产生了如何的"替代效应"，因此也就难以说明前者所获利益是以后者所受损失为代价的，无论是直接或间接的因果关系。② 毕竟传统实体新闻出版的利润不断下滑的主要导因是人们可以从网络获得同样的内容甚至更多附加内容（如多媒体的呈现）、更为实时的相关新闻以及在数字市场电子商务环境下的新型广告经销模式，这些都与搜索引擎或是新闻聚合市场没有任何直接的关联。

相反地，德国和西班牙之前的经验反而显示新闻聚合者对于个别媒体的网站流量增长具有相当重要的贡献。德国的经验进一步显示，自从该国修法对新闻出版者设置了这个类似邻接权的"附加权"（ancillary right）后，

---

① Matthew Karnitschnig, Laura Kayali, Google's Last Stand on Copyright, *Politico*, December 12, 2018, https://www. politico. eu/article/google-last-stand-copyright-rules-silicon-valley-eu-fight/ (Statement and quote of Richard Gingras, Vice President for News, Google, Inc.).
② European Commission, Staff Working Document: Impact Assessment on the Modernisation of EU Copyright Rules, Accompanying the Document Proposal for a Directive of the European Parliament and of the Council on Copyright in the Digital Single Market and Proposal for a Regulation of the European Parliament and of the Council Laying Down Rules on the Exercise of Copyright and Related Rights Applicable to Certain Online Transmissions of Broadcasting Organisations and Retransmissions of Television and Radio Programmes, SWD (2016) 301 final, Vol. 1, 155 (14 September 2016), https://ec. europa. eu/newsroom/dae/document. cfm? doc_ id = 17211.

对于像谷歌或脸书这种大型并具有绝对优势地位的新闻聚合者而言,最直截了当的做法就是把凡是没有同他们订约的所有检索结果悉数过滤掉,以免给自己带来侵权诉讼的风险。这样一来就会直接导致使用者在从事检索时将再也不知有多少原本应该被呈现列出的检索结果,这自然也会对网络最重要的一项功能——检索——的质量造成非常不利的影响,也必定会连带大幅限缩使用者接触和取用网络各项资源的能力,甚至导致因信息不足而误判的状况。但是如果谷歌真要这么做,也可能会重挫本身的商誉和信用。

3. 违反国际公约与保护过当

学界对这个赋权举措的另一个批判是,这条规定涉嫌违反国际公约。《伯尔尼公约》第2条第8项规定明确排除了对"日常新闻或仅止于具有新闻信息性质的杂项事实"（news of the day or to miscellaneous facts having the character of mere items of press information）给予著作权保护。因此,即使要赋权给新闻出版者,其范围自然也应受到同样的局限。但是欧盟的这个指令显然没有设定任何的限制,因此明显逾越了国际公约所容许的范围。不但如此,如果撷取某个新闻报道的一个片段或是对新闻内容从事其他的数字使用,例如所谓的"文本挖掘"或"文本探勘"（text mining）等,都还有可能被这个新设的"权利"所覆盖（《DSM指令》并没有明确定出相关例外的分际）,那么这种对原本根本不应享有任何知识产权的数据从事赋权不但构成保护过当,而且势将对未来科技的研发和教育、知识的分享造成相当不利甚至严重的影响。[①]

4. 与反垄断的竞合

前已提及,如谷歌或脸书等具有绝对优势地位的新闻聚合者,为了避免惹祸上身,最简单也最直截了当的做法就是借助人工智能等机械手段,

---

① Stavroula Karapapa, The Press Publication Right in the European Union: An Overreaching Proposal and the Future of News Online, contained in Enrico Bonadio and Nicola Lucchi (eds), *Non-Conventional Copyright: Do New and Non-Traditional Works Deserve Protection?* (Edward Elgar 2018), at 20–21.

只要在检索过程中出现了没有与其订立许可合同的媒体新闻就立即全部自动撤除,根本不会显示在最终的检索结果当中。这就让法国竞争委员会(Autorité de la Concurrence)决定出面干预。为了促使谷歌尽速与该国的新闻内容提供商展开相关的授权协商,该委员会于2020年4月9日公布了一个长达72页的"暂行措施"(interim measures/mesures conservatoires),其中禁止谷歌与各家新闻内容提供商在进行协商的过程中把任何关于新闻检索的结果自动排除或撤除。① 这样的做法可说是非比寻常,因为根据欧盟反垄断规定,传统上只有当权利人拒绝提供(refusal to supply)其享有著作权保护的作品给竞争者时才可能会产生是否构成滥用权利的行为;但这回却变成了如果是谷歌拒绝向著作权利人要求提供作品就会被视为滥用其优势地位(即使承受高度的诉讼与侵权赔偿风险)。这形同法国政府在直接干预一个跨国企业在当地的运营自由和选择。所以谷歌毫不意外地已经对此提出上诉。

而诸如网络社交平台、检索等已经成为当前使用互联网不可或缺的关键设施或服务,本来的竞争门槛就已非常之高,让后来的竞争者在技术、管理与数据的累积等方面都难以望其项背。现在突然再增加这么一道必须取得媒体出版者的许可并支付相应费用的新门槛,无异于假立法之手把这道门槛拉抬得更高了,而且明显只会对既有的优势平台服务提供者给予更大的优势。换句话说,这样的立法涉嫌以行政(公权力)帮助特定企业形成更大的垄断。

前已提及谷歌高层主管的担忧:是否将来只要一有人把受著作权保护的著作物放到网络上(从而可以被检索到),如谷歌等所有的搜索引擎企业或具有这个功能的任何网络平台就必须进行许可协商?从法国竞争委员会还必须出具一个极具争议性的"暂行措施"作为配套可见其中的具体执行

---

① Décision n° 20-MC-01 du 9 avril 2020 relative à des demandes de mesures conservatoires présentées par le Syndicat des éditeurs de la presse magazine, l'Alliance de la presse d'information générale e. a. et l'Agence France-Presse, https://www.autoritedelaconcurrence.fr/sites/default/files/integral_texts/2020-04/20mc01.pdf.

将有多么的困难。无论如何，欧盟指令做出这样的规定和要求的确不排除将来可能会导致检索的质量在一定程度上下降，这对未来新闻传播事业的发展会造成怎样的冲击也还在未定之天。

此外，可能最具逻辑反讽意味的是，众所周知，谷歌的主要收益来自广告。在实际的操作上除非使用者点击了相关检索的超链接然后链接到原始的网站，否则谷歌无法从中获得任何的利润。因此如果真的是因为谷歌检索呈现的结果太过翔实导致使用者没有兴趣再链接到原始的网站从事进一步的浏览，反而意味着谷歌整个经营模式的失败，也显然完全不符合谷歌自身的利益。

由于对新闻的转载基本上就是对特定形式数据库的内容的取用，借鉴过去的经验和实践，最佳的处理方案恐怕还是要让这些数字市场的各个角色扮演者以自律的方式去找出最符合大家共同利益的合作共赢方案（事实上目前已有多个，而且成效颇为可观）。主管机关所需要做的只是确保这些企业或厂商的所作所为符合反不正当竞争、反垄断与消费者保护的法规政策。欧盟这样突如其来地增加一个新的权利，而且还形同在推行一个变相的强制授权机制，不但不能为整个体系找到一个适当有效的平衡，反而会制造出更多的问题和混乱，甚至造成"寒蝉效应"，未来的检索质量很有可能会不断下滑。

（三） 澳大利亚的发展

欧盟的做法至少还先通过赋权（哪怕这个赋权本身就非常值得商榷，已如前述）的方式给了新闻媒体一个立足点作为与同时扮演了新闻聚合者角色的网络平台进行协商的基础。澳大利亚的做法则更加"简单粗暴"，直接摆明了要针对谷歌和脸书"空手夺刀"，硬性强制这两个网络平台必须付费给新闻提供者，完全不问其中的权利基础与法律关系究竟为何。

澳大利亚联邦国会在2021年2月25日通过了一个新闻媒体暨数字平台强制协商法【Treasury Laws Amendment (News Media and Digital Platforms

Mandatory Bargaining Code) Bill 2021】。① 其中并未采取欧盟的做法创设任何新的权利,而是直接强制网络平台(主要还是谷歌和脸书两家)与该国的各主要媒体比照劳资争议处理的模式进行协商,建立针对使用新闻内容的付费标准,如果协商不成就要移交强制仲裁程序来裁判。②

澳大利亚国会通过这个新法之后谷歌随即选择妥协接受,但脸书则进行全面性的抵制,把当地所有的新闻分享全部断绝,结果一度造成了相当大的问题,也导致澳大利亚政府和国会议员对脸书严词抨击(几乎都是在脸书上发表)。③ 不过双方最终还是达成了协议,澳大利亚国会也对法律做了一些技术性的修改,基本上是给网络平台较多的时间进行协商,并将在该法通过之前就已经达成的协议一并纳入作为是否合规(compliance)的考量,另外就是政府必须在出台其最终认定结果前一个月给网络平台通知等。④ 截至2021年2月,两家企业已经与澳大利亚当地的若干主要媒体展开协商,有的已经达成协议(事实上谷歌在法律通过前已经和两家媒体谈妥)。⑤ 值得注意的是,虽然该国的政府部门、大型媒体都支持这个立法,小微媒体却认

---

① 这是作为对澳大利亚《2010 年竞争暨消费者法》(Competition and Consumer Act 2010)关于数字平台等部分的增补修正。参见 Parliament of Australia, Treasury Laws Amendment (News Media and Digital Platforms Mandatory Bargaining Code) Bill 2021, https：//www. aph. gov. au/Parliamentary_ Business/Bills_ Legislation/Bills_ Search_ Results/Result? bId = r6652。

② 参见 Parliament of Australia, Treasury Laws Amendment (News Media and Digital Platforms Mandatory Bargaining Code) Bill 2021, Division 7——Arbitration and Remuneration Issue, https：//www. aph. gov. au/Parliamentary_ Business/Bills_ Legislation/Bills_ Search_ Results/Result? bId = r6652。

③ Sara Morrison, Why Facebook Banned (and Then Unbanned) News in Australia, Vox/Recode, February 25, 2021, https：//www. vox. com/recode/22287971/australia-facebook-news-ban-google-money.

④ Parliament of Australia (Senate), Treasury Laws Amendment (News Media and Digital Platforms Mandatory Bargaining Code) Bill 2021, Revised Explanatory Memorandum, at 10 – 14.

⑤ 参见 Rod McGuirk (Associated Press), In Australia, Google Makes Publisher Deals, Facebook Walks, ABC News, February 17, 2021, https：//abcnews. go. com/Business/wireStory/australia-google-makes-publisher-deals-facebook-walks-75954101. 谷歌更在其官网上发表了一封由该公司在澳大利亚的负责人(管理总监)具名签署的公开信,表达对澳大利亚媒体的支持和依据这个新法进行协商的最新状况。参见 Mel Silva (Managing Director, Google Australia), Supporting Australian Journalism: A Constructive Path Forward: An update on the News Media Bargaining Code, https：//about. google/google-in-australia/an-open-letter/。

为这样的法规文句只会让大型媒体蒙利，所以并不是所有的媒体都支持这项立法。①

究竟欧盟与澳大利亚的做法是否会产生更大的"涟漪效应"（ripple effect），让其他的国家或地区准备跟进，以及这样的举措究竟会对整个数据库领域（尤其是涉及新闻内容的数据库）产生怎样的冲击，目前还难以评估，只能有待时间来验证。但是各界已经出现了许多表达严重关切的声音，尤其认为澳大利亚国会已经开了一个非常危险的先例，将会导致完全无法预期的严重后果。②

四 隐私权

前已论及，个别不具独创性的数据本身基本上无非就是体现特定的事实，因此没有任何的权利可言。但是一个或多个组合的数据却可能会呈现某些个人隐私（例如，从购买的商品等推知可能未婚先孕），甚至影响其人身安全【例如，泄露刑事案件秘密举报者（"吹哨人"，whistleblower）或关键证人本应保密的身份等】。在经过规模性和更精细的数据（大数据）分析后，这方面的问题更加容易出现。但是数据分析显然对企业的运营、更准确地管理库存、更具效果地行销等等具有极重要的价值。因此，一方面要从数据（或大数据）背后所折射出的个人隐私需要给予保护，另一方面企业要对消费者或使用者提供更具效能、更符合需求的产品或服务。如何在这两个方面取得适当、有效的平衡，便成为极具挑战性的课题，在互联网

---

① 例如 The New Daily、The Mandarin、Crikey 以及 Country Press Association 等规模较小的新闻媒体或协会组织对这项立法采取了相当保留的态度。参见 Parliament of Australia, Treasury Laws Amendment (News Media and Digital Platforms Mandatory Bargaining Code) Bill 2020 Bills Digest No. 48 (15 February 2021), at 41 (Statement of Eric Beeche, Chairman of Private Media and Solstice Media), https://www.aph.gov.au/Parliamentary_Business/Bills_Legislation/bd/bd2021a/21bd048。

② Rod McGuirk and Kelvin Chan, Australian Media Law Raises Questions about "Pay for Clicks", Associated Press, February 18, 2021, https://apnews.com/article/business-europe-australia-media-journalism-771b10a4efd00d47a703655708f45e57.

和大数据的环境下尤其凸显。

(一) 概念与定义

"隐私权"（right to privacy）的概念可上溯到 12 至 13 世纪的罗马法，对于拉丁字"ius"的使用已逐渐从原来的"法律的公正性"扩展到个人对某件事物能否占有或控制的主张，已经类似于现代对"权利"的概念；而且这个起源于自然法的概念从特定的视角而言，意涵着所有人都是平等的（无论是天主教或基督教的教义都认为所有的人是依照上帝的形象打造而成的，可以按照自己的理性自由行动，特别是对于善恶的理性判断等等），于是也逐渐让个人的自由与尊严产生了联结。[1]

当代首先把数据与隐私保护予以联结，也就是因数据的揭露可能产生的隐私保护问题与应有的法则可溯源到经济合作与发展组织（OECD）于 1980 年 9 月 23 日通过的给各成员国作为立法参考的一项决议。[2] 其中列举了八项基本原则。

一是有限搜集 —— 数据的搜集应有限度而且必须是以合法公平的方式取得，而且应在适当的情形下征得数据主体（当事人）的同意或认知。

二是数据质量 —— 个人数据应与所欲使用的目的相关，而且为达成其目的在必要的范围内应确保其正确性、完整性与及时性。

三是具体目的 —— 应在搜集个人数据之前表明其目的并将其后的使用局限于达成其预定目的，或从事其他的使用不可与原先所定的目的不相容，如需改变其目的的亦需表明。

四是使用限制 —— 依据前项原则，个人数据不得从事表明的目的以外的揭露、提供或用途，除非获得数据主体的同意或依据法律的授权。

---

[1] James Griffin, The Human Right to Privacy, 44 *San Diego L. R.* 697, 698 (2007).
[2] OECD, Recommendation of the Council Concerning Guidelines Governing the Protection of Privacy and Transborder Flows of Personal Data (23 September 1980), as amended, https://www.oecd.org/digital/ieconomy/oecdguidelinesontheprotectionofprivacyandtransborderflowsofpersonaldata.htm.

五是安全保障——个人数据应以合理的安全措施给予保护以避免流失或对数据从事未经许可的接触、毁坏、使用、修改或揭露。

六是公开透明——对于个人数据的开发、使用实践与做法应建立一个通用的公开政策。该政策应可随时确认是否存在个人数据和其主要使用目的，以及数据控制者的身份与通常的居（住）所。

七是个人参与——个人应有权：

①从数据控制者处确认是否获取了其个人数据；

②在合理期间内用合理方式与容易理解的形式被告知所获取到与其相关的个人数据，如有任何费用，亦不得过度；

③依前两项提出要求遭拒时，可对该拒绝提出挑战；

④对其相关的数据提出挑战，如获成功，可将数据予以删除、纠错、补充或修改。

八是责任承担——数据控制者应对违反上述原则承担责任。

在每个原则的背后原本都有各种利益的争辩与博弈，所以可以说从一开始就充满了相当的争议，例如如何平衡对数据的安全保障与公权力以国家或社会安全的需求为由进行的取用和调查之间的矛盾，以及授予消费者或使用者这些权利是否会导致交易成本过高，反而产生反竞争的效应，让既有的大型网络平台或服务提供者，更加强化了入口或接口位置的所谓"把关者"或"守门员"（gatekeepers）的控制力等。然而经济合作与发展组织的成员国最终依然能够达成共识，主要是因为一方面全球在20世纪70年代陷入了相当严重的经济不景气和社会的不安与动乱，另一方面通过计算机系统从事运算同时带来了各种新的契机和风险。成员国的主要考量是希望能对其中涉及个人隐私保护的问题订立一些作为基础的原则，从而可以确保彼此之间的信息流通，不至于因为隐私保护的争议和诉讼等因素形成对全球经济和社会发展的障碍。①

---

① Barry Sookman, Sharing Information and Targeting Customers, Presentation at the 1999 Advertising Forum, https://marcomm.mccarthy.ca/pubs/share.htm.

这个决议对于后来全球相关领域的法制发展产生了很大的影响。据一项研究显示，截至2017年1月，全球已有120个国家和地区通过了关于数据保护的立法。[1] 其中欧盟完全接受了上述的八个原则并反映在其相关的规制当中，其规制也是目前国际上最具指标性和影响力的立法。美国迄今始终没有制定一个全面性的联邦立法，于是产生了迥然不同的面貌。

（二）美国的发展

把违反或侵害他人的隐私列为侵权责任的概念最早始于美国，可上溯到一篇刊载于1890年12月15日出版的《哈佛法学评论》（Harvard Law Review）、由两位当时在波士顿的律师塞缪尔·沃伦（Samuel Warren）和路易斯·布兰代斯（Louis Brandeis，后来成为美国联邦最高法院大法官）联合撰写的名为《隐私权》的论文。[2] 文章开篇就破题阐明："每个人应对其人身和财产获得完全的保障是个与普通法同样古老的原则，但却不时需要对其具体的性质和范畴予以重新界定……法律权利的范围逐渐扩大，以致现在的生命权已经成为享受生命的权利——即不受打扰的权利……"[3] 至于如何具体定义"不受打扰的权利"则还有待将来的司法实践去逐步探索、厘清。

在互联网时代，信息数据传输已经成为带动整个社会和经济发展最重要的神经系统。一旦发生对隐私或关键信息的侵害，往往造成规模性的重

---

[1] Graham Greenleaf, Global Data Privacy Laws 2017: 120 National Data Privacy Laws, Including Indonesia and Turkey, 145 *Privacy Laws & Business International Report* 10（2017），https://papers.ssrn.com/sol3/Delivery.cfm/SSRN_ID3000244_code722134.pdf?abstractid=2993035&mirid=1.

[2] Samuel Warren and Louis Brandeis, The Right to Privacy, 4 *Harvard L. R.* 193（1890），据学者考证，虽然布兰代斯被列为第二作者，但是这篇论文主要就是出自布兰代斯之手，其中的概念后来也反映到他撰写的相关判决书之中。

[3] 其原文为："That the individual shall have full protection in person and in property is a principle as old as the common law; but it has been found necessary from time to time to define anew the exact nature and extent of such protection... Gradually the scope of these legal rights broadened; and now the right to life has come to mean the right to enjoy life, — the right to be let alone..."

大破坏。因此数据、隐私保护与网络安全已经融为一体，成为当前最重要的社会与经济课题之一。多个国际组织、不同国家的各级政府以及无数具有指标性的企业和机构在近年分别遭遇了不断的"黑客"（hacker）攻击，造成的损失与不良后果难以估计。① 2021年5月科洛尼尔输油管道公司（Colonial Pipelines）遭到勒索软件（ransomware）攻击，造成整个美国东半部的汽油供应瘫痪了将近一整周的时间，对美国的基础设施和经济、社会造成了巨大的影响。雅虎公司（Yahoo）则是在2014年发生了迄今已知规模最大的使用者数据外泄事件，而且是受到来自多方的黑客攻击，至少导致30亿名使用者的账号、密码、实名、电子邮件信箱、出生日期与电话号码等悉数被盗取并"销赃"到所谓的"网络暗区"（Dark Net），让其他的不法之徒可以对这个庞大群体当中的个别对象继续进行盗取和欺诈。②

美国虽然是现代隐私权保护的发源地，又历经了无数互联网的攻击破坏与数据信息外泄事件，再加上社会各界的高度关注，关于网络安全与数据隐私保护的相关法制本应十分完备才是。然而美国实际上却没有直接采纳上述经济合作与发展组织的建议，立法状况非常分散、复杂和技术化（在联邦的层级至少有12个不同的法律分别规制），负责主管的政府机构也是叠床架屋、各自为政、令出多门，欠缺整体划一的体系（详见后述）。造成这个状态的主要原因是：一方面，美国对于个人隐私保障的基础固然可以溯源到《联

---

① 例如，仅在2020年，已知至少有20个美国联邦政府机构、北大西洋公约组织，以及包括微软公司在内的上千家企业因为黑客成功渗透到一个名为"太阳风"（SolarWinds）的云计算系统而导致大规模的数据信息外泄，迄今无法统计经济与非经济性的损失。参见 Isabella Jibilian and Katie Canales, The US is Readying Sanctions against Russia over the SolarWinds Cyber Attack. Here's a Simple Explanation of How the Massive Hack Happened and Why It's such a Big Deal, Business Insider, April 15, 2021, https://www.businessinsider.com/solarwinds-hack-explained-government-agencies-cyber-security-2020-12。

② Dan Swinhoe, The 15 Biggest Data Breaches of the 21st Century, CSO [affiliate of International Data Group (IDG) Communications], January 8, 2021, https://www.csoonline.com/article/2130877/the-biggest-data-breaches-of-the-21st-century.html。

邦宪法》第三、四、五和十四修正条款的禁止与授权规定，[1] 但传统上该法几乎完全是聚焦和局限于保障个人的生命、自由、财产等权益不受政府的无端侵入或干扰，并不及于他人（自然人或法人）对个人隐私的侵入，一直要到20世纪60年代末期这种状态才开始发生变化；[2] 另一方面，美国关于信息隐私保护的司法实践，无论是联邦宪法或各州的普通法（common law），始终呈现零星和碎片式的发展，即使偶有案例或判决认同的确存在一个范围广泛、一般性的隐私权，但是往往最终是"进三退二"，呈现牛步化的发展。[3] 尤其受制于"国家行为法则"（state action doctrine）的要求，任何人如想对非政府机构或他人以侵害其信息隐私提起诉讼，在传统上从一开始就会面临当事人不适格或是无诉讼资格的挑战，难以克服，而且"无论其行为可能有多么的不公正"。[4]

正因为历来的司法实践无法对信息或数据的隐私保护提供一个完整的框架，美国在这个领域主要是依靠成文立法来提供保障。但是如此一来几

---

[1] 《联邦宪法》第三修正条款禁止军队在任何时期（尤其是战争时期）在未经屋主同意的情况下强占民宅；第四修正条款旨在禁止无正当理由的搜查和扣押，要求搜查和扣押状的签发必须有相当理由的支持并经过正当法律程序（due process of law）；第五修正条款明订任何人不得因同一犯罪行为而两次遭受生命或身体的危害，不得在任何刑事案件中被迫自证其罪，不经正当法律程序不得被剥夺生命、自由或财产、不给予公平赔偿，私有财产不得充作公用。以上皆是立宪之初附加在宪法本文之后的"民权条款"（Bill of Rights）的一部分。第十四修正条款第一款则是延伸适用到各州的"平等保护条款"（Equal Protection Clause），规定"任何州都不得制定或实施限制合众国公民的特权或豁免权的法律；不经正当法律程序，不得剥夺任何人的生命、自由或财产；在州管辖范围内，也不得拒绝给予任何人以平等法律保护"。

[2] *Katz v. United States*, 389 U. S. 347 (1967)，联邦最高法院在本案中把个人可以排除政府（如警察等执法人员或机构）从事不当搜查与扣押的隐私保护范围扩大到包括"任何人寻求作为保留属于其私人的范畴，即使是公众可以出入的区域"。

[3] 例如，美国联邦最高法院在 *Whalen v. Roe*, 429 U. S. 589 (1977) 案首次宣示宪法所保障的隐私权事实上涵盖了两种不同的法益，一是避免揭露其个人事务的个别利益，另一则是对某些类型的事务独立做出重要决定的利益（后者是涉及与其身体具有亲密关系的事务，如是否堕胎等）。即使如此，在该案与后续的案件，法院却一再判决政府部门被指控侵害当事人隐私的项目败诉。甚至在一个判决中还暗示根本不存在由宪法所赋予的信息隐私权。参见 *National Aeronautics and Space Administration (NASA) v. Nelson*, 562 U. S. 134 (2011)。

[4] *National Collegiate Athletic Association (NCAA) v. Tarkanian*, 488 U. S. 179, 191 (1988).

乎注定会令出多门而且互不协调。与许多工业化国家的法制通常会对个人信息与隐私保障制定一部综合性、完整的法律不同，美国的隐私保障法制是由不同的领域或部门分别立法，这也就会让相当大的区域欠缺必要的规制。①

1. 联邦层级的现况

鉴于20世纪70年代初发生的"水门事件"（Watergate Incident）严重挫伤了美国人民对其联邦政府的信任，国会制定了《1974年隐私法》（Privacy Act of 1974）来明确规定政府应如何处理关于人民的个人信息，希望能借此修复联邦政府的公信。② 后来又制定了《2002年联邦信息安全管理法》（Federal Information Security Management Act of 2002，简称FISMA），把政府所拥有的数据提升到国家安全的层级，并要求各联邦政府部门或机构必须设置信息安全体系并使其符合由白宫管理和预算办公室（Office of Management and Budget，简称OMB）与国家标准与技术研究院（National Institute of Standards and Technology，简称NIST）所制定的标准。③ 不过这些都还是规制政府行为的立法。

至于前述关系到政府以外的机构、企业等应如何对其使用者或消费者的信息数据给予保护的联邦立法如下。

（1）《1999年金融服务现代化法》

《1999年金融服务现代化法》（Financial Services Modernization Act of

---

① Daniel Solove and Woodrow Hartzog, The FTC and the New Common Law of Privacy, 114 *Columbia L. Rev.* 583, 587 (2014).

② Pub L. 93 – 579, 88 Stat. 1896 (1974), codified at 5 U.S.C. § 552a (2018, Supp. I). 这个立法的提案人、时任参议院司法委员会主席、北卡罗来纳州的民主党籍参议员塞缪尔·厄尔文（Samuel J. Ervin Jr.）表示："如果我们从过去一年的水门事件当中学习到了任何事情，那就是政府对每个公民所能知悉的必须设限。"参见 Senate Committee on Government Operations & House of Representatives on Government Operations, 94th Cong., Legislative History of the Privacy Act of 1974 S. 3418 (Public Law 93 – 579): Source Book on Privacy, at 4 (Comm. Print 1976), https://www.justice.gov/opcl/paoverview_sourcebook。

③ As Title III of E-Government Act of 2002, Pub. L. 107 – 347, 116 Stat. 2899, 2946 (2002); Amended by The Federal Information Security Modernization Act of 2014, Pub. L. 113 – 283, 128 Stat. 3073 (2014), codified at 44 U.S.C. Ch. 1 and 35 (2018, Supp. I).

1999，又称为 Gramm-Leach-Bliley Act，简称 GLBA），以三位共同原始提案人的姓氏命名。①主要是禁止金融机构（如银行等）未经当事人同意与无隶属关系的第三方分享消费者（或客户）未公开的私人识别信息，除非事先明确通知其消费者或客户，并给予后者"选择退出"（opt-out）或拒绝同意的机会。另外则是要求金融机构必须采取措施维护这些信息的安全，防止外界未经许可或授权对其接触取用，包括建立一套对应未经许可取用消费者信息的机制。在主管机构方面，就数据安全部分而言，数个联邦金融规制部门对诸如商业银行等从事储蓄业务的机构有专属管辖权，不从事储蓄业务的机构则归联邦贸易委员会（Federal Trade Commission）管辖。虽然这套法律并未明文规定受到影响的当事人享有的任何民事救济，主管部门仍可依据其行政执法权限对违法者科处罚金。而且法律对"明知且故意"（knowingly and intentionally）以错误或欺诈的陈述或表示获取或披露客户信息的最高可处五年有期徒刑及罚金。

（2）《1996 年可携健康保险暨问责法》

《1996 年可携健康保险暨问责法》（Health Insurance Portability and Accountability Act of 1996，又称为 Kennedy-Kassebaum Act，简称 HIPAA）② 授权美国卫生与公众服务部（U. S. Department of Health and Human Services）制定行政命令，定义需要受保护的医疗信息（protected health information，简称 PHI）、所适用的对象【包括医疗提供者、健康或保险计划提供者、医疗保险索赔清算所（healthcare clearing house】，以及该等机构的特定相关人员），以及具体的范围等（对医疗信息的使用或分享、对消费者的揭露、对信息的保全与安全维护，以及一旦发生侵害事件对消费者的通知义务等）。③

---

① Pub. L. 106 – 102, 113 Stat. 1138（1999），codified at 15 U. S. C. §§ 6801 – 6809（2018, Supp. I）.
② Pub. L. 104 – 191, 110 Stat. 1936（1996）.
③ 45 C. F. R. Parts 160, 162 and 164（2020）.

(3)《公平信用申报法》

《公平信用申报法》（Fair Credit Reporting Act）[1]主要是确保信用申报机构提供正确的消费者信用数据并确保此数据只能适用于特定的用途。不过这套法律当中并没有任何隐私保障条款，诸如要求信用申报机构在搜集或分享消费者的信用信息给第三方之前让消费者有权选择加入（opt in）或退出（opt out），也没有信息安全保障、维护与发生事故时的通知义务等规定。

(4)《1996 年电信法》

《1996 年电信法》（The Telecommunications Act of 1996）[2]是对 1934 年《通信法》（Communications Act）的重大修正。其中依不同的承载信号类型分别针对一般承载者（common carriers）、有线操作者（cable operators）和卫星承载者（satellite carriers）增加了对数据保护与安全的强制性规定，包括除了特定的例外，原则上不可未经许可使用、揭露或允许他人接触取用可以用于个人识别（individually identifiable）的信息，必须设置防护措施以确保对个人识别信息的正当使用与揭露，以及必须符合关于数据泄漏的相关规制等。[3] 这个法律的执法部门是联邦通信委员会（FCC）。该委员会曾经在 2016 年制定了一套关于保护消费者隐私的行政规定，试图对所谓的"客户商用信息"（customer proprietary information）给予非常广泛的定义，涵盖所有可以构成个人识别和通信内容的信息数据。[4] 不过这项规定之后遭到国会依《国会审查法》（Congressional Review Act）否决。[5] 无论如何，任

---

[1] Pub. L. 91-508, 84 Stat. 1114, 1127 (1996), codified at 15 U.S.C. § 1681 et seq. (2018, Supp. I).

[2] Pub. L. 104-104, 110 Stat. 56 (1996), codified at 47 U.S.C. Ch. 5 (2018, Supp. I).

[3] 47 U.S.C. § 222 (2018, Supp. I), 除此之外, 有线操作者和卫星承载者要比一般承载者承担更多的义务, 参见 47 U.S.C. §§ 338 (i) (3)-(4), 551 (b)-(c) (2018, Supp. I).

[4] Protecting the Privacy of Customers of Broadband and Other Telecommunications Services, 81 Fed. Reg. 87274 (2016).

[5] Senate Joint Resolution 34, 115th Cong. (2017), 共和党（当时参议院的多数政党）方面认为, 这个定义和加于提供通信服务厂家的义务已经对受规制对象的言论自由构成了不当的限制, 另参见 Congressional Review Act, as Subtitle E of Contract with America Advancement Act of 1996, Pub. L. 104-121, 110 Stat. 847, 868 (1996), codified at 5 U.S.C. Ch. 8 (2018, Supp. I).

何认为其权益受损的个人均可对涉嫌违法的承载者起诉,请求民事损害赔偿、支付诉讼费用及合理律师费,联邦通信委员会也可对涉嫌违法者直接提出民事、刑事诉讼。①

(5)《视频隐私保护法》

《视频隐私保护法》(Video Privacy Protection Act,简称VPPA)② 在1988年制定时主要是为了在出租、购买或是交付录像带或其他类似的视听材料时保全个人的隐私信息。这项法律没有对厂商设定保护信息或数据的强制性要求,不过还是设置了条款禁止受到管辖的厂家未经当事人事先选择加入或同意故意揭露涉及任何消费者的个人识别信息,但是属于正常业务运营过程中的附带性揭露(incident to the ordinary course of business)则不在此限。对于违反者,受损害的当事人可提出民事诉讼请求禁令或损害赔偿,但无刑事的救济或处罚规定。

(6)《1974年家庭教育权暨隐私法》

《1974年家庭教育权暨隐私法》(Family Educational Rights and Privacy Act of 1974,又称为Buckley Amendment,简称FERPA)③ 要求任何教育事业机构或组织必须给予家长或视学生的年龄是否已达成年给学生本人对其所有教育记录的控制权、审查的机会,以及对其中内容的正确性予以挑战的机会。联邦教育部可对违反此法的教育机构采取"适当的行动",包括由部长签发"停止令"(cease and desist order)、暂停或终止对该机构的联邦教育经费补助等。不过这个法律没有刑事处罚条款,当事人也无法直接起诉涉嫌违法的教育机构。④

(7)联邦证券交易法规

虽然联邦证券交易法规(Federal securities laws)与相关的行政规定并

---

① 47 U.S.C. §§ 501–503 (2018, Supp. I).
② Pub. L. 100–618, 102 Stat. 3195 (1988), codified at 18 U.S.C. § 2710 (2018, Supp. I).
③ § 513 (adding § 438 to the General Education Provisions Act), Pub. L. 93–380, 88 Stat. 484, 571 (1974), codified at 20 U.S.C. § 1232g (2018, Supp. I).
④ *Gonzaga University v. Doe*, 536 U.S. 273 (2002).

没有明文直接对数据保护进行规制，不过有至少两处要求会对企业应如何避免以及应对数据泄露产生一定的影响。其一是《1934年联邦证券交易法》（Securities and Exchange Act of 1934）第13条第（b）款第（2）项第（B）子项规定，所有的上市企业或需要向证券监管部门提出申报的公司必须设置并维持一套内部的会计监控系统，以确保所有的交易以及对资产的接触或取用都必须经过管理阶层的一般或特别授权。① 鉴于已发生多起企业遭到诈骗将数以百万计的资金错误转汇的案件，联邦证券交易委员会（Security Exchange Commission，简称 SEC）在2018年出台的一个调查报告中进一步表明，企业在布局相关的会计管控系统时，应一并纳入与网络威胁相关的考量。② 其二是证券交易法规要求企业在从事必要的申报时必须注明相关的风险事项（risk factors）并予以解释。联邦证券交易委员会已经在相应的指南中表明，其中包含了必须揭露诸如数据外泄等网络安全方面的事项。违反这些会计管控合规要求的可遭受行政处罚并进行民事损害赔偿，故意违法的还可能遭到刑事起诉并面临有期徒刑与罚金等。

(8)《儿童线上隐私保护法》

《儿童线上隐私保护法》（Children's Online Privacy Protection Act，简称 COPPA）③和负责执行的联邦贸易委员会所制定的行政规定是用来规制对线上儿童信息的搜集和使用，适用的范围涵盖所有指向儿童的网站或线上服务及其操作者或是任何事实上知悉在从事儿童信息搜集的操作者。操作者必须向儿童的父母直接提供关于其隐私政策的通知，而且必须在其网站首页予以醒目标示此一通知的相关链接；未经儿童的父母或监护人的同意，不准搜集年龄未达13周岁的儿童的个人信息，而且此一同意必须是以可被

---

① 15 U. S. C. §§ 78a–78qq（2018, Supp. I）.
② Security Exchange Commission, SEC Release No. 34–84429, Report of Investigation Pursuant to 21 (A) of the Securities and Exchange Act of 1934 Regarding Certain Cyber-Related Frauds Perpetrated against Public Companies and Related Internal Accounting Controls Requirements（Oct. 16, 2018）, https://www.sec.gov/litigation/investreport/34–84429.pdf.
③ Pub. L. 105–277, 112 Stat. 2681 (1998), codified at 15 U. S. C. §§ 6501–6506 (2018, Supp. I).

确认的方式来操作；而且对于所搜集到的数据信息应保障其机密性、安全性与完整性，如要提供给第三方，在提供之前也必须确保该第三方提供同样的保障。违反者将被视为从事不公平或欺诈性的商业行为，应受到对应的行政处罚与民事损害赔偿。不过这个法律没有刑事罚则或提供个人的诉权，所以必须通过执法部门来出面执行。

(9)《1986 年电子通信隐私法》

《1986 年电子通信隐私法》（Electronic Communications Privacy Act of 1986）[1]是由《窃听法》（Wiretap Act）、《存储通信法》（Stored Communications Act）以及《电话记录器法》（Pen Register Act）三个子法组合而成，主要着眼于电子通信的刑事执法过程中对个人隐私的保障，不过该法也规定了非政府行为人必须提供隐私保障的义务。从法规的文字和表面上看，这套法律很可能是所有关于隐私保障的联邦法律当中覆盖最为全面的一个，没有局限于特定的领域或特定的行为主体，然而这套法律迄今产生的影响却相当有限。一个可能的原因是，基于罪刑法定原则，司法实践不愿意对其中的规定给予扩张解释，而是把其适用范围局限在原始制定的目的和精神上，也就是对窃听或电子窃探的规制，因此凡是想以本法对商业性的数据搜集行为主张构成不法的都难以胜诉。[2]

(10)《电脑欺诈暨滥用法》

《电脑欺诈暨滥用法》（Computer Fraud and Abuse Act）[3]的原始目的是

---

[1] Pub. L. 99-508, 100 Stat. 1848 (1986), as amended most recently by Foreign Intelligence Surveillance Act of 1978 (FISA) Amendments Act of 2008, Pub. L. 110-261, 122 Stat. 2436 (2008), codified at 50 U.S.C. ch. 36.

[2] Daniel Solove and Woodrow Hartzog, The FTC and the New Common Law of Privacy, 114 *Columbia L. Rev.* 592 (2014), 此外，如《窃听法》容许所谓的"通信当事人"（party-to-the-communication）与"同意"（consent）例外，法院往往认为网站或第三方广告商对使用者线上活动从事的追踪落入了这两种例外，因此不构成对使用者的"监听"与"窃取"。参见"谷歌公司涉嫌侵害消费者隐私诉讼"案，In re Google Inc. Cookie Placement Consumer Privacy Litigation, 806 F. 3d 125 (3rd Cir. 2015)。

[3] Pub. L. 99-474, 100 Stat. 1213 (1986), as amended most recently by Identity Theft Enforcement and Restitution Act of 2008 (ITERA), Pub. L. No. 108-275, Title II, 122 Stat. 356 (2008), codified at 18 U.S.C. § 1030 (2018, Supp. I).

防止未经许可对他人电脑或计算机系统从事侵入、破坏、勒索或欺诈等行为,即通称的"黑客侵害"(hacking),并没有涉及对信息的搜集和使用等与数据保障相关的规制。① 由于这套法规授权受损害的当事人可以提起民事、刑事自诉,许多互联网的使用者也试图通过这个路径主张企业使用特定的装置或软件对其电脑信息的追踪构成未经许可的取用。不过由于本法设定了必须超过 5000 美元的经济损失、身体伤害或医疗照顾损害的门槛,多个诉讼都因无法符合此一门槛举证的要求而被法院撤销。② 此外,美国联邦最高法院在最近出台的一个判决中进一步限缩了这个法律的适用范围,表示纵使取用特定文档数据的动机和目的不当,如果行为人原本就具有对特定计算机系统与其中特定数据库资料的取用权限(本案中是涉及地方警察调阅他人的汽车牌照与其他犯罪执法记录等),就不构成违反本法。换句话说,获得授权可以使用特定数据库的使用者的具体行为只要在客观上没有逾越授权的范围就不构成违法。③

(11)《联邦贸易委员会法》

《联邦贸易委员会法》(Federal Trade Commission Act)④原本是美国国会在 1914 年为了响应伍德罗·威尔逊(Thomas Woodrow Wilson)总统的呼吁,强化反垄断法制并设置一个专门的执法机构而制定的。1938 年把第 5 条做了修正,明文禁止商业领域中或影响商业的不公平竞争手段以及不公平或欺诈性的行为,另授权联邦贸易委员会可以制定相关的行政规定,并对几乎所有的自然人与法人有相关的执法管辖权【不受其管辖的例外包括公共

---

① *LVRC Holdings LLC v. Brekka*, 581 F. 3d 1127 (9th Cir. 2009).
② 18 U. S. C. §§ 1030 (c) (4) (A) (g), (i).参见"谷歌公司涉嫌侵害消费者隐私诉讼"案, In re Google Inc. Cookie Placement Consumer Privacy Litigation, 806 F. 3d 125 (3rd Cir. 2015).
③ *Van Buren v. United States*, 593 U. S. (2021).
④ Pub. L. 63 - 203, 38 Stat. 717 (1914), as amended most recently by Undertaking Spam, Spyware, and Fraud Enforcement with Enforcers beyond Borders (US SAFE WEB) Act of 2006, Pub. L. 109 - 455, 120 Stat. 3372 (2006), codified at 15 U. S. C. §§ 41 - 58.

承运人（common carriers）、非营利组织和金融机构等】。① 换句话说，国会表明了这个立法不仅适用于竞争者之间的交易行为，也同时适用于对消费者的保护。②

由于美国对于隐私保护的体系犹如"瑞士奶酪"（Swiss cheese）一般，中间呈现出许多空洞，既有的立法又只能做到如同贴膏药般的处理，因此许多涉及隐私保护又难以从其他法律获得救济的问题便纷纷转向联邦贸易委员会，希望能通过第5条规定所赋予的广泛执法管辖来弥补各种现行体系的不足。

联邦贸易委员会固然可以依该条规定所赋予的"授权立法"（delegated legislation）权限自行制定所谓的"贸易规定法则"（trade regulation rules，简称TRRs），但是因为程序烦琐【超过联邦《行政程序法》（Administrative Procedure Act，简称APA）第553条制定一般行政规定的要求】，而且消耗资源和时间，实际上鲜少以这个途径订立规则，也从未以此方式制定与数据保护相关的规则。截至目前该委员会都是通过行政执法来向外界释放讯号，显示有哪些具体的行为会被视为不正当竞争（当然不服的当事人还是可以上诉到法院）。

在数据的保障方面，委员会最主要的执法依据是一个企业或厂家是否违反了自身对其消费者或使用者关于数据隐私和安全保障的承诺，其中包括了对于数据的搜集、使用或揭露等自定的政策为何，在何种情况下采取何种有效的举措来坚持其自定的政策，是否做出了误导性的陈述来诱使消费者或使用者揭露其个人的信息，等等。③ 例如，在一个指标性的案件中，被告通过网络广告（包括现金回馈等促销手法）让使用者到其网站下载一个软件程序，并且要点击同意在其中预设好的终端使用者许可合同（end user licensing agreement，简称EULA）或"点击许可合同"。这份文件使用了各种

---

① Federal Trade Commission Act Amendments of 1938（a/k/a Wheeler-Lea Act），Pub. L. 75 – 447，52 Stat. 11（1938）.
② *LabMD, Inc. v. Federal Trade Commission*，894 F. 3d 1221（11th Cir. 2018）.
③ Daniel Solove and Woodrow Hartzog, The FTC and the New Common Law of Privacy, 114 *Columbia L. Rev.* 628（2014）.

对一般人而言晦涩难懂的法律术语和小体字型来对其准备要做的事情做了表述，文件中的一个条款实际上的意思就是会追踪并搜集使用者的网络浏览历史记录。被告虽然在形式上完全合法，但却还是遭到联邦贸易委员会的调查起诉，被告选择接受了委员会的处罚和命令，向其使用者以明确且醒目（clear and prominent）的通知告知其软件具有追踪搜集的功能并表明将会搜集何种信息（因此没有上诉到法院）。① 这个案件的不寻常之处在于，一般而言，只要制式性的合同内容没有显然不合理之处，法院通常会认为只要使用者在屏幕上点击了"同意"，双方就成立了一个有效的契约关系（哪怕绝大多数的使用者在点击"同意"之前事实上根本没有阅读其中的内容）。然而联邦贸易委员会显然想借这个案件释放出一个信息：纵使双方当事人可以透过"点击许可合同"建立彼此的法律关系，但并不表示其中的一方就可以在合同中使用欺瞒或误导性的手段并借此避开责任。②

联邦贸易委员会另外的几个执法立场也值得注意。第一，当网络平台运营者显著修改其追踪搜集使用者个人信息数据的政策时，如果溯及适用按原有的政策已经搜集到的数据，会被视为构成"不公平"的操作（unfair practice）。③ 第二，如果应用软件当中预设的隐私选项需要使用者通过烦琐或困难的步

---

① In the Matter of Sears Holdings Management, Decision and Order, Docket No. C-4264（August 31, 2009），https://www.ftc.gov/sites/default/files/documents/cases/2009/09/090604searsdo.pdf.

② 必须提及，联邦贸易委员会在2018年2月27日同意了本案被告的申请，决定重新审查并修改2009年的命令当中对于"追踪应用程序"（Tracking Application）的定义，明确排除消费者所预期的信息追踪部分。这是基于情势变更的考虑，因为经过近10年的演进发展，当前适用于移动装置的应用软件几乎无一不包含某种信息追踪的功能（尤其是具有互动性质的应用程序），这已经成为一般消费者所知悉并具有合理预期的一种常态，也就让原命令中要求必须事先给予使用者醒目显著的通知不再必要。参见Order Reopening and Modifying Order, In the Matter of Sears Holdings Management, Docket No. C-4264（February 27, 2018），https://www.ftc.gov/system/files/documents/cases/c4264searsordergrantingpetition.pdf; Federal Trade Commission, Protecting Consumer Privacy in an Era of Rapid Change, at 36（March 2012），https://www.ftc.gov/sites/default/files/documents/reports/federal-trade-commission-report-protecting-consumer-privacy-era-rapid-change-recommendations/120326privacy report.pdf。

③ Complaint Count 3, ¶29, In the Matter of Facebook, FTC File No.0923184（FTC November 9, 2011），https://www.ftc.gov/sites/default/files/documents/cases/2011/11/111129facebookcmpt.pdf; Agreement Containing Consent Order, Part Ⅱ（November 29, 2011），https://www.ftc.gov/sites/default/files/documents/cases/2011/11/111129facebookagree.pdf.

骤才能更改也会被视为"不公平"的操作。① 第三，在数据安全方面，即使电子商务或网络服务提供者在表面上并未与其公开宣布的政策或声明产生冲突，如果实际上未能保全其使用者的个人信息，其同样也可能会被视为"不公平"或"不正当"。② 不过至少联邦第十一巡回上诉法院已经表示，联邦贸易委员会在签发禁制令（cease and desist order）时，如果是指控特定企业对数据安全措施有"不公平"的行为或操作，必须明确地指出究竟是哪些具体行为导致了何种数据安全问题以及必须采取哪些特定的措施才能符合"公平"或"正当"的要求，不能只是概括地用"合理措施"等模糊的概念一笔带过，否则该禁制令即无法执行（unenforceable）。③ 法院虽然在判决中婉拒对联邦贸易委员会依据《联邦贸易委员会法》第 5 条第（n）款规定从事执法时的具体范围予以界定，但是本案至少对该机构要如何签发禁制令给出了相当的限制，至少不至于因为内容过于空泛抽象导致企业无所适从。

（12）《消费者财务保护法》

《消费者财务保护法》（Consumer Financial Protection Act）④ 是《华尔街

---

① Stipulated Final Order for Permanent Injunction, *Federal Trade Commission v. Frostwire LLC*, Case No. 11 – 23643-CV-GRAHAM （S. D. Fla October 12, 2011）, https://www.ftc.gov/sites/default/files/documents/cases/2011/10/111012frostwiretip.pdf.

② Complaint at 8, *United States v. Rental Research Services, Inc.*, No. 0：09 – cv – 00524-PJS-JJK （D. Minn. March 5, 2009）, https://www.ftc.gov/sites/default/files/documents/cases/2009/03/090305rrscmpt.pdf.

③ *LabMD, Inc. v. Federal Trade Commission*, 894 F. 3d 1221 （11th Cir. 2018），联邦贸易委员的行政执法途径有二，一是透过该委员会内部的行政诉讼机制起诉，由一名行政法官（administrative law judge）独立审判，如判决委员会胜诉，即可能签发禁制令（往往是具有一定急迫性的案件）；二是向法院起诉寻求民事损害赔偿或禁令、强迫返还（disgorgement）与民事惩罚（civil penalty）等其他救济（行政部门内部的准司法诉讼程序无权处置他人的财产）。请求民事处罚是以被指控人违反了禁制令、"同意令"（consent decree）或"贸易规定法则"（TRRs）。绝大多数的案件是双方达成和解，此时委员会就会依据和解的具体内容签发一个同意令作为未来监管执行被指控人的依据。参见 FTC, A Brief Overview of the Federal Trade Commission's Investigative, Law Enforcement, and Rulemaking Authority （revised October 2019），https://www.ftc.gov/about-ftc/what-we-do/enforcement-authority.

④ Dodd-Frank Wall Street Reform and Consumer Protection Act, Pub. L. 111 – 203, 124 Stat. 1376 （2010）, Titles X, codified in relevant part at 12 U.S.C. § 5301, §§ 5481 – 5603, and in laws amended （Title X）; and 12 U.S.C. § 5481 note, 15 U.S.C. § 1601 note, § 1602, and § 1631 et seq. （Title XIV）.

改革暨消费者保护法》的一部分，列为该法第10编。而后者则是针对从2007年12月到2009年6月，由次级住屋信贷危机（sub-prime residential mortgage crisis）引发的全球经济"大衰退"（The Great Recession）对整个世界的债信市场和无数消费者的个人信用与居住、就业等造成的严重冲击而制定。其主要内容是禁止受管辖的金融机构或事业单位以不公平、欺骗性或滥用性的行为或操作向消费者推销与金融或理财相关的产品或服务，并创设了一个消费者财务保护局（Consumer Financial Protection Bureau，简称CFPB）作为执法机构，整个模式与前述的《联邦贸易委员会法》相当类似。[1]

虽然两者有颇多类似之处，但也有若干的差异。例如，消费者财务保护局的执法包括了一个新增的"滥用性行为"（abusive act）。这是指对于消费者了解某个金融理财产品当中的一个名称或条件从事相当程度或过度的干扰，或是因为消费者欠缺了解、在选择消费金融理财产品或服务时无力保障其自身的利益，或是必须依赖受管辖的金融机构、事业单位或个人来代其行使权益等状况从事不合理的利用。虽然"滥用性行为"可能同时兼具不公平或欺骗性，这三者各自构成具有法定意义的不法行为，而且"滥用性行为"可覆盖更为广泛的领域。此外，这些行为必须是与提供消费型的金融理财产品或服务有关。对此，法律提供了一个详细的清单以罗列符合的项目。[2] 另一个不同之处是，消费者财务保护局也获得了国会赋予的"授权立法权"，但与联邦贸易委员会受制于繁芜的程序性要求不同，该局只需依据联邦《行政程序法》的一般规则制定程序即可。这就让该局的潜在执法功能更为强大。也正因如此，有论者认为消费者财务保护局正可借助此一有力的执法与立法授权对相关的数据安全和保护予以规制。[3] 不过截至目前该局在数据保护方面还处于相对静默的状态，相关执法案件只发生

---

[1] 12 U.S.C. § 5531 (a) (2018, Supp. I).

[2] 12 U.S.C. § 5481 (15) (2018, Supp. I).

[3] Joanathan G. Cedarbaum, The Consumer Financial Protection Bureau as a Privacy & Data Security Regulator, 17 *Fintech L. Rept.* 1 (2014).

过一宗，即一家线上支付平台对其数据和操作系统的安全性进行了欺骗性的表述，最终双方达成了和解并由该局签发"同意令"结案。①

（13）总统行政命令

美国《联邦宪法》没有直接明文规定总统可以使用何种具体的方式来治国理政。不过自乔治·华盛顿（George Washington）于 1789 年就任第 1 任总统迄今，除了第 9 任总统威廉·亨利·哈里森（William Henry Harrison，于就职后第 31 天即因病去世，也成为迄今实际任期最短的总统），历任总统无不使用总统行政命令（presidential executive orders）作为管理联邦政府的重要工具，也就形成了一个宪政惯例和总统行使行政权的固有权力。② 国会在通过立法时有时也会通过立法明示或默示授权总统制定相关的施行法规，总统也会以总统行政命令的形式来推行。③ 所以总统行政命令必须基于宪法或国会的立法授权，既不等同于国会的立法，不具有法律的位阶，更不能抵触法律和宪法。④ 不过除非经法院宣判违法或违宪或是由国会另行通过立法对其予以修正或废除，总统行政命令一旦制定出台，在法律推定有效的基本原则下便形同有效的法规，而且位阶还略高于其他行政部门制定的行政规定。⑤

在数据安全方面，第 33 任总统哈里·杜鲁门（Harry S. Truman）于 1951 年 9 月 24 日发布了一个总统行政命令，对所有联邦政府涉及安全问题

---

① Consent Order, In the Matter of Dwolla, Inc., File No. 2016 - CFPB - 0007（February 27, 2016），https：//files. consumerfinance. gov/f/201603_cfpb_consent-order-dwolla-inc. pdf.
② John Contrubis, Executive Orders and Proclamations, Congress Research Service for Congress (Updated March 9, 1999), at 2.
③ 例如，5 U.S.C. § 3302（对联邦政府的人事调配），8 U.S.C. § 1185（对本国公民与外国人士的旅游管制）等等。
④ 例如，Ex parte Merryman, 17 F. Cas. 144（C. C. D. Md. 1861）（No. 9487）；*Youngstown Sheet & Tube Co.* v. *Sawyer*, 343 U. S. 579 (1952)，通称"钢铁征收案"；法院的表述原文是 "The President's power, if any, to issue the order must stem either from an act of Congress or from the Constitution itself"。
⑤ 这是因为联邦最高法院认为总统行政命令的制定，本身不受联邦《行政程序法》的约束，而且可以直接推翻或修改联邦政府各个部门制定的既有行政规定。但此一行政权力依然不能逾越法律的授权范围或抵触宪法。参见 *Franklin* v. *State of Massachusetts*, 505 U. S. 788 (1992)。

的信息按机密等级统筹建立一个最低程度的分类与保护机制。① 这还是属于对政府内部信息数据从事管理的规制。国会在1977年通过《国际紧急经济权力法》，本意是想对总统行政权力设限，但产生了相反的结果。② 到了第45任总统唐纳德·特朗普（Donald J. Trump）主政时期，美国正是以《国际紧急经济权力法》的授权和国家安全的顾虑为由，先后发布了3个总统行政命令，准备大幅扩张数据安全的限制范围，禁止与特定国家有关联的商用或消费型应用软件在美国境内的流通【主要针对北京字节跳动公司开发的"抖音"（TikTok）和深圳腾讯公司开发的"微信"（WeChat）两款软件】，也导致无数使用者的账户与大量的信息面临如果无法及时转移到其他的平台就会遭到被全面、非自愿性删除的严重后果。③ 之后可能会受到影响

---

① Executive Order 10290, Prescribing Regulations Establishing Minimum Standards for the Classification, Transmission and Handling of Official Information Which Requires Safeguarding in the Interest of Security, 16 *Fed. Reg.* 188 (1951).

② 美国在1917年"一战"方酣之际通过了《对敌贸易法》（Trading with the Enemy Act），授予总统在战时或宣布国家进入紧急状态时享有极大的权限，而且一旦作此宣布，也没有任何期间的限制。结果发生了罗斯福总统1933年因为处理经济大萧条对金融事业宣布的"紧急状态"维持了四十几年，情况早已不同却还没有解除。此外，杜鲁门总统在朝鲜战争时期为了确保武器等战略物资的制造不受当时钢铁工人罢工的影响，就援引了这个法律想直接以行政手段强制接管钢铁工厂，不料却引发了一场影响深远的法律诉讼，即上引的"钢铁征收案"，结果联邦最高法院判决总统行政命令违宪。由于这个法律的施行长期存在不少问题，而且时不时会造成行政、立法和司法三个部门之间的紧张关系，美国国会在1977年年底通过了对此法的修正，以澄清和限制总统的紧急处置权只及于来自对应境外的威胁而且应有期间限制（原则上不超过两年，但可以例外地延续）。其中的第二部分称为《国际紧急经济权力法》【International Emergency Economic Powers Act, Pub. L. 95 - 223, 91 Stat. 1626 (1977), 简称IEEPA, 列于《美国法典汇编》第50编第1701~1707条（codified at 50 U. S. C. §§ 1701 - 07)】。2001年的"9·11"恐怖攻击事件让情况发生了变化。国会在通过《美国爱国者法》（USA Patriot Act）时，反而扩大了总统可以依据IEEPA阻挠任何敌对的外国政府或境外组织的资产在美国境内的流通，而且只要还在调查期间就可以执行，不需要等待调查结束，也不需要提供任何的证据。

③ 参见 Executive Order 13942, Addressing the Threat Posed by TikTok, and Taking Additional Steps to Address the National Emergency with Respect to the Information and Communications Technology and Services Supply Chain, 85 *Fed. Reg.* 48637 (2020); Executive Order 13943, Addressing the Threat Posed by WeChat, and Taking Additional Steps to Address the National Emergency with Respect to the Information and Communications Technology and Services Supply Chain, 85 *Fed. Reg.* 48641 (2020); and Executive Order 13971, Addressing the Threat Posed by Applications and Other Software Developed or Controlled by Chinese Companies, 86 *Fed. Reg.* 1249 (2021).

的使用者自发组织向联邦地区法院起诉并分别获得了法院的支持（抖音公司也另外单独起诉，但腾讯公司没有采取任何法律行动），法院认为前两个总统命令违反《联邦宪法第一修正条款》对人民言论自由的保障并签发了适用于全国范围的暂时禁令。① 联邦地区法院签发关于"微信"部分的暂时禁令之后并获得了联邦第九巡回上诉法院的支持。②

第46任总统约瑟夫·拜登（Joseph Biden）上任后于2021年5月12日签署了一项关于网络安全的总统行政命令，要求与政府采购或承揽合同有关的各方必须分享数据，并协调整合，建立、整合网络系统安全的通报与对应机制。③ 接着于2021年6月9日又签署了一个总统行政命令，一方面直接废除了特朗普总统原先的三道命令，另一方面责成商务部部长连同国家安全、外交事务和健康福利等相关部门的负责人在120天内提交一份报告，研拟要如何确保美国人民个人识别信息、健康医疗数据与基因信息等不受到境外对手的侵入、取用、转让和销售，并在180天内提出需要在行政和立法上进一步采取何种行动的具体建议。国家情报总负责人另须在60天内提出一份关于境外对手对美国数据安全威胁的分析报告。商务部部长并且要对可能会对美国信息通信技术与服务造成破坏的应用软件使用状况予以持续的追踪评估并采取适当的行动。④ 所谓的"境外对手"（foreign adversary）明显是指俄罗斯、中国、伊朗和朝鲜四国。

---

① Order and Memorandum Opinion, *TikTok, Inc.* v. *Trump*, Case No.1：20 – cv – 2658（CJN）（D. D. C. November 7，2020）；Opinion, *Marland* v. *Trump*, Case No. 20 – 4597（E. D. Pa October 30，2020）；*U. S. WeChat Users Alliance* v. *Trump*, 488 F. Supp. 3d 912（N. D. Cal. 2020）.

② Order, *U. S. WeChat Users Alliance* v. *Trump*, Case No. 20 – 16908（9th Cir. October 26，2020）.

③ Executive Order 14028, Improving the Nation's Cybersecurity, 86 *Fed. Reg.* 26633（2021）. 这是拜登政府在全美最大的油管运输厂家科洛尼输油管道公司为当地时间2021年5月7日遭到勒索软件的攻击，导致整个美国东、南半部的17个州与首都哥伦比亚特区的汽油供给瘫痪将近一周，并支付了75单位的比特币（Bitcoins，约440万美元）赎金的严重事故后所采取的对应行动，也把对网络安全的管辖对象扩大到了所有的政府合同承揽人。

④ Executive Order 14034, Protecting Americans' Sensitive Data From Foreign Adversaries, 86 *Fed. Reg.* 31423（2021）.

美国联邦行政部门试图把消费型的商用软件直接提升到对国家安全造成威胁的层次并用总统命令来直接封杀的做法显然已经触碰到了多道宪法对言论自由保障的底线，而且对数据、隐私安全的保障形成了一个相当大的扭曲，让消费者成为政府部门和平台厂家两路夹击的对象。拜登政府显然明了这一点，也认知法院的禁令不易解除，自然无意继续承接这个来自特朗普政府的负担。因此试图从中另谋某种平衡并希望能找到一个台阶。但是由于这扇门已被推开，今后厂家在美国市场推出任何的应用软件或线上服务时，都必须多一层考虑，思考对美国国家安全可能会产生的影响以及应如何对应。

2. 各州层级的现况

美国各州传统上对隐私的保障主要是由司法部门（各州的州法院）通过相关侵权责任案件或合同违约案件的判决在普通法的法理基础上逐渐形成一套相对全面的保护与责任体系。虽然都称为"普通法"（也就是以案例判决为依据的法制体系），但是各州的判决在具体内容上经常不一致、不协调，即使是同州之内的不同法院，甚至同法院内的不同法官或法庭也都经常会出现不一致的判决结果。

除了普通法（案例法），许多州还通过了各种对数据安全和私人企业搜集、使用数据等行为会产生直接或间接影响的成文立法，诸如各州的消费者权益保护法或数据安全法等。虽然在立法时"数据"未必是关注的焦点，但已有愈来愈多的案件试图通过消费者权益保护的路径来寻求对数据信息背后隐私权益的保护，因此这类立法有时被称为"小联邦贸易委员会法"（little FTC Acts）。[①]

在各式各样的立法中，加利福尼亚州于2018年通过并施行的《加州消费者隐私法》（California Consumer Privacy Act，简称CCPA）尤其受到关注，

[①] Henry N. Butler and Joshua D. Wright, Are State Consumer Protection Acts Really Little-FTC Acts?, 63 *Fla. L. Rev.* 163 (2011).

也可能产生了最大的影响。① 这项法律在后续的两年又经历了两次重大修正，最近的一次是 2020 年 11 月 3 日的选举以"第 24 号提案"（Proposition 24）的公民创制方式通过了一部名为《加州隐私权法》（California Privacy Rights Act，简称 CPRA）的新法，已于 2020 年 12 月 16 日生效，将于 2023 年 1 月 1 日正式开始施行，并将于届时完全取代 2018 年的现行立法。② 这项立法至少有下列几点新规定值得关注。

（1）"敏感个人信息"（sensitive personal information）

这是新法聚焦的一个重点，在个人信息的栏目下创设了一个新的次栏目，称为"敏感个人信息"，并赋予消费者或使用者额外的权利来限制厂家或企业对这类信息的使用和揭露。其中包括（但不限于）政府文件的身份识别证号（如社会安全卡号、驾驶证号、护照证号等）、信用或银行卡账号（如相关的密码或其他的保密安全代码等）、所在的精确地理位置、宗教信仰、族裔背景、生物识别信息、性向或性生活信息，以及邮件（电子邮件）、短信等内容，除非该企业就是收信方。③

（2）"跨场景行为广告"（cross-context behavioral advertising）

这是新法的另一个聚焦重点，是指除了消费者意图与特定厂家或企业

---

① 参见 2018 Cal. Legis. Serv. Ch. 55（A. B. 375），as amended and codified as Title 1.81.5【§§ 1798.100 – 1798.199.100】of the California Civil Code，https：/leginfo. legislature. ca. gov/faces/codes_ displayText. xhtml？division = 3. &part = 4. &lawCode = CIV&title = 1. 81. 5. 这个新法和之前的《加州消费者隐私法》都是由加州的一位地产开发商 Alastair Mactaggart 领头主导的。不过这次的《加州隐私权法》是通过全州公民创制投票，完全绕过了州议会的审议表决程序，结果获得了 56.1% 的选民支持通过。一旦通过便立即、直接成为法律。由于美国与互联网关系密切的高科技产业几乎都聚集在北加州的旧金山湾区【也就是通称的"硅谷地区"（Silicon Valley），无论是总部或主要的运营、决策所在地】，这个法律自然会直接对这些企业的运营政策和方式产生冲击。此外，由于这个法律适用到任何涉及向加州居民的信息搜集与存取，因此即使是加州以外地区或国家的使用者也会直接或间接受到一定程度的影响，也就是说它在事实上已经产生了对美国各地乃至国际社会的影响力。

② 2018 Cal. Legis. Serv. Ch. 55（A. B. 375），as amended and codified as Title 1.81.5【§§ 1798.100 – 1798.199.100】of the California Civil Code，https：/leginfo. legislature. ca. gov/faces/codes_ displayText. xhtml？division = 3. &part = 4. &lawCode = CIV&title = 1. 81. 5. 参见各条文之后的注释说明。

③ CPRA，Section 14【adding Cal. Civ. Code § 1798.140（ae）】.

从事互动以外，另从该消费者在不同商业领域中的各种不同活动以及浏览或使用具有特殊取向的网站、应用或服务等行为中所获取的个人信息来推送具有针对性的广告。新法要求凡是准备使用此种行销方式或与采用此种行销方式的第三方分享消费者信息的厂家必须提供消费者有事先选择退出的机会。①

(3) 取用自身信息及修正不正确内容

新法创设并赋予消费者一项新的权利，可以接触取用该企业所占有【通称为"接触权"或"取用权"（right of access）】的、关于其本身的相关信息，并可要求修改其中不正确的内容。企业应以"商业上合理的努力"（commercially reasonable efforts）修正不正确的信息。新法责成加州总检察长（California Attorney General）制定相关的施行规定以进一步澄清并强化此一权利。②

(4) 强化对16周岁以下消费者的个人信息保护

在2015年出台的《加州网络隐私保护法》（California Online Privacy Protection Act，CalOPPA）③和现行法的基础上，新法进一步强化对所谓"16周岁以下消费者"（under-16 consumers）的个人信息保护。任何企业或厂家机构在没有获得消费者本人（如果已届龄13周岁及以上）或者其家长或监护人（如果年龄在13周岁以下）的确认同意（affirmative consent）前，不得出售或分享任何"16周岁以下消费者"的相关信息。④ 同条款并规定，凡是任何企业或厂家"刻意忽视"（willful disregard）其消费者的年龄的均视为"实际知悉"（actual knowledge）其消费者的年龄，违反这项规定的将面临对每个违法行为科处7500美元罚款的惩罚。

(5) 对自动决定技术的处理

新法试图对应技术发展的前沿，鉴于由机器（如人工智能）根据数据

---

① CPRA, Section 21【adding Cal. Civ. Code § 1798.185 (a) (19) (A)】.
② CPRA, Section 21【adding Cal. Civ. Code § 1798.185 (a) (14)】.
③ Cal. Bus. & Prof. Code §§ 22575 et seq.
④ CPRA, Section 9【adding Cal. Civ. Code § 1798.120 (c)】.

运算自动做成某种"决定"必然会对消费者隐私造成一定的影响，责成加州总检察长针对企业使用此种技术对消费者个人信息的接触取用和消费者的选择退出权制定相关的施行规定。尤其要着重两个地方：其一是企业或厂家如何利用个人信息与数据分析对消费者从事类型化的"特征剖析"（profiling）；① 其二是要求企业必须回应消费者为何要搜集、取用其个人信息，包括应如何提供有意义或实质性的说明来解释其自动决定牵涉的逻辑并描述通过此种分析对该消费者可能会产生何种结果。②

（6）明确"同意"的定义

新法试图厘清究竟在何种情况下消费者真正"同意"或"允许"企业或厂家从事《加州隐私权法》原本所不允许的行为或活动。依据法规的定义，"同意"是指由消费者本人或是其法定监护人、法定代理人或保护人（conservator）依其意愿在知悉情况的前提下自由提出的具体明确的表达，诸如一项声明陈述或一个明晰的积极行动，表示对为特定狭义定义的目的而处理关于其个人信息的内容的认同。③ 新法令也特别指明，下列状况不构成"同意"：

①企业或厂家让消费者接受的使用条件或类似文件只是广泛地描述对个人信息与其他不相关信息的处理；

②对使用内容的某个部分予以轻描淡写、保持沉默、避重就轻或予以略过；

③通过使用"黑暗模式"或"互联网陷阱"（Dark patterns）促使消费

---

① "特征剖析"是指"以任何自动化处理个人信息的形式……来评价关于一个自然人的某些个人特征，尤其是关于该自然人的工作表现、经济状况、健康、个人喜好、兴趣、可靠性、行为、所在位置或动态的分析或预测"。参见 CPRA, Section 14【adding Cal. Civ. Code § 1798.140（z）】，其原文为"'Profiling' means any form of automated processing of personal information, ... to evaluate certain personal aspects relating to a natural person, and in particular to analyze or predict aspects concerning that natural person's performance at work, economic situation, health, personal preferences, interests, reliability, behavior, location or movements".
② CPRA, Section 21【adding Cal. Civ. Code § 1798.185（a）(16)】.
③ CPRA, Section 14【adding Cal. Civ. Code § 1798.140（h）】.

者接受或同意。①

(7) 执法禁止删除例外

新法授权执法机构可以要求并禁止企业在 90 天内不得删除消费者的个人信息。换句话说，如果某个企业先后或同时接到来自消费者对特定个人信息要求删除与执法机构对同样信息不得删除的要求，就必须继续暂时保留该信息，但也只能作为执法机构执行公务之用。此外，如有合理事由，执法机构可以要求对此期限再延展 90 天，但以从事调查必要的范围为限。②

(8) 对未来修法的限制

鉴于现行的《加州隐私权法》通过施行后不久就有州议会的议员们不断尝试提出各式修正草案试图淡化其中的规制，有的果然获得通过，主要因为消费者保护团体所主导撰写的新法直接明文表示未来的修改或相关施行规则的制定必须与新法的目的一致或更加推进对消费者隐私的保障（予以最大化）。③

(9) 成立专责执法机构

新法在州政府（行政部门）设置了一个"加州隐私保护局"（California Privacy Protection Agency，简称 CPPA）作为专门负责执行的机构。④ 这也成为全美第一个完全专注于消费者隐私数据问题的政府机构，该机构由一个 5 人组成的理事会负责领导，其中由州长聘任 1 名主席兼理事和 1 名理事，另由加州检察长、州参议院规则委员会（California Senate Rules Committee）、州众议

---

① CPRA, Section 14【adding Cal. Civ. Code § 1798.140 (h)】，所谓的"黑暗模式"或"互联网陷阱"是泛指一切具有误导性的行销操作。一个典型的例子是，当消费者利用网络从事旅游的安排时，在不经意的情况下就买了保险或是支付了额外的"服务"费用。例如，在购买高铁车票时，虽然事实上还有相当多的空位，相关的网络平台服务提供者却使用诸如"座位将满，点选××金卡服务助您优先抢到座位"等宣传手法让消费者产生如不赶快同意购买就将失去机会的错觉，从而愿意支付各种额外的"会费"。

② CPRA, Section 15【amending Cal. Civ. Code § 1798.145 (a) (2)】。

③ CPRA, Section 25 (a) ("…such amendments are consistent with and further the purpose and intent of this Act as set forth in Section 3, including amendments to the exemptions in Section 1798.145 if the laws upon which the exemptions are based are amended to enhance privacy and are consistent with and further the purposes and intent of this Act…")。

④ CPRA, Section 24【adding Cal. Civ. Code § 1798.199.10 (a)】。

院议长（Speaker of the California General Assembly）个别聘任 1 名理事，最多任期 8 个连续年。新法授予这个机构从事调查、签发传票、调阅档案文件、举行听证以及做出行政裁判和处罚的权力。在加州隐私保护局举行涉及是否发生违法情事的听证会之前，新法规定该局必须：①至少 30 天前通知被指控方；②提供相关指控的陈述、证据摘要，告知被指控方的权益（包括亲自出庭与寻求律师辩护代理等）；③提出举行听证的合理依据（probable cause）。①

（10）扩展适用范围

现行法将企业或厂家的义务范围限定为任何对个人信息的"销售"（sale）。不过对于何谓"销售"则是采取了非常广泛的定义，包括出售、出租、释出、揭露、散布、提供、转移消费者的个人信息给其他的企业或第三方，无论是以口头、书面、电子或其他方式，但应以获得金钱或具有价值的对价为目的。② 新法把适用的范围从"销售"扩展到了"分享"（share），包括为从事跨场景行为广告与第三方分享消费者的个人信息，无论是否涉及金钱或其他对价。③

（11）调整适用客体

新法一方面扩展了行为或活动会受到管辖的企业或厂家的类型范围，另一方面相较于现行法则限缩了所涵盖的客体范围。具体而言，依据现行的《加州隐私权法》，凡是年度收入总额超过 2500 万美元、为商业目的销售或分享给 50000 个及以上的消费者、家庭或装置的个人信息，或是其年收入的 50% 及以上是来自销售消费者的个人信息的法人实体都受到现行法的管辖。如有任何法人实体本身未必符合，但受到符合上述要件的企业或厂家的管控或实际上在管控符合上述要件的企业或厂家，并且共同分享品牌（common branding），也同样受到管辖【称为"管控＋品牌测试法"（control ＋ branding test）】。④

---

① CPRA, Section 24【adding Cal. Civ. Code § 1798.199.10（a）】.
② Cal. Civ. Code § 1798.185（t）.
③ CPRA, Section 14【adding Cal. Civ. Code § 1798.140（ad）】.
④ Cal. Civ. Code § 1798.140（c）.

新法在这个基础上做了一些澄清和调整：

①关于收入总额必须达到或超过2500万美元的要求是要看前一个年度；

②把50000笔（个）的门槛提升到100000，而且仅限于消费者或家庭（取消了对装置的计算）；

③把50%年收入来源从销售改为"销售或分享"；

④原本不受管辖的法人实体如果从受到管辖的实体获得其分享的个人信息并通过"管控＋品牌测试"的也要受到新法的管辖；

⑤扩展了"共享品牌"的定义和范围，不再仅限于形式上是否共同使用一个商号、服务标章或商标，还包括一般消费者是否认识或了解到两个或更多的企业或厂家对该"共享品牌"是共同所有；

⑥在合伙或合资的情形，只要其中的任何单个实体享有40%或更多的利益，即使各个合伙人之间没有"共享品牌"，也要受到新法的管辖；

⑦对于不符合管辖条件的法人实体而言，其依然可以自愿性地寻求主管机构做出其运营符合了新法要求的认证。①

（12）扩展对"公开可用"的定义

对于何种信息属于"公开可用"（publicly available）而不构成"个人信息"，新法采取了比现行法范围更广的定义：除了可从联邦、各州或个别地方政府合法取得的文档记录之外，还包括企业有合理的基础相信是由消费者提供、让一般公众可以合法取得或经由媒体广泛传播的信息，以及由消费者向特定人揭露但并未限制该信息只对特定群体发布，然后再由该特定个人予以揭露的信息。② 换句话说，凡是可以公开合法取得的信息或是"公众所关切、以合法途径获得的真实信息"都不再构成个人信息。③

（13）扩大企业通知义务的内涵

现行法要求企业或厂家必须通知消费者关于其意图搜集的个人信息类

---

① CPRA，Section 14【amending Cal. Civ. Code § 1798.140（d）（4）】.
② CPRA，Section 14【amending Cal. Civ. Code § 1798.140（v）（2）】.
③ CPRA，Section 14【amending Cal. Civ. Code § 1798.140（v）（2）】.

型和准备使用的目的,并禁止搜集更多额外或其他类型的信息。① 新法同样要求企业必须给消费者必要的通知,而且更进一步要求企业:

①必须向消费者揭示是否销售或分享了该消费者的个人信息以及准备依照何种准则对哪一类的个人信息保留多长的时间;

②尤其必须对敏感个人信息准备如何使用和使用多长时间等给予明确的交代。不过对于企业已经搜集到的个人信息或敏感个人信息而言,如果企业打算从事其他或额外的目的时,只有当额外的目的与原来搜集个人信息时所揭示的目的不相容时才需要对消费者另行发出新的通知。②

(14) 对服务提供者的要求更严格

当企业或厂家与第三方服务提供者签订承揽合同,即委外合同(outsourcing contract)来处理消费者的个人信息时,现行法要求合同中必须列明,除了该服务提供者为履行合同的特定目的可对该等信息从事必要的使用外,禁止对该个人信息予以留置(或保存)、使用或揭露。③ 新法更要求在合同中必须明文禁止服务提供者:

①销售或分享个人信息;

②在合同明订的目的范围以外对个人信息予以留置、使用或揭露;

③在与企业或厂家的直接商务关系范围之外对个人信息予以留置、使用或揭露;

④将来自企业或厂家搜集的信息数据与来自其他来源(包括消费者)的信息合并或混同。

此外,合同也必须表明,被销售或分享的个人信息只限于在特定、有限的目的范围内使用;服务提供者将受到新法的管辖并需提供合规的隐私保护机制;企业或厂家保留对服务提供者"采取合理适当的步骤"以确保服务提供者以合规的方式使用企业或厂家转移或揭露的个人信息;服务提供者无法

---

① Cal. Civ. Code § 1798.100 (b).
② CPRA, Section 4【adding Cal. Civ. Code § 1798.100 (a) (3)】.
③ Cal. Civ. Code § 1798.140 (v).

履行其义务时应立即通知企业或厂家；企业或厂家保留"采取合理适当的步骤停止对个人信息从事未经许可的使用并给予救济"等各项条款。①

由于国会在当前的环境下几乎不可能像欧盟一般通过一个全面性的联邦数据隐私保护立法，目前至少有25个（过半数）州议会已经尝试制定自己的数据隐私保护法制，不再等待联邦的动静，其中加州的立法明显产生了极大的影响。不过截至目前还没有产生真正的"多米诺效应"（domino effect，也称为"骨牌效应"或"连锁反应"）。② 目前正式通过成为法律的只有弗吉尼亚州（Commonwealth of Virginia）的《消费者数据保护法》（Consumer Data Protection Act，于2023年1月1日施行）和科罗拉多州（State of Colorado）的《科罗拉多州隐私法》（Colorado Privacy Act）。③ 另外纽约州（State of New York）、北卡罗来纳州（State of North Carolina）、新罕布什尔州（State of New Hampshire）和宾夕法尼亚州（Commonwealth of Pennsylvania）的相关立法草案都还在个别州议会的相关委员会审议阶段，也有希望获得通过。虽然发生在多个州的立法尝试先后遭到挫败，但已然出现了风起云涌的现象，一时的挫败显然无法阻止其支持者在未来适当的时机重新提案，而且从失败的经验当中汲取更多的教训有助于未来的立法草案更易获得两党议员的共识和支持。

另一个值得关注的发展是，在经过两年的努力后，美国法律统一委员于2021年7月14日通过了一个名为"统一个人数据保护法"（Uniform Personal Data Protection Act，简称UPDPA）的模范法，预定在2022年年初正式提呈给各州的州议会参考并考虑是否接受。④ 这个模范法在规范的当事人方面也是依循了数据控制者、处理者和数据主体的三分模式，不过在涵盖范围和权利的

---

① CPRA, Section 4【adding Cal. Civ. Code § 1798.100 (d)】.
② Kendra Clark, The Current State of US State Data Privacy Laws, The Drum, April 26, 2021, https://www.thedrum.com/news/2021/04/26/the-current-state-us-state-data-privacy-laws.
③ Va. Code Ann. §§ 59.1-571 through 59.1-581 (2021)［S. B. 1392］; Colorado Privacy Act ［S. B. 21-190］, codified as part 13 to article 1 of title 6.
④ Uniform Law Commission, Uniform Personal Data Protection Act (as approved, 2021), https://www.uniformlaws.org/HigherLogic/System/DownloadDocumentFile.ashx?DocumentFileKey=bb7e5654-86aa-ebf8-dd85-b89c0dea4bc5&forceDialog=0.

设定方面都要比加州和弗吉尼亚州的法律限缩了许多。例如，模范法没有提供个人对其相关数据的删除权，也没有赋予权利主体对涉及侵害其个人信息的企业单独的诉权（但如果各州的消费者权益保护法规另有规定的完全不受影响）。另一个不同点是，模范法并未要求另行设置执法的部门，因此如果目前的版本内容获得州议会的采纳，未来将由该州的州检察长办公室负责执行。

（三）欧盟的发展

欧盟对于个人信息的保护可直接溯源到1950年的《欧洲人权公约》（European Convention on Human Rights）[1]第8条（私人和家庭生活受尊重的权利）、第9条（思想、意识和宗教信仰自由）、第10条（言论表达自由）和第17条（禁止滥用权利）等对基本人权的保障以及1981年的《第108号公约》（Convention No. 108）[2]。此外，德国的黑森邦（Hesse）于1970年通过了全球首个关于数据保护的法律，也成为后来《联邦数据保护法》（Bundesdatenschutzgesetz，简称BDSG）的雏形。[3] 在此基础上，欧盟于1995年通过了《数据保护指令》（Data Protection Directive），[4] 但是由于未能及时

---

[1] Convention for the Protection of Human Rights and Fundamental Freedoms, as amended by Protocol No. 15, entry into force on 1 August 2021.

[2] Convention for the Protection of Individuals with regard to Automatic Processing of Personal Data, as amended by Protocol CETS No. 223.

[3] Bundesdatenschutzgesetz vom 30. Juni 2017（BGBl. I S. 2097），das durch Artikel 10 des Gesetzes vom 23. Juni 2021（BGBl. I S. 1858）geändert worden ist.

[4] Directive 95/46/EC on the Protection of Individuals with Regard to the Processing of Personal Data and on the Free Movement of Such Data, [1995] O. J. L 281. 德国于1990年完成统一（Deutsche Einheit）后，原本由东德情报部门（Stasi）控制的无数文件资料一时成为许多机构、企业甚至个人争相要的目标。由于其中包含巨量的个人信息，而且使用几乎毫无节制，造成了许多侵害个人隐私等严重的问题，于是出现了需要对个人信息给予妥善、有效保护的强烈呼吁，并扩及其他的国家和地区。鉴于当时欧盟的成员也开始逐步扩大，但是各成员国对信息保障的国内法规制极不一致，因此在欧盟层级要求整合、统一相关规制的呼声也愈来愈强烈，最终促使欧盟采取行动的事件是一名谷歌使用者起诉指控该公司未经同意在后台扫描电子邮件。参见European Data Protection Supervisor, The History of the General Data Protection Regulation, https://edps.europa.eu/data-protection/data-protection/legislation/history-general-data-protection-regulation_en; Electronic Privacy Information Center（EPIC），*Marquis v. Google*, https://www.epic.org/amicus/massachusetts/google/。

赶上后来电子商务快速蓬勃的发展，该指令很快就已经过时。因此欧盟先于2016年通过了具有强制性的《通用数据保护条例》（General Data Protection Regulation，简称GDPR，以下简称《通用条例》）来完全取代1995年的指令，规制涉及个人隐私的数据保护，① 又于2018年另行通过了《非个人数据自由流通条例》（Free Flow of Non-personal Data Regulation）② 来规制不涉及识别个人身份的数据流通。

欧盟通过《通用条例》和2002年的《电子通信隐私指令》（Directive on Privacy and Electronic Communications，简称e-Privacy Directive）③，加上其施行配套规定，即于2013年通过的《个人数据泄露通知规定》（Regulations on Notification of Personal Data Breaches）④，以及2017年通过的《线上内容跨界携带规定》（Cross-Border Portability of Online Content Services Regulation）⑤ 和《非个人数据自由流通条例》（Free Flow of Non-personal Data Regulation）等五套规制共同建构了对数据隐私保护的框架。另外再通过欧盟法院的判决与执法机构做成的决定、解释或建议事项等让欧盟目前已经有了相当统一和完整的数据隐私保护体系，与美国呈现碎片化的发展非常不同。

另一个发展是，随着欧盟与欧洲自由贸易协会（European Free Trade

---

① Regulation (EU) 2016/679 of the European Parliament and of the Council of 27 April 2016 on the Protection of Natural Persons with Regard to the Processing of Personal Data and on the Free Movement of Such Data, and Repealing Directive 95/46/EC (General Data Protection Regulation), https://eur-lex.europa.eu/legal-content/EN/ALL/?uri=celex%3A32016R0679，这套规则的草案于2012年提出，经过了四年与各界的协商和修正才获通过，正式生效日期是2018年5月25日。

② Regulation (EU) 2018/1807 of the European Parliament and of the Council of 14 November 2018 on a Framework for the Free Flow of Non-Personal Data in the European Union, [2018] O. J. L 303/59.

③ Directive 2002/58/EC of 12 July 2002 Concerning the Processing of Personal Data and the Protection of Privacy in the Electronic Communications Sector (Directive on Privacy and Electronic Communications), [2002] O. J. L 201/37.

④ Commission Regulation (EU) 611/2013 of 24 June 2013 on the Measures Applicable to the Notification of Personal Data Breaches under Directive 2002/58/EC of the European Parliament and of the Council on Privacy and Electronic Communications, [2013] O. J. L 173/2.

⑤ Regulation (EU) 2017/1128 of 14 June 2017 on Cross-Border Portability of Online Content Services in the Internal Market, [2017] O. J. L 168/1.

Association，简称 EFTA，成员包括冰岛、挪威、列支敦士登和瑞士）的进一步整合与更大范围的欧洲经济区（European Economic Area，简称 EEA）的建构和完善，前段所述五项规制当中的前三套已经被指定为需要被纳入、修正和整并的法规，以便顺利过渡。① 不过可以确定的是，其中的实体性规制都会维持现状，完全不受影响。②

1.《通用条例》的重点内涵

（1）适用对象

凡是任何涉及处理欧盟公民或居民的个人信息或数据（包括追踪其消费者的网络使用行为或状况）的自然人或法人实体，或是向欧盟公民或居民提供任何产品或服务要约（offer）的自然人或法人实体，即使所在地不在欧盟，都受到《通用条例》的管辖。③

（2）定义范围

首先是《通用条例》对于"个人数据"采取了非常广义的定义，只要是可用于识别任何自然人【又称为"数据主体"或"资料当事人"（data subject）】身份的任何信息，无论是直接或间接的，都构成"个人数据"。④ 这就意味着除了身份证件的信息、地址、电话等明显属于直接的个人识别信息，诸如在网络操作时厂家经常使用，在使用者电脑中置放的

---

① Agreement on the European Economic Area, Article 36.2 and Annex Ⅺ, Electronic Communication, Audio Visual Services and Information Society, as updated, ［1994］O. J. L 1, at 12 and 17. 由于双方已在同个经济区域，所以不需要纳入关于跨界携带的规定.

② EFTA, Incorporation of the General Data Protection Regulation (GDPR) into the EEA Agreement and continued application of Directive 95/46/EC, EFTA News, 5 June 2018, https://www.efta.int/About-EFTA/news/Incorporation-General-Data-Protection-Regulation-GDPR-EEA-Agreement-and-continued-application-Directive-9546EC-508686. 由于瑞士必须保持中立，所以未参与 EEA 的整合工作，而是通过缔结双边条约或协定来达到相同的目的.

③ GDPR, Article 3.

④ GDPR, Article 4 (1), "personal data" means any information relating to an identified or identifiable natural person ("data subject"); an identifiable natural person is one who can be identified, directly or indirectly, in particular by reference to an identifier such as a name, an identification number, location data, an online identifier or to one or more factors specific to the physical, physiological, genetic, mental, economic, cultural or social identity of that natural person.

具有追踪功能的所谓"饼干"（cookies）小程序、电子邮件的名称、线上账户的使用者名称或昵称、地理位置数据甚至网络地址（IP address）等等都符合这个定义。此外，《通用条例》还规制了需要特别受到保障的特殊"敏感信息"（sensitive data），包括族裔背景、政治面貌或党派隶属、宗教信仰、商会组织会员身份、基因和生物识别数据、健康医疗状况、犯罪记录以及个人性取向与性生活的数据等。① 即使是经过"匿名化"处理的数据（pseudonymized data），只要具备识别功能，就可能依然构成个人信息。②

其次是《通用条例》把适用的主体区分为对数据的"控制者"（controller）和"处理者"（processor）两种类型。前者是指决定为何及如何（目的与方法）处理个人数据的自然人或法人，包括了所有涉及数据处理的单位、机构或企业以及其中的雇主和雇员（在实践中主要是从事数据控制的法人实体）；后者是指代表数据控制者处理数据的第三方，包括诸如提供云计算服务器或电子邮件服务的厂家。③《通用条例》另外还对"共同控制者"（joint controller）提供了定义和特别规定来处理涉及两个或多个数据控制者的情形，其中可能是共同决定（common decision），也可能是融合决定（converging decision，即兼具互补性与必要性），而最重要的特征是，如果没有彼此相互或共同的参与即难以完成对数据的处理，也就是说各个决定相互之间具有密不可分的连接关系（inextricably linked）。④

欧盟在数据信息的规制方面，尤其是涉及具有识别个人身份能力的数据，刻意避免使用诸如"所有人"或"权利人"的概念，而是用"控制者"的概念来表述，意在反映至少对于不具独创性的数据，尤其是作为反

---

① GDPR, Recitals (10) and (51); Articles 9 and 10.
② GDPR, Article 4 (5).
③ GDPR, Article 4 (7), (8).
④ GDPR, Article 26; European Data Protection Board (EDPB), Guidelines 07/2020 on the Concepts of Controller and Processor in the GDPR (version 1.0, 2020), at 3, https://edpb.europa.eu/sites/default/files/consultation/edpb_guidelines_202007_controllerprocessor_en.pdf.

映特定事实的数据而言（无论是单个或多个数的组合），并不存在"所有权"的概念，而是强调对于数据只是相当于民法上"占有"的性质。①

就地域的适用范围而言，只要数据控制者或处理者在欧盟境内有办公处所或商业活动，纵使数据的处理发生在欧盟境外，依然受到《通用条例》的管辖。②

（3）基本法则

《通用条例》明确了七个基本或指导法则，亦即——

①合法性、公正性与透明度（lawfulness, fairness and transparency），即数据处理必须对数据主体或其所归属的当事人而言是合法、公正与透明的；

②有限目的（purpose limitation），亦即在搜集数据前必须向数据主体具体表明合法的目的为何并只在该目的范围内从事数据处理；

③数据最小化（data minimization），数据处理只能在明确表达的目的和对绝对必要的范围内进行；

④正确性（accuracy），即必须保持数据的更新和正确性；

⑤储存限制（storage limitation），数据控制者和处理者只能在必要的时间与空间范围内储存个人数据；

⑥完整性与机密性（integrity and confidentiality），即对于数据的处理必须确保适当的安全性、完整性和机密性（例如使用加密保护措施等）；

⑦问责性（accountability），即数据控制者必须显示其已做到符合《通用条例》规定的所有法则与要求（合规）并承担相应的义务与责任。③

（4）合规要求

《通用条例》要求数据控制者必须能随时显示其已做到符合对数据主体

---

① Peter Leonard, Beyond Data Privacy: Data "Ownership" and Regulation of Data-Driven Business, American Bar Association（ABA）Scitech Lawyer, January 17, 2020, https://www.americanbar.org/groups/science_technology/publications/scitech_lawyer/2020/winter/beyond-data-privacy-data-ownership-and-regulation-datadriven-business/.
② GDPR, Article 3（1）.
③ GDPR, Article 5.

隐私保护的各项合规要求。① 这意味着数据控制者在从事数据的搜集、处理和分析之前，必须把后续的每个环节、举措都布置妥当，并建立完整的文档记录，绝不能等到事后再回头补充。实践上如果控制者从主观上自认已经合规但却无法提出足够的佐证究竟是如何具体从事数据处理，就表示客观上其实并未合规。此时数据控制者或可考虑立即采取下列行动以避免遭受潜在的严厉处罚——

①指定负责数据保护的团队并明确交代相关的责任；

②详细记录所搜集的数据资料，包括对这些数据进行了何种使用、数据储存于何处，以及负责人员与联系信息等；

③安排团队成员适当的培训并实施相关的技术与组织安全措施；

④准备妥当数据处理协议（合同）的文本作为聘请第三方从事数据处理的协商基础；

⑤视机构或企业本身的需求聘任一名专门负责数据信息安全的"数据保护官"（Data Protection Officer，简称DPO）。

（5）数据安全

《通用条例》要求数据控制者和处理者必须实施"适当的技术和组织措施"以确保是在安全的状态下处理数据。② 至于"技术措施"的具体内涵究竟为何《通用条例》并未给出明确的定义。不过依据欧盟官方提供的说明，技术措施是指凡是涉及任何存有个人数据的账户时，对该账户的接触或取用必须使用并通过诸如"双因素验证"（two-factor authentication，简称2FA）或是在与提供云计算服务的第三方联系时使用诸如"端点至端点加密"（end-to-end encryption）的方式等。③ 所谓"组织措施"《通用条例》本身也没有提供定义，通常是指诸如对员工的相关培训、制定并严格执行企业的数据隐私政策，或是管控能取得接触个人数据的范围，原则上应只限于有

---

① GDPR, Articles 24 (3), 40 (3), and 42 (2).
② GDPR, Article 5 (1) (e).
③ EU, What Is GDPR, The EU's New Data Protection Law? https://gdpr.eu/what-is-gdpr/? cn-reloaded = 1.

必要接触的工作人员。

欧盟明确试图借由《通用条例》的施行，要求所有的企业今后"从设计和从设定"（by design and by default）上就必须考虑数据保护的问题。①一旦发生数据外泄，《通用条例》要求数据处理者必须立即通知数据控制者；而数据控制者原则上必须在知悉后 72 小时之内通知受到影响的数据主体，否则将面临高额的罚金（不超过 1000 万欧元或前一年度全球总收入的 2%）。②但是对于已经采取了技术保全措施（例如经过加密的个人数据）让外泄的数据基本上变得无用的数据控制者而言，有可能获得免除通知（notification waiver）的义务，也就没有遭到处罚的顾虑。

（6）数据处理

《通用条例》采取了"正面清单"或"正面表列"的方式，明确列举了六种企业可以处理个人数据的情况。凡是不在此列的任何其他情形，企业应极力避免搜集、储存，或是向第三方销售其数据主体的个人信息数据③——

①数据主体给予数据控制者具体明确的同意可以处理其数据，例如自愿选择加入企业行销的名单；

②为预备或签订合同对数据主体进行必要的数据处理，例如出租人对潜在的承租人进行信用背景调查；

③为履行法律义务对数据主体的相关信息予以处理，例如收到法院判决书后为执行其中的具体要求从事数据处理；

④为维护数据主体或是其他人的生命或身体安全；

⑤为履行公务或从事公益性的工作，包括与政府部门签订承揽合同从事特定公益性的工作，如对不同社区的垃圾进行收集和处理；

⑥对数据处理有合法利益需求，但依然不能对数据主体的根本权利和

---

① GDPR, Article 25.
② GDPR, Articles 33 (1) and 83 (4).
③ GDPR, Article 6.

自由造成侵害。这是数据控制者可以作为合理化其行为最具弹性的一项主张，需要视个别案例的整体情况综合研判，尤其需要指明具体的合法利益为何（可以是自己或第三方的利益）、从事特定数据处理的必要性以及与数据主体的权益和自由相互权衡后不至于对后者造成侵害或损害。[①]

（7）同意要求

《通用条例》对于数据控制者应如何获得数据主体同意对其从事数据处理做出了严格的规定[②]——

①该同意必须是"自由给予，具体、知情并且明确"（freely given, specific, informed and unambiguous）的；

②数据控制者的请求同意必须"明显与其他事物有所区别"而且以"清楚明了的文字"呈现；

③数据主体可随时撤销先前的同意，而且数据控制者不得刻意增加数据主体选择撤销的困难度，也不得任意把对该数据主体的数据处理转移到其他的管辖领域。一旦事后撤销，不影响之前已经对其数据从事处理的合法性；

④未满13周岁的青少年或儿童只能在获得其父母或监护人的允许后给予同意；

⑤数据控制者必须保留所有数据主体给予同意的书面证据。

（8）数据保护官

并非所有的数据控制者或处理者都需要在其组织内延聘1名数据保护官。只有在符合下列三种情形之一时才必须延聘[③]——

①由政府机构所从事的数据处理，但法院执行与司法有关的业务不在此限；

---

① United Kingdom Information Commissioner's Office （ICO）, Guide to the General Data Protection Regulations （GDPR）（1 January 2021）, at 75, https：//ico. org. uk/for-organisations/guide-to-data-protection/guide-to-the-general-data-protection-regulation-gdpr/lawful-basis-for-processing/legitimate-interests/.

② GDPR, Article 7.

③ GDPR, Article 37（1）.

②数据控制者与处理者从事的操作其本质、范围,以及(或)目的需要对于规模性的数据主体从事固定与系统性的追踪,例如谷歌公司的检索系统等;

③其核心活动或业务是对《通用条例》第9条所列示的"敏感个人数据"或第10条所规定的犯罪记录或相关安全措施从事规模性的处理,例如医疗系统等。

虽然《通用条例》没有强制其他的机构或企业必须聘请数据保护官,凡是符合数据控制者或处理者的机构或企业仍然可以自愿延聘。数据保护官的主要职责包括:提供关于如何具体落实《通用条例》的规定与要求,以做到合规;对于数据控制者或处理者内部人员的职责划分提供咨询、举行数据安全培训、进行内部稽核并追踪是否合规,以及担任与执法部门的对口和沟通桥梁等。[①]

(9)个人权利

为了让数据主体(消费者或使用者)能够对其个人数据享有更多的控制,《通用条例》一共赋予了数据主体8个彼此环环相扣的权利。除了"删除权",其余的7个权利是从1995年的《数据保护指令》(于1998年10月24日开始施行)及其后续相关的实践经验中积累而成,所以严格而论是个"演化的"(evolutionary)过程而不是"革命性的"(revolutionary)创造——

①知情权(right to be informed)——数据控制者在搜集数据主体的个人数据时,应向当事人提供下列的信息:数据控制者的身份、其代表或联系人以及相关的联系方式;如有数据保护官,该保护官的联系方式;搜集数据的目的与法律基础;如果是基于获得了同意而搜集,数据控制者或第三方的合法利益为何;如有数据的收受者,该收受者的身份或类型;如果数据控制者意图把数据转往第三国或国际组织,相关的审批决定、安全

---

① GDPR, Articles 38 and 39.

保障措施以及取用的方式等。为确保对数据处理的公正和透明，数据控制者另需提供下列的信息：其个人数据将被保留多久或用于决定该期间的标准；数据主体对其个人数据可以行使的各项权利；向主管部门申诉或举报的权利；提供个人数据是否为法规或合同的要求，是否为建立合同关系的前提以及如果未提供数据可能产生的后果。如果数据控制者拟将搜集到的个人数据用于原定目的以外的其他用途，在从事该其他用途之前应告知数据主体该其他的目的为何以及其他的相关信息。①

②取用权（right of access），亦即向数据控制者要求确认是否使用或处理了涉及其个人的数据。如获得确认，可进一步要求告知使用或处理其个人数据的目的，被取用的个人数据类型，其个人数据揭露的收受方（尤其涉及第三国或国际组织时），其个人数据将被留置（或保存）的期间（如无法评估，是依据何种标准来决定该留置或保存的期间），是否存在应对其个人数据予以更改、删除、限制或抗议的事由，向监管部门举报的权利，是否存在包括特征剖析等自动决定机制以及其中的逻辑与预期的后果等。②

③更改权（right to rectification），亦即要求数据控制者即时更改个人数据中不正确的信息，不得有不当的延误，包括充实不完整的数据。③

④删除权（right to erasure），亦即"被遗忘权"（right to be forgotten）。有下列的情形之一时，数据主体可要求数据控制者删除相关的个人数据：

---

① GDPR，Article 13.

② GDPR，Article 15. 消费者可以口头或书面行使此一权利，又称为"主体取用要求"（Subject Access Request，简称 SAR）。在《通用条例》施行前，行使"主体取用要求"必须承担 10 欧元的手续费。《通用条例》基本上免除了这个费用。据报道，有媒体记者向交友网站 Tinder 索取对自己的相关数据处理资料，结果收到了 800 页的记录，其中包括了对该应用软件的使用状况、详细的教育背景、适合交往的年龄层和所以有的约会地点，甚至包括购买观赏现场足球赛的花费细节以及在亚马逊网站上浏览购物时的每一个点击记录等等。参见 Judith Duportail, I Asked Tinder for My Data. It Sent Me 800 Pages of My Deepest, Darkest Secrets, The Guardian, 26 September 2017, https://www.theguardian.com/technology/2017/sep/26/tinder-personal-data-dating-app-messages-hacked-sold。

③ GDPR，Article 16.

已经与所要搜集和处理的目的无关；已经撤回其同意并且已无其他可作为数据处理的法律基础；已经依《通用条例》第 21 条第（1）款提出抗议而且已无足以推翻该抗议的合法基础继续处理其数据；其处理为非法；依据欧盟或成员国法规对数据控制者的合规要求必须删除。①

⑤限制处理权（right to restrict processing）。如果对个人数据的正确性提出质疑；认为数据处理不合法而且反对删除其中的个人数据；需要留置（或保存）对数据控制者而言已不需要处理的个人数据作为法律（诉讼）程序中证据确认、权利行使或防御抗辩之用；或已经行使《通用条例》第 21 条规定的抗议权，正等待确认数据控制者是否有足以推翻数据主体权益的强烈合法立场，除非经过数据主体的同意或法律权益的主张所需，相关的数据处理即应予以限制，但数据的储存不在此限。②

⑥数据携带权（right to data portability），即数据主体原则上可以要求特

---

① GDPR, Article 17. 形式上这个权利是由欧盟法院于 2014 年出台的一个判决创设。这个案件是起因于一位名叫马里欧·冈萨雷斯（Mario Costeja González）的西班牙人不满谷歌对于涉及他个人的搜索结果中出现了当地报纸在 1998 年所刊登的一则关于对其房屋予以没收拍卖的消息。欧盟法院最终判决，从此一信息的年份和敏感性而言，其与谷歌搜索从事编列索引并从中提取信息的宗旨"显然……不合适、不相关或是不再相关，甚至已经超越"。法院认为，谷歌方面未能举证出实质明确的理由，显示出它们对于该特定信息的取用在检索的内涵之下具有优势的公共利益（preponderance interest of the public）。法院还是依据欧盟 1995 年的《数据保护指令》判决本案，但是当时《通用条例》的草案已经提出，其中已列示了"删除权"或"被遗忘权"（就是列在第 17 条）。所以这个判决显然受到了制定《通用条例》相关思维的影响。不过在没有任何前例与配套规制的情况下，该判决引起了非常大的争议，因为其中涉及如何与刊载"合法事实"与社会公众"知的权利"相互平衡，是否会因此导致网络搜索引擎的检索结果质量降低反而无法全面覆盖、造成失真，以及此一判决是否具有针对性（美国的谷歌公司）等许多问题。此外，纵使谷歌依循了当事人的主张将特定的信息从检索结果移除，依然无法删除原始出处的信息或数据，况且房地产法拍本就是公开信息，而且法院的正式通知，受不利影响的当事人显然无权要求删除，所以也引起了这宗判决是否本末倒置的评论。参见 Case C-131/12, *Google Spain SL v. Agencia Española de Protección de Datos*（AEPD）（May 13, 2014），ECLI：EU：C：2014：317，https://curia.europa.eu/juris/liste.jsf? num = C-131/12；另参见 EC, Proposal for a Regulation on the Protection of Individuals with Regard to the Processing of Personal Data and on the Free Movement of such Data, COM/2012/011 final 2012/0011（COD）（即《通用条例》的原始立法草案）。

② GDPR, Article 18 (1).

定的数据控制者将其平台内所持有，关于该主体所有的个人数据转移给该主体本人或直接转移到另一个数据控制者（平台），但不得对其他人的权利和自由造成不利影响。①

⑦抗议权（right to object），亦即对数据控制者借由个人数据从事特征剖析或直接营销（direct marketing）的行为可随时提出抗议，除非数据控制者能够显示具有强烈的合法立场足以推翻数据主体的权益，即应终止处理该个人数据。②

⑧自动决定技术与特征剖析相关权（rights in relation to automated decision making and profiling）——对于凡是通过自动化的数据处理和分析（例如"人工智能"）所做成的、会对当事人在法律上造成显著影响的"决定"（例如特征或性向剖析），没有任何人必须受制于此种决定，除了少许的例外，数据控制者必须向当事人提供说明，包括所使用的逻辑演绎与计算方式等。③ 例外的情形有三：为了建立或履行数据主体与数据控制者彼此之间的合同关系、经欧盟或其成员国法规的授权以数据控制者为对象并且已对数据主体的权利和自由提供了适当的保护措施，以及基于数据主体的明确同意所从事的自动化"决定"。④

（10）救济途径

《通用条例》授权因企业不合规而遭受损害的自然人可以自行提起民事诉讼请求损害赔偿。⑤ 此外，欧盟本身与各成员国的执法部门【统称为"欧盟数据保护执法部门"（Data Protection Authorities 或 DPAs）】⑥ 对涉嫌违法的企业依《通用条例》第58条第（2）款除了提出警告或要求整改之外，

---

① GDPR, Article 20.
② GDPR, Article 21.
③ GDPR, Article 22.
④ GDPR, Article 22（2）.
⑤ GDPR, Article 82.
⑥ 主要包括欧洲数据保护理事会（European Data Protection Board，简称EDPB）和各成员国依其国内法设置的执法部门或机构。

还可依职权裁定行政处罚。① 虽然《通用条例》要求行政处罚必须在个别案件中做到符合"有效、比例与吓阻"（effective, proportionate and dissuasive）的原则，实际上不分企业规模大小，凡是不合规的都可能潜在地面临高额的罚金。《通用条例》规定的最高额是2000万欧元或企业前一年度总营收的4%（以其中的高额者为准）。②

据一项非官方的调研，在《通用条例》开始施行的前18个月，相关的执法活动可谓相当沉寂。然而从2020年开始却突然产生了很大的变化。从当年1月26日到2021年1月27日，或因发生严重的新冠肺炎疫情，人们更依赖网络从事各种通信、购物和娱乐等活动，数据隐私和安全的问题也愈为频繁。③ 这项调研发现，欧盟数据保护执法部门依据《通用条例》开出的罚金比之前的一年增加了40%，总额达到1亿5850万欧元（约折合1亿9150万美元），一共记录到了121165笔数据泄露或破坏的事件，同比增加了19%。至于遭到行政处罚金额最高的前五名数据控制者依次是谷歌公司（5000万欧元，约5660万美元）、H&M（3500万欧元，约4100万美元）、意大利电信公司（Telecom Italia 或 TIM, 2780万欧元，约3150万美元）、英国航空公司（2200万欧元，约2600万美元）和万豪酒店集团（2040万欧元，约2380万美元）。如以国别来看，从《通用条例》开始施行至2021年1月开出罚金额度最高的依次是意大利、德国、法国、英国和西班牙（见图2）。④

截至目前，违反《通用条例》的主要原因是不当促销活动、未依当事人的要求移除个人数据以及不法要求雇员提供个人的生物识别数据等。另外一个对数据隐私或安全造成侵害的导因是错发电子邮件。⑤

---

① GDPR, Article 83.
② GDPR, Article 83（5）.
③ DLA Piper, GDPR Fines and Data Breach Survey: January 2021, https://www.dlapiper.com/en/us/insights/publications/2021/01/dla-piper-gdpr-fines-and-data-breach-survey-2021/.
④ DLA Piper, GDPR Fines and Data Breach Survey: January 2021, https://www.dlapiper.com/en/us/insights/publications/2021/01/dla-piper-gdpr-fines-and-data-breach-survey-2021/.
⑤ 18 Biggest GDPR Fines of 2020 and 2021（So Far）, Tessian Blog, 21 May 2021, https://www.tessian.com/blog/biggest-gdpr-fines-2020/.

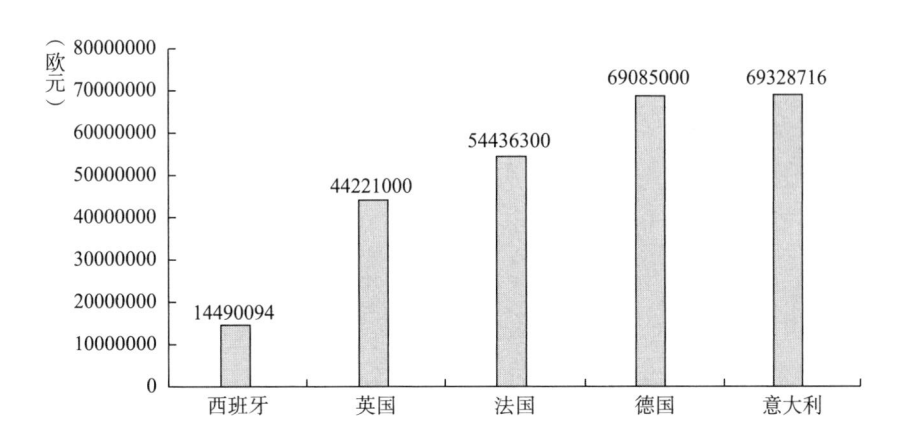

图2　2018年5月25日至2021年1月GDPR罚款总额

资料来源：DLA Piper, GDPR Fines and Data Breach Survey：January 2021，https：//www.dlapiper.com/en/us/insights/publications/2021/01/dla-piper-gdpr-fines-and-data-breach-survey-2021/。

2. 数据隐私安全的执法与保护

种种迹象显示，未来欧盟数据保护执法部门的执法力度还会继续加强，因此相关的案例与罚金数额也可能还会持续成长。首先是欧盟执行委员会在2020年依据《通用条例》第97条的要求，发布了一个对《通用条例》的两年执法报告（以后则是每4年发布一次）。一方面标榜了过去的成就，另一方面也承认了各地执法的认识不足和力道不均，尤其在跨国性的数据传输方面依然问题重重，未能妥善解决。[①]

因此当务之急是跨境数据转移的问题，也就是如何具体落实对数据携带权的保护成为评价整个体系执法成效的指标性因素。由于全球已经形成了各种错综复杂的产业链条，数据的跨境转移、分享和传输正是支撑这个庞大复杂体系的关键。如果用人体的构造来作类比，就犹如连接整个人体

---

① EC, Communication on Data Protection as A Pillar of Citizens' Empowerment and the EU's Approach to the Digital Transition—Two Years of Application of the General Data Protection Regulation, COM (2020) 264 final (24 June 2020).

各个器官的神经系统一般。所以对于数据的跨境转移和传输的规制也是一个极度复杂、微妙的动态性平衡，必须战战兢兢、谨小慎微。不过欧盟的发展却引发了一场与美国的"数据危机"。

触发这个问题的关键是欧盟法院于 2015 年和 2020 年先后对奥地利公民马克西米利安·施雷姆斯（Maximillian Schrems）诉请爱尔兰数据保护委员长（Data Protection Commissioner）禁止脸书（爱尔兰）有限责任公司（Facebook Ireland Ltd.）将其个人数据转移到该公司在美国的总部进行处理的案件做出的两个判决（通称 Schrems Ⅰ 和 Schrems Ⅱ 案）。① 法院在两案中都支持了原告的主张，认为由于美国的 1978 年《外国情报侦察法》（Foreign Intelligence Surveillance Act of 1978，简称 FISA）② 容许并授权国家安全或情报部门对于涉嫌在美国境内从事破坏美国安全事务或进行恐怖活动的任何人经过该法特定的程序从事监控，包括电子监听、向网络平台服务提供者要求提供数据进行分析等，与《通用条例》第 46 条对个人数据所要求的保护措施显然不符，因此判决欧盟执行委员会在 2016 年出台的"隐私盾裁定"（Privacy Shield Decision）完全无效【不过对于欧盟在数据移转中所使用的"标准合同条款"（Standard Contractual Clauses，简称 SCC）则判决有效，但仍有若干还需要进一步澄清与补强的地方】。③ 这连带导致欧、美之间的"隐私盾框架"（EU-U. S. Privacy Shield Frameworks）也跟着立即失效。④ 虽然欧、美双方很快又展开协商，在经过了 9 个月后谈判依然陷于胶着，再加上特朗普政府任内发动了对欧洲多项产品的贸易关税制裁，也导

---

① C-362/14, *Schrems v. Data Protection Commissioner* (6 October 2015), EU：C：2015：650；C-311/18, *Data Protection Commissioner v. Facebook Ireland Ltd.*, et al. (16 July 2020), EU：C：2020：559.

② Pub. L. 95-511, 92 Stat. 1783 (1978), codified at 50 U. S. C. ch. 36. § 1801 et seq.

③ Commission Implementing Decision (EU) 2016/1250 of 12 July 2016 pursuant to Directive 95/46/EC on the Adequacy of the Protection Provided by the EU-U. S. Privacy Shield, [2016] O. J. L 207/1.

④ 据媒体的报道，爱尔兰数据保护委员会已经于当地时间 2020 年 9 月 9 日签发了一个临时禁制令，立即禁止脸书公司将其欧洲的使用者数据传输到美国。此举势将引发一波新的跨大西洋数字危机。参见 Adrian Weckler, Irish Data Regulator Orders Facebook to Stop Sending Personal Data to the US, Independent.ie (Irish Independent), September 9, 2020, https://www.independent.ie/business/technology/irish-data-regulator-orders-facebook-to-stop-sending-personal-data-to-the-us-39518775.html。

致雪上加霜,让许多问题相互纠结,更加难于处理。①

纵然欧盟法院已经对这个问题先后出台了两个判决,类似的跨国性数据转移和传输问题仍然层出不穷。一个导火索事件是数名欧洲议会(European Parliament)的议员在2020年10月发现该议会自己针对新冠肺炎疫情防控与检测所设置的官方网站(实际上是委托一家与阿联酋相关的企业来运营)把整个议会工作人员的敏感个人数据转移到了总部设在欧盟境外的第三方企业(谷歌公司)。于是议会方面试图促使相关的执法部门立即采取行动,然而却始终无果。② 面对这样的发展和情势,欧洲议会方面已然感到非常不耐烦,最终于2021年5月20日以541票赞成、1票反对、151票缺席的压倒性多数票通过了一项决议案,试图敲山震虎,对爱尔兰数据保护委员会严词抨击,并要求欧盟委员会在美国未能修改其国家安全的相关法

---

① 欧盟于1998年开始施行1995年通过的《数据保护指令》后,欧、美之间于1998~2000年建构了一套名为《国际隐私安全港原则》(International Safe Harbor Privacy Principles)的机制来规制和对应双方的数据传输,主要是为了防止涉及储存消费者数据的非官方组织或机构(包括互联网平台或电子商务的运营者)意外揭露或遗失个人数据。美国的企业可以选择加入并需通过其中的认证程序。一旦获得认证即取得了进入"安全港"的资格,可以自由从事跨境数据传输。参见 https://webarchive.loc.gov/all/20150410181019/http://www.export.gov/safeharbor/eu/eg_main_018475.asp。欧盟法院于2015年10月6日在Schrems I 案宣判这套安全港机制无效。法院认为,"当一个立法容许公权力可以在一个概括性的基础上对(私人)电子通信内容从事取用必须被视为破坏了尊重私人生活根本权利的本质"(其原文为"…legislation permitting the public authorities to have access on a generalised basis to the content of electronic communications must be regarded as compromising the essence of the fundamental right to respect for private life")。参见 C-362/14, *Schrems v. Data Protection Commissioner* (6 October 2015), EU:C:2015:650。为了补救此一判决出台后两地之间数据传输所形成的缺口,美国商务部和欧盟委员会又重新协商制定了"隐私盾框架",并经欧盟委员会裁定通过,并于2016年7月12日生效启用。由于"隐私盾框架"在欧盟法院2020年7月16日对Schrems II 案的判决出台时立即失效,欧、美双方从当年的8月份便重新展开了新的协商。由于《通用条例》的规定和欧盟法院的判决没有留下太大的弹性和空间,美国方面在短期内也不太可能为此去修改相关的法律,加上原本已然相当紧绷的贸易关系,这就使得相关的谈判格外艰辛。参见 EC, Intensifying Negotiations on Transatlantic Data Privacy Flows: A Joint Press Statement by European Commissioner for Justice Didier Reynders and U.S. Secretary of Commerce Gina Raimondo, 25 March 2021, https://ec.europa.eu/commission/presscorner/detail/en/STATEMENT_21_1443。

② Samuel Stolton, EP's COVID Website Overrun with US Web Trackers, MEP Raises Data Concerns, Euractiv, 28 October 2020, https://www.euractiv.com/section/digital/news/eps-covid-website-overrun-with-us-web-trackers-mep-raises-data-concerns/.

规前，应完全终止双方涉及个人数据的传输或转移，也不得再通过任何容许双方数据传输的新裁定。① 虽然这个决议没有任何法律效力，但却有相当高的指标意义，也对欧盟内部以及对美国的双边协商形成了极大的政治压力。

不久之后欧盟委员会果然出台了新版的"标准合同条款"。② 负责执法的欧洲数据保护理事会也随后正式通过了数据转移的"建议措施"（2.0版），推荐企业采取六个步骤来做到合规。③ 虽然表面上不是强制性的要

---

① European Parliament Resolution of 20 May 2021 on the ruling of the CJEU of 16 July 2020 – *Data Protection Commissioner* v. *Facebook Ireland Limited and Maximillian Schrems*（Schrems Ⅱ），Case C-311/18，P9_TA（2021）0256，https://www.europarl.europa.eu/doceo/document/TA-9-2021-0256_EN.html. 例如，决议对爱尔兰数据保护委员从 2018 年 5 月 25 日《通用条例》开始施行的当天便收到多起申诉案件而迄今只对其中的一件【被告是推特（Twitter）】做成裁定表达了严重的关切，另外也对欧盟法院出台了 Schrems Ⅱ 案的判决后该委员会迄今未对后续的事宜做出裁决表达了不满，决议还对该委员会仍在使用老旧过时的系统表达严重的关切。这个决议之所以盯上了爱尔兰的执法部门是因为该国为许多美国互联网企业在欧洲的主要运营场所，相关的数据处理和转移也几乎都是在该国境内发生。

② Commission Implementing Decision（EU）2021/914 of 4 June 2021 on Standard Contractual Clauses for the Transfer of Personal Data to Third Countries Pursuant to Regulation（EU）2016/679 of the European Parliament and of the Council，[2021] O. J. L 199/31，https://eur-lex.europa.eu/eli/dec_impl/2021/914/oj? uri=CELEX%3A32021D0914&locale=en. 与之前的版本只针对数据控制者彼此之间的转移设定合同条款相较，新版采取了模块组合方式（modular approach），就控制者与处理者之间可能产生的四种交叉组合分别列出相关的条款。此外，新版标准规范的第 14 条则是对 Schrems Ⅱ 案判决的合规要求明确了当事人必须采取的步骤等。详细的介绍与分析可参见 Kwabena Appenteng，Zoe Argento，and Philip Gordon，The European Union's New Standardized Data Transfer Agreement：Implications for Multinational Employers，Littler Insight，June 9，2021，https://www.littler.com/publication-press/publication/european-unions-new-standardized-data-transfer-agreement-implications。

③ EDPB, Recommendations 01/2020 on Measures That Supplement Transfer Tools to Ensure Compliance with the EU Level of Protection of Personal Data（v. 2.0），adopted 18 June 2021，https://edpb.europa.eu/our-work-tools/our-documents/recommendations/recommendations-012020-measures-supplement-transfer_en. 欧洲数据保护理事会推荐的六个步骤是：（1）明确数据转移或传输的内容，即须做好数据的映射和配置（data mapping），确保必须符合适当、相关与必要限度的要求；（2）确认从事数据转移所依赖的传输工具，做到符合《通用条例》第五章的要求；（3）评估数据转移目的地（第三国）的相关法规与实践是否提供有效、等同的安保措施；（4）识别并采取必要的补充措施以确保相关的数据安保措施达到与欧盟相当的水平；（5）采取正式的程序以完善采用各项补充措施的要求，并充分配合《通用条例》第46 条规定；（6）在适当的阶段不断从事再评估以确保对个人数据在第三国境内受到的保障维持欧盟规制的要求。

求，但在实际上就是直接反映了该理事会的执法态度。这些举措势将导致未来大型网络平台或企业想从欧盟进行跨境的数据传输会更加困难。

另一个具有指标性的执法参考因素是数据主体的删除权（或"被遗忘权"）。由于欧盟法院在 2014 年"冈萨雷斯"案①的判决引发了许多争议和不确定的问题，《通用条例》试图更细致地平衡数据主体的要求和数据控制者或处理者的需求。当数据的使用涉及下列的事由时，数据主体不得要求删除：①言论或信息的自由表达；②未履行法律义务或遵从裁判；③依循组织或机构的正式职权从事公益任务；④为公益性的公共卫生目的；⑤施打预防性或对于特别职业需要的药物（不过只限于医疗专业人士基于履行其职业上的法律保密义务）；⑥基于公益、科学、历史或统计的研究，如将该数据删除将可能导致终止或破坏整个研究的进程，或是为了成立诉讼抗辩或行使其他的法律主张。② 不过这也就无可避免地会产生更多的灰色地带。由于只有当数据控制者（如谷歌搜索引擎）认为请求删除的链接符合了"不恰当、无关或不再有关或是过分"（inadequate, irrelevant or no longer relevant or excessive）的要件，再加上前述的各项公益考量后认为没有冲突时才必须删除，也就意味着这个赋予数据主体的"权利"实际上无非只是一个"请求"罢了，是否特定的信息果真会被删除还是完全由数据控制者依其自由裁量予以认定，也等于让数据控制者至少在与信息权利相关的领域成了一个准司法（quasi-judiciary）机构。

以谷歌公司为例，该公司的搜索引擎从 2014 年 5 月 29 日（也就是欧盟法院判决出台后的第 16 天）开始受理欧盟各界的删除请求，第一天就收到了约 12000 个请求。③ 截至 2021 年 7 月 4 日，该公司共收到了 1118995 个请求，共涉及 4339351 个网址，其中共有 1777227 个网页（址）被切断了链

---

① *Google Spain SL v. Agencia Espa?ola de Protección de Datos*（*AEPD*）（May 13, 2014），ECLI：EU：C：2014：317, https://curia.europa.eu/juris/liste.jsf?num = C‑131/12.
② GDPR, Article 17（3）.
③ EU Commissioner: Right to be Forgotten Is No Harder to Enforce Than Copyright, The Guardian, 4 June 2014, https://www.theguardian.com/technology/2014/jun/04/eu-commissioner-right-to-be-forgotten-enforce-copyright-google.

接，不再显示于搜索结果之上，也就表示数据主体请求删除其数据链接获得成功的比率不到半数（具体占比为47.5%）。①

此外，欧盟法院在2019年的一个判决确认适用《通用条例》应受地域原则的限制（虽然互联网本身的环境显然不受此限制），因此如谷歌等所有的网络检索服务提供者只需对来自欧盟境内的移除请求予以处理并从检索结果移除相关的链接即可，不需要从事全球性的"阻断"或"断链"（geo-blocking）；不过法院另外开了一道门缝，表示此一限制不排除各成员国的数据保护执法部门依其本国国内法的授权，通过合法途径并考量、平衡其中的利益后，在可能范围内仍可促使搜索服务提供者从事全球性的"断链"。②

五 法人求偿与反不正当竞争

固然不具独创性的数据本身没有任何的权利可言，但并不影响其可能仍然具有重要的价值，可成为企业运营的重要工具和资产。当企业之间产生了数据方面的争议时，如果符合商业秘密的法定构成要件，主张受到侵害的一方自然可以依循对商业秘密保护的相关法规寻求救济。但是如果一个企业（或数据控制者）以不合规或违法的方式搜集到了原本以合法合规方式不应或无法获取的数据，并取得竞争优势（例如从"网络暗区"或"网络黑市"直接或间接购买了海量的消费者个人数据并由此获得较其竞争者更多的流量与广告收益）时，该企业的竞争者是否可以依据诸如反不正当竞争的途径寻求救济？

对于商业秘密侵害在美国原本便属于反不正当竞争的规制范畴，传统

---

① Google, Requests to Delist Content Under European Privacy Law, Google Transparency Report, https://transparencyreport.google.com/eu-privacy/overview? hl = en_GB.

② Case C – 507/17, Google LLC v. Commission nationale de l'informatique et des libertés (CNIL) (24 September 2019), ECLI: EU: C: 2019: 772, https://curia.europa.eu/juris/document/document.jsf? text = &docid = 218105&pageIndex = 0&doclang = EN&mode = lst&dir = &occ = first&part = 1&cid = 980009.

上是受各州普通法的管辖，另外还有各州与联邦的成文立法。① 纵使没有商业秘密侵害，当事人仍可主张与其从事竞争的企业意图"不当干扰既有合同和预期商业关系"（tortious interference with existing contracts and with prospective business relations）等，所以应不至于产生如何的问题。② 然而这个问题在欧盟则产生了争议。如果法人实体试图同时依赖欧盟的强制性规定和成员国关于反不正当竞争的国内立法来主张因丧失或减损竞争优势导致损害并请求经济赔偿时（平行竞合），可否并行不悖抑或相互排斥？

这里争议的首个问题是，《通用条例》第82条（求偿权及责任）第（1）款规定当中所谓的"任何人"是否包括法人实体？③ 支持狭义解释的观点主要是从立法政策的宗旨着眼：《通用条例》的正式全称（"关于个人数据处理对自然人的保护……"），前言的第1、2、3、14段论述以及第1条第（2）款规定便已表明，这套规制是为了保障数据主体（自然人）的基本权利和自由而设，从来就与法人实体的经济利益无关。此外，欧盟法院之前的判决也似乎支持这样

---

① 目前美国已有48个州、哥伦比亚特区（首都华盛顿市）以及波多黎各和美属维尔京群岛、关岛、马歇尔群岛等托管地等都以《统一商业秘密法》（Uniform Trade Secrets Act，简称 USTA，https://www.uniformlaws.org/HigherLogic/System/DownloadDocumentFile.ashx? DocumentFileKey = e19b2528-e0b1-0054-23c4-8069701a4b62&forceDialog = 1）为蓝本通过了自己的商业秘密保护法，不过最终的具体条文内容还是互有差异，相关的司法实践也还不一致，所以并不是真正的"统一"。还未采纳的是纽约（New York）与北卡罗来纳（North Carolina）两州。至于联邦层级的立法是《2016年防卫商业秘密法》【Defend Trade Secrets Act of 2016, Pub. L. 114 – 153, 130 Stat. 376 (2016), codified at 18 U. S. C. § 1836, et seq.】和《1996年经济间谍法》【Economic Espionage Act of 1996, Pub. L. 104 – 294, 110 Stat. 3488 (1996), codified at 18 U. S. C. § 1831 et seq.】，后者是关于涉及窃取商业秘密的刑事责任规定，只能由检察官提起公诉，当事人没有自诉权。
② Restatement (Second) of Torts, §§ 766, 766B (1979).
③ "第82条 求偿权及责任 1. 任何人因控制者或处理者对本条例的违反而受到重大或非重大的损害都有权从请求损害赔偿。2. 任何涉及数据处理的控制者应对其违反本条例的处理所导致的损害承担责任。处理者仅于未符合本条例针对处理者的义务要求，或是其行为逾越或违反了控制者的合法指示时应对其处理所导致的损失承担责任。3. 控制者或处理者如能证明对引起损失的事件无论如何均无须负责时，即可免除承担第2款所规定的责任……" 参见 GDPR art. 82，另参见《欧洲联盟运行条约》（Treaty on the Functioning of the European Union，简称 TFEU）第102条。

的结论。法院在一个关于机场扩建导致对附近民宅的价值产生负面影响的案件中表示,只有当环境影响因素"直接导致经济上的结果(损失)"时,才会落在欧盟法规所要涵盖的保护范围之内,至于原告所主张的"某些竞争劣势"(certain competitive disadvantages)则不属于直接的结果。① 同理,纵使"某些竞争劣势"是一家企业违反《通用条例》导致,这并不属于自然人的基本权利和自由范畴,因此无法依据《通用条例》第82条第(1)款请求损害赔偿。②

持广义解释观点的人则认为,《通用条例》中涉及对"个人"的规定显然并不只以自然人为限,有多处规定并特别指出是自然人和法人。③ 此外,此一立场也是从《通用条例》的立法宗旨切入,但主张其所欲涵盖的保护范围绝不仅止于数据主体,而是要强化并完善整个数据保护法制体系,也就意味着对"任何人"必须采取更为广义的解释方可让数据保护的执法更为完整。毕竟数据主体通常并不具有足够的财力、组织动员和技术能力来起诉数据控制者以伸张自身的权利,因此容许企业的竞争者请求救济势将有助于提升《通用条例》的效果。对此,欧盟法院也有判例表示了支持(法院在多个判决中皆强调赋予损害赔偿请求权对欧盟法规产生完整的效果具有重要的作用)。④ 另一个考量因素是"有效原则"(principle of effectiveness),也就是必须提供"有效而且完整的保护",对意图从事违法行为的数据控制者产生吓阻以达到立法的目的。如果求偿无门,那么数据控制者的竞争对手自然就不会再依赖《通用条例》,而可能也诉诸以不合规的手段从

---

① Case C-420/11, Leth v. Republik Österreich (Republic of Austria) (14 March 2013), ECLI:EU: C: 2013: 166, https://curia.europa.eu/juris/document/document.jsf?jsessionid=33DE46A998FB414166CECAD24A3D3948?text=&docid=135025&pageIndex=0&doclang=en&mode=lst&dir=&occ=first&part=1&cid=1023324.
② Tim F. Walree and Pieter T. J. Wolters, The Right to Compensation of A Competitor for A Violation of the GDPR, 10 *International Data Privacy Law* 346, 350 (¶3.3.1) (2020), https://academic.oup.com/idpl/article-pdf/10/4/346/36139160/ipaa018.pdf.
③ GDPR, arts 2(2)(c), 4(1), (4), (5), (13), (14), (15), 6(1)(d), 9(1), (2)(c),12(6),32(4), and 35(3)(a);recitals 14, 18, 24, 26, 34, 35, 46, 51, 57, 71, 85, 86, 94, 148, and 162.
④ Case C-253/00, Antonio Muñoz y Cia SA (17 September 2002), ECLI: EU: C: 2002: 497, https://curia.europa.eu/juris/document/document.jsf?text=&docid=47664&pageIndex=0&doclang=EN&mode=lst&dir=&occ=first&part=1&cid=1031281.

事竞争，这就会极大减损整个法制的公信力和有效执法。①

第二个问题是，《通用条例》是否可以同时被视为成员国的国内法并作为请求或主张构成不正当竞争的基础？这里主要是关于德国《反不正当竞争法》第3之a条规定："凡个人违反为市场参与者的利益所规制、关于市场行为的法规条款且该违法易于对消费者、其他市场参与者或竞争者造成损害的，即视为已发生不公平的状况。"② 狭义说认为，既然《通用条例》第82条第（1）款规定的求偿权是以违反该条例的其他条款为先决要件，所有的救济都已经由该条例的第77条至第84条规定所覆盖，因此不得再行延伸到其他的法规。这是目前多位具有影响力的学者的观点。③ 不过德国的司法实践显然间接排斥了此一观点，采取了"鉴别区分、因案制宜"的折中方案，试图避免大笔一挥。例如，汉堡高等法院（Oberlandesgericht Hamburg）在一个案件中采取了上述的狭义见解，拒绝给予竞争者（原告）禁令，因为被告制药公司虽然未经许可搜集并处理了病患的健康数据，对于这些敏感的信息只是用来从事卫生保健的用途。④ 不过慕尼黑高等法院（Oberlandesgericht München）和巴伐利亚州维尔茨堡地区法院（Landgericht Würzburg）则分别在另外的两个案件中支持了竞争者的请求并签发禁令。⑤ 这样的做法至少应

---

① Tim F. Walree and Pieter T. J. Wolters, The Right to Compensation of A Competitor for A Violation of the GDPR, 10 *International Data Privacy Law* 351（¶ 3.3.1）（2020），https://academic.oup.com/idpl/article-pdf/10/4/346/36139160/ipaa018.pdf.

② Gesetz gegen den unlauteren Wettbewerb (UWG) § 3a, 其原文为"Rechtsbruch Unlauter handelt, wer einer gesetzlichen Vorschrift zuwiderhandelt, die auch dazu bestimmt ist, im Interesse der Marktteilnehmer das Marktverhalten zu regeln, und der Verstoß geeignet ist, die Interessen von Verbrauchern, sonstigen Marktteilnehmern oder Mitbewerbern spürbar zu beeinträchtigen"。

③ 例如，Paul Voigt and Axel Von Dem Bussche, The EU General Data Protection Regulation (GDPR): A Practical Guide (2017), at 205-207; Heledd Lloyd-Jones and Peter Carey, The Rights of Individuals, as chapter 7 in Peter Carey (ed.), Data Protection. A Practical Guide to UK and EU Law (5th ed. 2018) at 122, 153; Philip laue and sacha kremer, Das neue Datenschutzrecht in der betrieblichen Praxis (2019) 370-71; Roman Dickmann, Nach dem Datenabfluss: Schadensersatz nach art 82 der Datenschutz-Grundverordnung und die Rechte des Betroffenen an seinen personenbezogenen Daten, [2018] Recht und schaden 345。

④ Oberlandesgericht Hamburg, 25 October 2018, 3 U 66/17.

⑤ Oberlandesgericht München, 7 February 2019, 37 O 6840/17; Landgericht Würzburg, 13 September 2018, 11 O 1741/18 UWG.

该可以防止数据控制者的竞争者任意借由与其不相关或没有直接关系的不合规事由来扰乱市场秩序,也可避免《通用条例》被"滥用"或"滥诉"。

六 反垄断

美国和欧盟长期以来的实践一直是区隔隐私保护和反垄断的执法,甚至认为两者如同井水与河水,互不交集:前者属于财产权益的范畴,着重于价格分析和对消费者的整体保障;后者则是针对个别使用者的人格权益。例如,欧盟法院在2006年的一项判决中便直接援引了佐审官(Advocate-General)的意见,表示"任何可能涉及敏感个人数据的问题都不牵涉竞争法,或许可用规制数据保护的相关条款为基础来处理"[①]。不过这个观点和思维近年来已悄然发生了变化,尤其在互联网的经济领域(ecosystem),数据和流量已成为运营的主要导向和利益来源。

这一点可以从近期美国国会的一项调查结果中得到充分的反映。美国国会众议院司法委员会反垄断、商业暨行政法小组委员会于2020年10月4日发布了对于谷歌、苹果、脸书和亚马逊等四家具有强大优势的网络平台企业(亦即所谓的"硅谷四巨头")进行了16个月的密集调研后的总结报告书【因为两党议员对于其中的内容产生了歧见,所以最终是以"多数党(即民主党)幕僚报告"(Majority Staff Report)的名义发布,共和党方面则另外提出了一个报告】。[②] 其中指出:"对消费者数据从事惯常性的搜集和误

[①] 其原文为 "any possible issues relating to the sensitivity of personal data are not, as such, a matter for competition law, they may be resolved on the basis of the relevant provisions governing data protection"。参见 Case C-238/05, Asnef-Equifax, Servicios de Información sobre Solvencia y Crédito, SL v. Asociación de Usuarios de Servicios Bancarios (Ausbanc) (23 November 2006) ¶63 (citing Advocate General's opinion at ¶56), ECLI: EU: C: 2006: 734, https://eur-lex.europa.eu/legal-content/EN/TXT/PDF/?uri=CELEX: 62005CJ0238&from=EN。

[②] U. S. House of Representatives Subcommittee on Antitrust, Commercial and Administrative Law of the Committee on the Judiciary, Investigation of Competition in Digital Markets: Majority Staff Report and Recommendations (October 2020), https://judiciary.house.gov/uploadedfiles/competition_in_digital_markets.pdf.

用是数字经济下市场支配力量的一个指标。传统上市场支配力是被定义为能够提升价格却不致遭受损失，诸如销售或客源的减损。学者和市场参与者已注意到，纵使网络平台鲜少向消费者收取费用。"——表面上产品貌似"免费"，却是通过人们的关注或附带他们的数据来予以金钱化——传统对市场支配力的分析更加难以适用于数字市场。①

除了立法部门的态度已然发生转变，即使在民主、共和两党严重对立的整体氛围下，美国行政部门的态度也已与国会方面趋同，形成了相当程度的共识。例如在特朗普政府主政的尾声，联邦司法部针对谷歌公司的反垄断调查与之后联合 11 个州的州检察长联合发动的诉讼，主要就是在指控该公司以其搜索引擎的巨大数据优势作为杠杆来排除竞争并迫使与其合作的厂家必须接受并签订各种对自身不利的搭售或其他协议，以进一步巩固其市场的优势地位。② 拜登总统于 2021 年 7 月 9 日签署的行政命令也表明，在这方面的执法将会更加积极。③

在欧盟方面，欧盟委员会于 2019 年发布了名为《数字时代竞争政策》

---

① U. S. House of Representatives Subcommittee on Antitrust, Commercial and Administrative Law of the Committee on the Judiciary, Investigation of Competition in Digital Markets: Majority Staff Report and Recommendations (October 2020), https://judiciary.house.gov/uploadedfiles/competition_in_digital_markets.pdf. 其原文为 "The persistent collection and misuse of consumer data is an indicator of market power in the digital economy. Traditionally, market power has been defined as the ability to raise prices without a loss to demand, such as fewer sales or customers. Scholars and market participants have noted that even as online platforms rarely charge consumers a monetary price—products appear to be "free" but are monetized through people's attention or with their data—traditional assessments of market power are more difficult to apply to digital markets".

② Complaint, *United States v. Google LLC*, Case No. 1: 20 - cv - 03010 (D. D. C. October 20, 2020), https://www.justice.gov/atr/case-document/file/1329131/download.

③ Executive Order 14036, Promoting Competition in the American Economy, § 1, ¶ 7, 88 *Fed. Reg.* 36987 (2021), https://www.govinfo.gov/content/pkg/FR-2021 - 07 - 14/pdf/2021 - 15069.pdf. 其原文为 "The American information technology sector has long been an engine of innovation and growth, but today a small number of dominant Internet platforms use their power to exclude market entrants, to extract monopoly profits, and to gather intimate personal information that they can exploit for their own advantage. Too many small businesses across the economy depend on those platforms and a few online marketplaces for their survival. And too many local newspapers have shuttered or downsized, in part due to the Internet platforms' dominance in advertising markets" [Emphasis added].

（Competition Policy for the Digital Era）的报告书。[①] 其中不但以一个专章来讨论数据与竞争的竞合和分析问题，而且是篇幅最大的部分。由此呈现了欧盟委员会未来在相关执法上的取向，基本上完全要视个案来分别审度，具体的内涵则包括以下内容。

①数据的异质性（heterogeneity）与多维性（multidimensionality）：如果从获得的方式而言，数据可以区分为自愿提供、观察获得与演绎推导三种类型，不同的数据类型会影响到竞争者可否独立获得同样数据信息的能力。如果从数据搜集和使用的形式而言，可以区分为从使用者或机器装置获取的个人层面数据，由多数个人层面的数据捆绑、不具名的数据（例如民意调查），汇集层面的数据（例如营收与亏损状况），以及语境或整体数据（如地图信息）等，此外还有不同时段的数据，因此是个多维度、可能涉及不同时空的动态环境。此外，在欧盟的体系当中是否涉及取用属于个人或非个人的数据依循不同的规制途径，也会影响到对于是否构成抵触反垄断法规的研判。

②数据的相关市场与具体取用：特定数据究竟对竞争秩序产生了如何显著的影响几乎总是取决于个别案件当中对于特定相关市场、数据形态，以及数据使用的分析。其中可能涵盖了诸如数据携带性与相关的数据取用问题（也就是优势企业对于其所掌控的数据能够产生怎样的锁定效应）、与其他网络平台的数据分享能力与兼容性（interoperability）的问题等。

在具体的立法方面，欧盟委员会准备制定《数字市场法》（Digital Markets Act）和《数字服务法》（Digital Services Act）两套互补的新规定。[②] 前

[①] Jacques Crémer, Yves-alexandre De montjoye, and Heike Schweitzer for European Commission, Competition Policy for the Digital Era (Final Report) (2019), https://op.europa.eu/en/publication-detail/-/publication/21dc175c-7b76-11e9-9f05-01aa75ed71a1/language-en.

[②] Proposal for a Regulation on Contestable and Fair Markets in the Digital Sector (Digital Markets Act), COM/2020/842 final (15 December 2020), https://eur-lex.europa.eu/legal-content/EN/TXT/PDF/?uri=CELEX:52020PC0842&from=en; Proposal for a Regulation on a Single Market for Digital Services (Digital Services Act) and Amending Directive 2000/31/EC, COM/2020/825 final (15 December 2020), https://eur-lex.europa.eu/legal-content/EN/TXT/PDF/?uri=CELEX:52020PC0825&from=en.

者拟建立对市场守门者的认定标准以及对在其平台上运营厂家的义务，包括必须容许数据兼容（容许其平台上的运营厂家在第三方平台上操作）、数据取用、数据确认和数据携带（转移）等。后者则是对2000年的《电子商务指令》进行规模性的修正，准备直接改以强制规定（不再以指令）的形式区分中介服务（intermediary services）、网页寄存服务（或网站托管服务 hosting services）和线上平台（online platforms）三种不同类型的网络界面服务提供者，规制使用者（厂家）的相关义务，诸如透明度的报告（transparency reporting）、服务条款内容及基本权益（requirement on terms of service due account of fundamental rights）、合规程序及如何配合调查、联络人或法定代理人相关信息、通知和行动以及对使用者应提供的信息（《通知—删除》法则的升级）、申诉救济与法庭外和解处理机制、"靠谱旗手"（trusted flagger）制度（事前警告）、滥行通知与反通知的对应举措、对第三方提供者的识别确认（vetting credentials of third party suppliers 或"KYBC"）、线上广告透明度、犯罪举报、风险管理与合规事务负责人、外部稽核与信息公开、数据分享、行为准则以及危机协作等等。总而言之，这些拟议中的新规准备把《通用条例》对个人数据保护的模式和实践延伸适用到法人实体的层面，让平台服务提供者与在其平台上从事运营的厂家之间有更为明确的权利义务关系，并替未来的执法铺垫一个更为明确清晰的基础以及更多可用的工具。

除此之外，欧盟执行委员会还准备在2021年结束前制定一个名为"数据法"（Data Act）的新规，作为对《通用条例》的补充，希望能促进企业与政府之间（business-to-government，B to G）的互信与激励彼此间的数据信息共享、调整与平衡目前协商不对称、防止第三方对数据的盗取或误用，以及明确谁可以对于数据从事如何的使用等的问题（例如通过共同协作所搜集或产生的数据信息）。[①]

[①] European Commission, Data Act & Amended Rules on the Legal Protection of Databases, https://ec.europa.eu/info/law/better-regulation/have-your-say/initiatives/13045-Data-Act-&-amended-rules-on-the-legal-protection-of-databases_en.

在具体的执法方面，欧盟执行委员会已于 2021 年 6 月 22 日启动了对谷歌公司线上广告业务行为的反垄断调查，将检视谷歌公司通过其对消费者的数据搜集与控制是否导致使用其平台的第三方厂家不得不在由谷歌控制的其他平台上签订搭售订协议，例如在"油管"（YouTube）平台使用由谷歌提供的工具刊登额外的广告，是否与其有竞争关系的第三方厂家受到了不当的限制，无法取用原本属于谷歌公开的数据，不再对"饼干"追踪小程序予以支持和停止对第三方厂家提供广告识别等是否构成变相挤压与其有竞争关系的第三方厂家。[①]

结　论

在数据分析的行业里有个经常被引用的说法："数据是新石油。"[②] 这是强调数据可能寓含的潜在价值就如同石油，如果没有经过提炼，或是根本不知道该如何去提炼，就根本无法使用，也不再具有任何价值。在知识经济和互联网的时代，"数据"无疑可以成为帮助企业运营的重要工具，既可提升本身的竞争力，有效运用稀缺的资源；也可以转化为交易的产品，其重要性往往甚至超过土地、厂房和设备等有形的资产。不过也可能因为市场导向的改变、某些突发事件的影响或是过度依赖大数据分析导致对市场的错估等使其价值快速下跌，甚至在极端的情况下几乎一夕归零，一文不值【例如，耶鲁大学管理学院经济学教授盖瑞·戈顿（Gary B. Gorton）提供给保险界指标企业美国国际集团（American International Group，简称

[①] European Commission, Antitrust: Commission Opens Investigation into Possible Anticompetitive Conduct by Google in the Online Advertising Technology Sector, 22 June 2021, https://ec.europa.eu/commission/presscorner/detail/en/ip_21_3143.

[②] 这句话是英国的数学家 Clive Robert Humby 在 2006 年首创。其原文为 "Data is the new oil. It's valuable, but if unrefined it cannot really be used. It has to be changed into gas, plastic, chemicals, etc. to create a valuable entity that drives profitable activity; so must data be broken down, analyzed for it to have value"。参见 Michael Palmer, Data is the New Oil, *CMO News*, November 3, 2006, https://ana.blogs.com/maestros/2006/11/data_is_the_new.html。

AIG）关于信用违约互换（credit default swap，简称 CDS）风险数据分析模型的失灵被认为是导致发生 2007~2009 年全球金融危机和后来的经济大衰退（The Great Recession）的重要原因之一】。[①] 这也凸显了"数据"与"信息"之间的关系："你可以没有信息却依然握有数据，但不能没有数据却还能掌握信息。"[②]

数据既不等于信息，也无法被"拥有"。任何不具独创性的数据无非就是对某个"事实"的反映或呈现，因此没有任何人可以"拥有"（至多只是民法上的"占有"或一般所称的"控制"）任何事实。也因此这些数据本身无法享有任何的权利（虽然可能因为特定的数据组合还不为他人知悉并具有价值等可能构成"商业秘密"）。不过试图对数据给予某种保护形式的想法却一直未曾停歇。既然无法从数据本身着手，欧、美两地便想从"数据库"予以赋权。然而在经过从 1996 年以来的各种不同尝试与实践后，已经能够确证，想要通过立法（公律）的方式来特别赋权不但无法达到预期的效果，却会产生了许多新的、更难处理的问题。反而是业内厂家通过市场机制，与使用者订立许可合同（自律）能够获得最大的效益。

智力劳动的投入与成果并不当然表示必须赋权；即使享有权利也从不等于、更无法保证具有如何的价值，而是要由市场来决定。"智力劳动成果赋权论"和"额头流汗"其实是一体两面的论述。固然此前曾有司法实践采取了这个观点，自 1991 年美国联邦最高法院的判决以后，尤其是近期欧盟法院的一系列判决，至少欧、美两地的立场已然趋同，扬弃了只要有智力劳动成果就必须赋权的思维。

由于互联网与电子商务的发展，当前对于数据的关注焦点已经从数据

[①] Carrick Mollenkamp, Serena Ng, Liam Pleven and Randall Smith, Behind AIG's Fall, Risk Models Failed to Pass Real-World Test, Wall Street Journal, October 31, 2008, https://www.wsj.com/articles/SB122538449722784635. 可以预期，戈顿教授本人会有非常不同的观点，后来更出版了多本书为自己辩解。例如，Gary B. Gorton, *Misunderstanding Financial Crises: Why We Don't See Them Coming* (2012)。

[②] 摘引自美国计算机程序专家及科幻小说作家 Daniel Keys Moran 的表述，原始出处待考（其原文为 "You can have data without information, but you cannot have information without data"）。

本身或数据库转向到对数据安全性以及其背后所投射或反映的个人隐私保护。美、欧在这个面向也走上了截然不同的发展方向：欧盟从开始便接受了经济合作开发组织在1980年的决议中所推荐的八个基本原则，采取自上而下的"一条鞭"整合模式，"化零为整"。尤其是《通用条例》的制定施行不但对欧盟本身，也对全球一百多个国家，甚至美国的加州等半数以上的州产生了极大的影响。

美国则是因为内部的种种分歧难以整合，于是改采"化整为零"的做法，每次只针对特定的问题通过个别立法来对应，结果导致相关的体系在联邦的层级复杂多端，而且不同的规制之间经常叠床架屋，犹如贴上了各式膏药或补丁一般，结果还是有很多的疏漏，欠缺完整的体系和一致性的执法。最终反而是由加州带头改革，最近更以高票通过公民直接立法，完全绕过了正常的立法程序，这显示出无论是联邦或州的立法体系至少在对数据的个人隐私问题上已然无法满足社会的普遍要求。这个新通过的立法采取了非常类似欧盟《通用条例》的规定和做法，甚至更进一步要求企业或厂家必须对消费者的要求给予回应，否则极可能面临严重后果。在加州之后目前已有另外两州也完成了相关的立法工作。另外还有近半数的州也先后提出了立法草案，但因为种种因素未获通过。究竟加州的规制是否会形成"野火燎原"之势还有待时间的检验，不过由于主要的网络平台服务提供者的总部或运营中心都在该州，实质上已经产生了很大的影响。

由于这些立法举措都还施行未久或尚未正式施行，相关的执法工作究竟将会如何也还有待时间的检验。欧盟的首次执法检讨有得有失，但是欧盟议会并不给予情面，以绝对多数通过了决议意图施加最大的政治压力要求强化相关的执法。这也导致欧、美两地的数据转移和传输的机制一再被判无效，造成了双方的一场数据危机，迄今尚未获得妥善的解决。其中的关键争点是如何平衡执法者基于国家或社会安全的需求与消费者或使用者对自身隐私保护的需求。

至于其他的消费者权益，在实际的执法上则只是形同"请求"而已，却反而让网络平台服务提供者，尤其是掌控市场门户地位的"守门者"，同时成了获得授权行使准司法权的仲裁者，有若球员兼裁判，掌握了更大的权力。讽刺的是，这未必是网络平台服务提供者所希望扮演的角色，毕竟它们也心知肚明这样的安排不但会增加各种交易成本，而且往往会招惹上社会的各种讥评，甚至引发反不正当竞争的诉讼与反垄断的调查，吃力不讨好。

无论如何，这些举措毕竟都还是目前经过初步探索后形成的制度，未来究竟会如何演化还未可知。但是可以确知的是，消费者对自身隐私的保障已然觉醒，一方面认知几乎所有透过网络的各种操作都会被收录成为数据，数据的分析对于消费产品和服务的提升至关重要，但另一方面还是希望能保有一定程度的主控权，尤其希望不受到各种不必要的骚扰甚至厂家的欺诈。而政府的监管部门也开始分别从反不正当竞争与反垄断的执法角度切入，试图对占有"守门者"位置的大型网络平台服务提供者的发展套上一道枷锁。这意味着目前在欧、美等地的执法钟摆已然从过去的相对放任快速转向严格，而且各种发展只是开端而已，未来势将有更多的立法改革。

本文写作之时，"个人信息保护法"的立法进程已在国内积极推动，草案的内容包含了经济合作开发组织推荐的八项基本原则，与欧盟、加州等地的立法举措相当类似，一旦通过生效，应可对消费者提供非常大的保障，不再让他们自己成为被销售出去的"产品"，有助于未来互联网市场秩序的完善。由于其中涉及复杂微妙的平衡考量，欧、美在立法和执法上的交织发展无疑提供了一个非常好的参考对照。毕竟这些立法的各项前因后果与执法实践本身也是寓含了各种高价值信息的"数据"和"信息"。

后　记

本文成稿后，第十三届全国人民代表大会常务委员会第三十次会议于2021年8月20日通过了《中华人民共和国个人信息保护法》，一共8章74个条文，自2021年11月1日起施行。这个新法所保护的是"个人信息权益"（第 1 条），与欧美所保护的"个人数据"有着微妙的不同。不过在实质内容方面也遵循了当前国际的整体发展趋势，明确规定对个人信息的处理应符合公开、透明的原则（第 7 条），个人对其信息的撤回权（第 15 条）、对利用个人信息进行自动化决策的拒绝权（第 24 条）、知情权（第 44 条）、查阅权（第 45 条）、更正补充权（第 46 条）和删除权（第 47 条）等。另外也规定了敏感个人信息的处理规则（第 2 章第 2 节）、国家机关处理个人信息的特别规定（第 2 章第 3 节），以及个人信息跨境提供的规则（第 3 章）等。换句话说，这个新法当中的各个条款有 80% 以上实际规制的，完全是关于对个人数据（非信息）应如何处理的问题。

个人数据保护的责任主体研究

——以医疗数据为切入点[*]

林　威　李　婷　张子谦[**]

摘　要：个人数据日益成为重要的生产要素，数据保护的重要性日渐"凸显"。落实数据保护责任的首要任务在于明确责任主体，而数据利用模式的复杂性导致责任主体难以在法无明文规定的情况下径行界定。我国关于个人数据保护的责任主体之规定较为零散且存在冲突矛盾之处，导致实务可操作性不强，进而影响数据安全责任的压实。比较法上，欧盟在责任主体的规定上采用"控制者—处理者"二分框架，数据保护责任从以控制者为中心逐渐向处理者渗透。在个人医疗数据的保护上，美国也采取了与欧盟极为类似的"规制主体—交易关联方"二分框架，并且经历了相应的责任主体的扩张。不过，在保障数据主体的权利方面，"控制者—处理者"的区别仍然决定直接责任的有无。"控制者—处理者"二分框架对于我国极具借鉴意义。

关键词：个人数据；医疗数据；责任主体；控制者；处理者

---

[*] 本文系清华大学专项课题"健康医疗大数据使用与治理研究"（项目编号：20192001752）的阶段性成果。

[**] 林威，清华大学法学院博士研究生，法学院健康医疗大数据应用与治理研究中心兼职研究人员；李婷，清华大学法学院博士研究生，法学院健康医疗大数据应用与治理研究中心兼职研究人员；张子谦，清华大学法学院健康医疗大数据应用与治理研究中心兼职研究人员。

一　引言——研究背景

随着云计算、物联网和人工智能等新技术的迅速发展和应用，信息技术与人类生产、生活深度交汇融合。[①] 人类社会步入数字时代，经济和生产生活各领域纷纷开始数字化转型。数字化转型为数据的爆发式增长和海量集聚提供了前提条件。[②] 在这种背景下，以大量多源数据聚合和分析为典型特征的大数据技术应运而生。通过对大量零散、无序的数据进行科学分析和加工，从而形成具有价值的信息是大数据技术的核心。[③] 对于科学研究而言，大数据技术带来的转变是具有革命性和突破性的。相关学者将这种转变总结为三点：①大数据技术直接用来检验各种理论和假说，以数据自证，让科学超越理论的限制；②对于因果关系的研究将不再重要，相关性研究将会占据核心位置；③科学将不仅仅关注于解释，预测胜过解释。[④] 在大数据技术背景下，数据日益成为重要的生产要素，被誉为新时代的"石油"。

作为人类生产生活的重要组成部分的医疗服务亦开始了数字化转型，医疗逐渐成为大数据技术应用的标志性产业。医疗服务悄然发生转变。医疗领域的进展逐渐依赖于个人医疗数据，医生、研究人员和开发人员需要这些数据来帮助改进诊断、定制治疗和寻找新的治疗方法。[⑤] 数据的采集、分析和应用成为医疗服务的核心，医疗数据成为各个医疗机构提升医疗服务水平，乃至整个医疗行业实现医疗技术、方法等突破的竞争性资源。[⑥] 我

[①] 刘金瑞：《数据安全范式革新及其立法展开》，《环球法律评论》2021年第1期。
[②] 刘金瑞：《数据安全范式革新及其立法展开》，《环球法律评论》2021年第1期。
[③] 程芳：《健康医疗大数据应合规发展》，《法人》2019年第1期。
[④] I. G. Cohen et al., "Big Data, Health Law, and Bioethics", *Big Data's Epistemology and Its Implications for Precision Medicine and Privacy*, Vol. 2, 2018: 30 – 41.
[⑤] Determann, Lothar, "Healthy Data Protection", *Michigan Telecommunications and Technology Law Review*, Vol. 26, No. 229, 2020, UC Hastings Research Paper No. 349, https://papers.ssrn.com/sol3/papers.cfm?abstract_id=3357990.
[⑥] 高富平：《论医疗数据权利配置——医疗数据开放利用法律框架》，《现代法学》2020年第4期。

国亦为此不断推动数字医疗和大数据技术在健康医疗领域的应用,以实施全面的健康中国战略。①

历史经验不断证明,技术是把双刃剑。数字化转型造成数据的重要性日益攀升、大数据技术得以广泛应用,但是数据主体对其个人数据的控制力不断削弱,安全风险不容忽视。特别是对于个人医疗数据而言,这些数据极具敏感性,极易引发对隐私和个人信息泄露的关切。例如,2017年"黑暗霸主"(The Dark Overlord)通过3次非法侵入,盗取并公布了18万份患者病历,其中包括3400余份纽约地区牙科美容诊所牙科美学(Aesthetic Dentistry)的病历,3.41万份加州的牙科护理诊所的病历,以及14.2万份佛罗里达州坦帕湾地区坦帕湾手术中心(Tampa Bay Surgery Center)的病历。② 在新冠肺炎疫情防控中亦发生多起泄露患者医疗数据的情况。这既增添了无意义的恐慌,又对患者的正常生活和正当权利产生了不良影响。

考虑到个人数据泄露的负面效应,全球各大经济体纷纷将数据安全治理提上议事日程。特别是对医疗数据而言,为了减少因个人医疗数据泄露而可能引发的损害,维护人格尊严,世界各国政府以越来越严格的法律规范个人医疗数据的收集、使用和共享。③ 从社会治理的角度来看,责任主体的明确是实现法律规制的第一步,否则,关于责任主体的相关职责和义务之规定则成为"无源之水、无本之木"。一言以蔽之,对个人数据进行保护的前提在于明确责任主体。责任主体不明,既难以落实相应的个人数据保护责任,又容易导致数据主体不能有效地行使其权利。欧盟和美国均对责任主体进行了明确规定,而我国对个人数据保护之规定仍散见于相关的法律法规之中。这些零散的规定造成责任主体不明,对个人数据保护难以起到明确的指引和规范作用。

---

① 高富平:《论医疗数据权利配置——医疗数据开放利用法律框架》,《现代法学》2020年第4期。
② 尚靖伟等:《医疗大数据及隐私泄露》,《计算机与现代化》2019年第7期。
③ Determann, Lothar, "Healthy Data Protection", *Michigan Telecommunications and Technology Law Review*, Vol. 26, No. 229, 2020, UC Hastings Research Paper No. 349, https://papers.ssrn.com/sol3/papers.cfm?abstract_id=3357990.

因此，本文从当前这些零散的规定出发，从中梳理出我国责任主体的整体架构，系统地分析其存在的问题，再结合比较法的规定和发展探寻比较法的经验，以此为基提出完善措施。这对于当前的合规实践和将来的立法司法活动均具有重要意义。此外，由于医疗大数据技术的应用相对比较成熟，相关的规定已经逐渐具备一定的规模和体系，故本文多处以个人医疗数据为切入点进行分析。

二 我国责任主体的整体框架剖析

（一）实践中的数据利用模式剖析

责任主体的规定之所以重要，原因在于实践中的数据利用模式的复杂性。在明确数据利用模式的基础上才能讨论责任主体的界定问题。

在原始的商业模型下，数据处理全流程均由实际数据利用方完成。在这种商业模型下，责任主体不存在任何疑问。不过，随着社会的发展，这一商业模式不再具备经济效率。自近代以来，市场规模的扩大推动了工业化的进程。[1] 随着工业化的发展，社会分工开始细化。分工细化有利于个人在其熟悉、擅长的领域重复劳动实现规模经济，在分工基础上形成的合作更具经济效率。在当前的信息社会中，分工之细化现象更为凸显。这点深刻地体现在个人数据的利用中。以医疗行业为例，真正控制和利用个人医疗数据的往往是那些合法取得患者数据的医疗机构、企业。而这些医疗机构、企业要实现数据的信息化、数字化利用，往往需要借助第三方IT公司（信息技术公司）的技术服务。在第三方IT公司的服务下，医疗机构、诊疗型企业得以将其精力和资源集中于其擅长的医事服务领域。因此，在个人医疗数据的流通过程中，医疗机构、诊疗型企业往往实际决定个人数据采集、传输、分享并且下达相应的操作指令，而具体实现数据采集、传输、

---

[1] ［美］道格拉斯·C.诺思：《经济史上的结构和变革》，厉以平译，商务印书馆，2009。

分享功能的往往是数据主体所看不见的第三方。换言之，出于经济效率的考虑，医疗机构、诊疗型企业通过与第三方机构的合同来实现利用个人数据的需求，甚至作为个人医疗数据实际控制者的医疗机构、企业需要委托多个第三方机构才能最终完成数据的利用。相关学者亦指出：从数据价值的创生来看，数据价值依赖于大量多样性数字化数据的汇聚、流动、处理和分析活动，而这种流动性的数据密集型活动以分布式处理为主，参与主体更加多元，业务生态更加复杂，传统的系统和业务边界更加模糊。[1] 正是数据利用模式的复杂性导致责任主体难以在法无明文规定的情况下径行界定。

因此，责任主体问题研究必须基于上述数据利用模式。本文基于此分析责任主体问题。

（二）责任主体之规范分析

整体而言，我国关于个人数据保护的规定相对比较零散，进而关于责任主体的规定也存在诸多差异和矛盾，本部分就此进行一一分析。需要注意的是，在数字技术背景下，数据成为信息传播的主要方式，两者因高度依存而共同即时呈现，数据在本体和载体上更倾向于接近信息本体。加之，"数据"和"信息"的概念在目前的法律表述上一直是混用的，诸多法律文件和资料中两者经常相互指代。故，"数据"和"信息"越来越无区分的必要性。特别是对于"个人数据"而言，要符合这一概念其必须能够反映个人信息。[2] 因而，关于个人信息保护的规定基本能适用于个人数据保护领域。相关学者也指出："'个人数据'和'个人信息'的表述并不能使人产生误解，何况个人信息保护问题也是因电子计算技术而产生的。"[3] 故而，本文语境下对此不作区分。

---

[1] 刘金瑞：《数据安全范式革新及其立法展开》，《环球法律评论》2021 年第 1 期。
[2] 梅夏英：《信息和数据概念区分的法律意义》，《比较法研究》2020 年第 6 期。
[3] 梅夏英：《信息和数据概念区分的法律意义》，《比较法研究》2020 年第 6 期。

1. 法律层面的规定分析

2016年，我国制定了《网络安全法》，首次在法律层级对个人数据的保护作出了相对系统性的规定。不过，该法的立法目的在于维护宏观网络安全，而数据安全仅仅是网络安全的部分内容，[①] 加之整部《网络安全法》均建立在"网络—用户"直接交互的典型模型上，其直接以网络产品、服务的提供者和网络运营者为规制对象，明确了上述对象的网络安全责任以及对用户的相关义务。因而，该法并未基于实际的数据利用关系进行区别规定，难以触及那些严格意义上并不属于网络产品、服务的提供者和网络运营者的企业。另一方面，对于受委托具体处理个人数据的第三方网络运营者而言，要求其直接承担对最终用户的明示告知、获取同意等义务之规定并不符合效率原则。

2020年出台的《民法典》借鉴了《网络安全法》的相关规定。不过，与《网络安全法》不同，《民法典》以"个人信息"这一客体为中心构建相关规则。在规制对象上，《民法典》第1037条采用了"信息处理者"的表述，并且根据第1035条"个人信息的处理包括个人信息的收集、存储、使用、加工、传输、提供、公开等"，"信息处理者"的概念涵盖参与整个数据利用流程中的所有实体。因而，《民法典》的相关条款相当于直接规定了所有处理信息的实体均具有相关的义务。在此种背景下，所有受托处理数据的第三方均可能会产生独立的针对数据主体的义务，其全部的处理行为均应当单独获得数据主体的同意，数据主体亦可以直接向其行使数据访问、更改与删除等权利。

综上，总体而言，我国在法律层面并未依据实践中的数据利用模式对责任主体进行区别规定，并且《网络安全法》和《民法典》关于责任主体之规定存在冲突。

2. 医疗行业的规章分析

就医疗行业而言，相关行政部门进行了更为细致的规定。2018年，国

---

① 刘金瑞：《数据安全范式革新及其立法展开》，《环球法律评论》2021年第1期。

家卫生健康委员会制定了《国家健康医疗大数据标准、安全和服务管理办法（试行）》（以下简称《管理办法》），规定"各级各类医疗卫生机构和相关企事业单位是健康医疗大数据安全和应用管理的责任单位"。该《管理办法》以"责任单位"为规制对象，不难看出，这一概念界定与国家卫生健康委员会的权限范围有关。不过，相关实务界人士认为："《管理办法》对责任主体采取了较为宽泛的定义，各级各类医疗卫生机构和相关企事业单位均属于健康医疗大数据安全和应用管理的责任主体。鉴于'相关企事业单位'一词的范围较为宽泛，结合《管理办法》在安全和应用管理章节的相关规定，'相关企事业单位'应当包括从事健康医疗数据采集、存储、加工、应用、运营和传输的各个企事业单位。"[1] 这一观点看似有理，但难以自圆其说。事实上，《管理办法》也意识到了实践中的"外包"操作，其第31条规定："责任单位选择健康医疗大数据服务提供商时，应当确保其符合国家和行业规定及要求，具备履行相关法规制度、落实相关标准、确保数据安全的能力，建立数据安全管理、个人隐私保护、应急响应管理等方面管理制度。"遵循体系化的解释逻辑，"健康医疗大数据服务提供商"并不属于"责任单位"的范畴。同时，鉴于规章制定主体的权限，对于"责任单位"应当采用限缩理解。按照这一理解，受托处理个人医疗数据的处理者并不存在《管理办法》下的直接责任。

如前所述，医疗数据具有重大利用价值，并且医疗服务的大数据分析技术手段已经比较成熟，因此，一些地方政府对此也较为重视，并出台了相关的规定。2020年6月30日，四川省卫生健康委员会出台《四川省健康医疗大数据应用管理办法（试行）》，延续了国家卫健委《管理办法》的制度模式和相关条文规定，其第33条进一步明确："责任单位依法依规委托符合条件的有关机构存储、运营健康医疗大数据的，委托单位承担信息安全的指导监管责任，受托单位根据相关法律法规和委托（协议）承担信息安全的具体管理责任。"这一规定明确责任单位为委托单位、实际的处理者

---

[1] 程芳：《健康医疗大数据应合规发展》，《法人》2019年第1期。

为受托单位，实际处理者并不承担在《管理办法》下的直接责任。这亦印证了限缩理解的合理性。

2020年8月25日，山东省政府亦发布《山东省健康医疗大数据管理办法》。不过由于出台单位系山东省政府，与国家卫生健康委员会不存在上下级或者隶属关系，故《山东省健康医疗大数据管理办法》并未以前述《管理办法》为基本参照，而是援引《网络安全法》为其上位法。① 因而，其关于责任主体的规定与前述《管理办法》存在较大差异，涵盖范围并不限于医疗系统的相关责任单位。具体而言，《山东省健康医疗大数据管理办法》以"健康医疗大数据管理机构、数据生产单位、数据使用单位"为规制对象，并对这些对象规定了安全责任。② 当然，从相关条文的内容来看，这些规制对象均是法律上个人医疗数据的实际控制者，③ 并不包含受委托实际处理数据的实体——"数据处理者"，而且综观《山东省健康医疗大数据管理办法》全文，均未对受委托处理数据的第三方进行提及。

3. 行业标准规定之分析

当然，规范的制定者难以全面了解数据产业及相关的技术动态，为了

---

① 《山东省健康医疗大数据管理办法》第1条规定："为了促进和规范健康医疗大数据应用发展，提升健康医疗服务水平，满足公众健康医疗需求，培育经济发展新动能，根据《中华人民共和国基本医疗卫生与健康促进法》《中华人民共和国网络安全法》等法律、法规，结合本省实际，制定本办法。"

② 《山东省健康医疗大数据管理办法》第18条规定："健康医疗大数据管理机构、数据生产单位、数据使用单位应当严格落实网络安全主体责任，制定安全管理制度和应急预案，组织开展数据安全风险评估和安全防护演练，及时处置数据安全事件，保护个人信息和数据安全。"第19条规定："健康医疗大数据管理机构、数据生产单位、数据使用单位应当建立安全预警和信息报告制度，加强日常检查和监测预警，及时发现数据泄露等异常情况，立即采取应急措施并按照规定程序向网信、公安、大数据等部门报告。"

③ 《山东省健康医疗大数据管理办法》第5条第2款规定："健康医疗大数据管理机构根据省人民政府的授权，承担健康医疗大数据的日常管理等工作，并可以通过依法委托、购买服务、协议合作等方式建设、运营、维护和使用健康医疗大数据平台。"第7条规定："政府举办的医疗卫生机构和国有健康服务企业，应当依法将其提供服务产生的健康医疗相关数据汇聚到健康医疗大数据平台。鼓励前款规定之外的数据生产单位，将其产生的健康医疗数据汇聚到健康医疗大数据平台。"第11条第2款规定："对有条件开放数据，由健康医疗大数据管理机构与数据使用单位签订数据使用协议后进行定向开放。协议应当明确数据的使用范围、条件、数据产品、保密责任和安全措施等内容。"

避免对科技、社会发展造成负面后果，往往不得不在个人数据保护规范层面多采用宣示性、宽泛性表述确保规范之弹性。而对于个人数据保护的精细化规定，当数 2017 年 12 月 29 日国家标准化管理委员会发布的《信息安全技术　个人信息安全规范》（国家推荐性标准 GB/T35273－2017）。该规范借鉴了欧盟《通用数据保护条例》（以下简称"GDPR"）的相关内容，并且采用了"个人信息控制者"的概念，即"有权决定个人信息处理目的、方式等的组织或个人"。2020 年，在《信息安全技术　个人信息安全规范》的修订版中，制定者又沿袭了这一概念，对其定义仅作细微修改，修改为"有能力决定个人信息处理目的、方式等的组织或个人"。不过，与 GDPR 的框架不同，该安全规范规定的各项处理原则和义务均是针对"个人信息控制者"，并未对实际处理数据的第三方做出相应的规定。这一规定与我国法律层面的规定出入较大。

针对医疗数据，2020 年 12 月 14 日，国家标准化管理委员会发布《信息安全技术　健康医疗数据安全指南》，该指南很大程度上借鉴了《信息安全技术　个人信息安全规范》的制定模式，以"健康医疗数据控制者"为规制对象。[①] 不过，《信息安全技术　健康医疗数据安全指南》在第 6.3 条"相关角色分类"中也纳入了"健康医疗数据处理者"（以下简称"处理者"）的概念，即"代表控制者采集、传输、存储、使用、处理或披露其掌握的健康医疗数据，或为控制者提供涉及健康医疗数据的使用、处理或者披露服务的相关组织或个人"。该条还对"处理者"的类型进行了列举，包括"健康医疗信息系统供应商、健康医疗数据分析公司、辅助诊疗解决方案供应商"等。虽然《信息安全技术　健康医疗数据安全指南》在一些场景中规定了"处理者"的安全责任和措施要点，但其第 7（K）条规定："控制者应确认处理者的安全能力满足安全要求，并签署数据处理协议后，

[①] 《信息安全技术　健康医疗数据安全指南》"1 范围"规定："本标准给出了健康医疗数据控制者在保护健康医疗数据时可采取的安全措施。本标准适用于指导健康医疗数据控制者对健康医疗数据进行安全保护，也可供健康医疗、网络安全相关主管部门以及第三方评估机构等组织开展健康医疗数据的安全监督管理与评估等工作时参考。"

才能让处理者为其进行数据处理，处理者宜按照控制者的要求处理数据，未经控制者许可，处理者不能引入第三方协助处理数据。"由此可见，这些安全责任的实现仍然是通过控制者和处理者的合同实现，由控制者承担直接责任。

（三）存在的问题分析

通过梳理上述规定可以发现，关于责任主体的规定涵盖法律法规、部门规章和行业标准等多层次的规范。由于出台这些规定的机构主体、规制目的和制定渊源大不相同，关于责任主体的规定存在诸多差异。

在法律层面，《网络安全法》立足于整体的网络安全视角，以"网络—用户"直接交互的模型规定了个人数据保护的责任主体。《民法典》则是推进全面依法治国、推进国家治理体系和治理能力现代化的系统性重大立法工程，其基于现行民事法律制度规范而进行宏观全面整合纂修，难以考虑实践中具体的数据利用模型。同时，虽然由于理论上对于个人信息是否具有设权的必要存在争议[①]导致《民法典》并未采用"个人信息权"的表述，但是"权利化"的立法思维仍然较为明显。整体而言，《民法典》围绕个人信息为中心，以传统的"权利—侵权"为框架，所有的数据处理行为均落入了权利范围之内，因而所有参与数据利用流程的实体均是责任主体，并承担相同的义务。

在规章层面，如前所述，从医疗数据的角度可以看出，其仅仅以实际控制医疗数据的医疗机构、企业为责任主体，对于提供数据处理服务的第三方并未规定直接责任，而仅要求其承担合同法或者"其他法律法规"下的义务。在行业标准层面亦是如此，精细化的规定或者标准并不能直接适用于实际处理数据的第三方。不过，可以看出，由于相关规章、行业标准的制定主体对实践中的数据利用模式有了一些认识，又有了一定的角色区

---

① 钱继磊：《个人信息权作为新兴权利之法理反思与证成》，《北京行政学院学报》2020年第4期。

分的趋势。

整体而言，这些规定明显较为零散，并且存在矛盾和冲突，导致在实务中可操作性不强，进而会影响压实数据安全之责任。

（四）比较法上的启示

数据保护是科技发展到一定程度的技术产物和制度需求，我国本土难有相关的经验可循。关于这一问题的讨论往往不得不从国际视角中寻找规律和启示。欧盟和美国无论在数据利用还是数据保护方面都可谓是世界的引领者，因此，本节主要以欧盟和美国为研究样本。

1. 欧盟："控制者—处理者"二分框架

在责任主体认定方面，欧盟是典型的"控制者—处理者"二分框架。不过这一框架的形成并非一蹴而就，而是逐渐演进而来。

早在1980年，经济合作与发展组织（OECD）理事会出台的《关于隐私保护与个人数据跨境流动准则》（以下简称《准则》）便提出了"数据控制者"（data controller）的概念，即"根据其国内法有权决定个人数据的内容和用途的一方，不论该数据是否由该方或其代理人收集、存储、处理或分发"。《准则》仅仅将数据控制者规定为个人数据保护的责任主体。从该定义中可以看出，OECD的理事会意识到，在具体的数据处理过程中，数据控制者可能需要委托第三方进行数据处理活动，才能实现数据利用的目的。虽然该准则对成员国并无强制约束力，但无疑成为后续欧盟立法的"奠基之作"。

20世纪90年代，互联网开始兴起，个人数据的电子传输技术随之广泛应用。对此，欧盟开始试图通过正式立法保护个人数据。1995年，欧盟正式出台《数据保护指令》。《数据保护指令》借鉴了《准则》关于"数据控制者"的概念界定，但又进一步精确提炼，明确规定"控制者"系指单独或者共同决定数据处理的目的和方式的人。同时，在当时互联网行业开始蓬勃发展的背景下，起草者对于数据处理的实践有了比较清晰的认识，《数据保护指令》开始采用"处理者"的概念，即基于控制者的委托处理数据的实体。不过,《数据保护指令》同样以"数据控制者"为责任主体,但其第17条中开始强调"数据控制者选择具备相应的技术安全措施和组织措施的数据处理者……数据控制者应当通过合同或者其他法律行为规制数据处理者的数据处理活动,还应当特别规定:(1)处理者仅根据控制者的指令采取行动;(2)处理者也应承担数据处理活动"。

可见,《数据保护指令》也间接规定了"处理者"的相关义务,但是这些义务的实现仍然是通过其与"控制者"之间的合同实现的,"处理者"并非《数据保护指令》下的直接责任主体。自此开始,欧盟正式在概念上形成了"控制者—处理者"的区分,只有"控制者"受到《数据保护指令》的直接规制。

随着网络及数字技术的进一步发展,个人数据日益成为新世纪的"石油",这对法律制度的完善提出了新的要求。而《数据保护指令》因其难以实现对个人隐私和数据的充分保护而开始饱受诟病。其中比较重要的一点便是:对于"处理者"而言,《数据保护指令》是"一只没有牙齿的老虎",而且由于"处理者"数量众多,特别是在云计算技术广泛应用的情况下,许多数据主体的权利实际上受到了侵犯。[①] 自2012年开始,欧盟委员会计划进一步加强个人数据保护,着手制定。在责任主体方面,最终出台的GDPR文本整体上沿袭了《数据保护指令》对"控制者—处理者"的二分框架及其相应的定义。[②] 不过,与《数据保护指令》相比,GDPR在"控制者—处理者"二分框架下,为"控制者"新添了子概念"共同控制者",即第26条所规定的两个或两个以上控制者共同决定处理个人数据的目的和方式的应当视为"共同控制者",共同控制者应当承担法定连带责任。具有突破性意义的内容在于,GDPR"击穿"了身份二分下"处理者"直接责任

---

① HF Küchler, The Relations of Controllers, Processors and Sub-processors under the DPD and GDPR, https://www.duo.uio.no/bitstream/handle/10852/54570/ICTLTHESIS_8016.pdf?sequence=1&isAllowed=y.
② 按照GDPR第4(7)条的规定,数据控制者是指单独或与他人共同决定处理个人数据的目的和方式的自然人或者组织。

的"绝缘层","处理者"的个人数据保护义务不再仅仅是针对"控制者"的私合同义务,同样也是针对监管机构和数据主体所应承担的合规责任。

当然,这种角色区分仍然具有实质意义,"控制者"和"处理者"所承担的责任有所区别。这点主要体现在 GDPR 第 7~8 条关于获取数据主体知情同意的义务,以及第 12~22 条关于响应或者保障数据主体权利(可以总结为 8 项权利:知情权、访问权、更正权、删除权、限制处理权、可携带权、反对权、不受制于自动化决策权)上。在这些规定中直接承担这些义务的主体仍然是"控制者"。[①] 因此,在 GDPR 的"控制者—处理者"架构下,"处理者"直接承担个人数据安全责任,但对于响应数据主体权利方面,二者仍然存在区分,数据主体应当向"控制者"行使访问、更正、删除等权利,"处理者"的数据处理活动仅需基于数据主体的委托,无须另行获得数据主体的知情同意。

2. 美国:"规制主体—交易关联方"二分框架

为了应对潜在的风险、规范个人数据的流通,美国也积极推动立法。不过,与欧盟的做法不同,美国颇受经验主义的影响,向来对未经先验的"普世规则"持怀疑态度。因此,在个人数据保护上,美国无意创制普遍适用的规则,至今并无统一适用的联邦法律。相反,美国的立法被称为"部门路径"(Sectoral Approach),即针对某一部门或者产业做出针对性的规定。

就医疗行业而言,在 1996 年,考虑到这一时期互联网科技初具雏形、个人医疗数据的电子传输已经发生,[②] 美国国会通过《健康保险便利及责任法》(以下简称 HIPAA)。在此后 7 年间,美国卫生与公众服务部(Department of Health and Human Services,以下简称 DHHS)根据 HIPAA 的安排和要求,开始建立个人医疗数据保护的国家标准,先后通过了隐私规则(Privacy Rule)和安全规则(Sercurity Rule)。隐私规则赋予了患者对个

[①] GDPR 第 28 条仅仅规定了处理者对控制者的协助义务。
[②] I. G. Cohen et al.,"Big Data, Health Law, and Bioethics", *Big Data, HIPAA, and the Common Rule*, Vol 17, 2018: 251-264.

人医疗数据的相关权利,并限制其使用和披露。安全规则规定了一些强制性和推荐性的管理、技术和物理安全标准,以保障个人医疗数据的安全性。这两项规则最终成为 HIPAA 的重要部分。

与欧盟相比,美国的 HIPAA 具有很强的产业化色彩,极具针对性,其以"健康计划"(Health Plan)[①]、卫生保健信息处理机构 (Health Care Clearinghouses)[②]、在特定交易中传输电子健康信息的卫生保健服务提供者 (Health Care Providers) 三种类型的医疗产业组织为规制主体(covered entities)。不过,与早期的欧盟路径相类似,HIPAA 也提及了为规制主体提供 IT 及相关服务的交易关联方 (business associate)。但是,交易关联方并不受 HIPAA 规制,仅仅承担合同法上的义务。

2009 年,为了进一步推进医疗信息的电子化,美国又出台了《卫生信息技术促进经济和临床健康法案》(以下简称 HITECH)。HITECH 将交易关联方定义为"代表被规制主体接收、维护或传输个人健康信息的主体"。特别是,HITECH 将 HIPAA 安全规则和部分隐私规则的规制范围扩展到交易关联方。[③] 规制主体与交易关联方的责任之差异,同样仅仅在于响应数据主体的权利方面。2013 年 1 月,为了使 HIPAA 与 HITECH 的规定相一致,加之对提高安全标准的需求,美国最终以在 HIPAA 中加入综合规则"Final Omnibus Rule"的方式进行了更新。

由此,美国在医疗数据处理的法律规制方面建立了"规制主体—交易

[①] 健康计划是指为医疗保健提供费用或付费的个人或团体计划,比如医疗保险公司。参见蔡宏伟、龚赛红《HIPAA 法案健康信息隐私保护借鉴研究》,《中国社会科学院研究生院学报》2017 年第 5 期,第 114~121 页。

[②] 卫生保健信息处理机构是指公共的或私人组织,包括账单服务机构、重新定价公司、社区卫生管理信息系统或社区卫生信息系统、增值性网络和交换机构。其从事以下业务:将从另一实体接收到的非标准格式健康信息数据或含有非标准数据内容的信息处理为标准数据,或进行标准数据传送;为信息接收实体接收另一实体传送的标准数据,或为其将健康信息处理为非标准格式数据或含有非标准内容的数据。参见蔡宏伟、龚赛红《HIPAA 法案健康信息隐私保护借鉴研究》,《中国社会科学院研究生院学报》2017 年第 5 期,第 114~121 页。

[③] I. G. Cohen et al., "Big Data, Health Law, and Bioethics", Data Sharing that Enables Postapproval Drug and Device Research and Protects Patient Privacy, Vol. 18, 2018: 269-282.

关联方"二分框架。这一框架和欧盟的"控制者—处理者"架构极为类似,不同身份的责任差别亦基本趋同。

3. 经验总结

通过对欧盟和美国法律的分析可以看出,在早期,这些国家或地区仅以数据的实际控制方为规制对象,实际处理数据的第三方仅仅是提供通用服务的角色,并不对外承担责任。随着时代的发展,数据处理行为日渐分散,数据主体对其数据的控制力不断被削弱,个人数据一旦泄露,后果难以控制,加之现代社会存在诸多人为制造的危险因素,现代法律普遍倾向于将受害人的利益置于优先的地位。[1] 因而,实际处理数据的第三方逐渐被施加直接责任。一旦出现数据安全事件,参与数据处理的第三方将与数据的实际控制者直接承担连带责任。这既有利于对受损害的数据主体的利益进行充分弥补,也有利于促使二者积极协作共同承担数据合规义务。相关学者还指出:从只有一个责任方的模型转变为更为公平的"处理者"和"控制者"几乎同样负有责任的模型,这是风险公平分配的体现,正是风险的公平分配代表着时代的进步。[2]

通过上述分析还可以看出,虽然"处理者"的责任被不断加大,甚至几乎和"控制者"的责任等同,但是二者角色的区分仍未改变。收集哪些个人数据和收集的目的仍然由"控制者"决定,并且其对数据利用行使最终控制权。因而,获取知情同意、保障数据主体的积极权利等义务由"控制者"承担更符合相应的效率。对于"处理者"而言,其往往以提供数据处理为主要业务,通常服务于多个"控制者",并不直接接触数据主体,无法取得数据主体的知情同意,并且其数据处理活动为自动处理的方式,只需要"控制者"的指令便能自动触发数据处理活动,因而,在实际的数据处理实践中,"处理者"在一般情况下,不需要也不具有访问被处理数据的

---

[1] 杨立新:《侵权法论》(第3版),人民法院出版社,2005,第594~595页。
[2] HF Küchler, The Relations of Controllers, Processors and Sub-processors under the DPD and GDPR, https://www.duo.uio.no/bitstream/handle/10852/54570/ICTLTHESIS_8016.pdf?sequence=1&isAllowed=y.

权限，擅自按照数据主体的要求复制、删除或者更改数据会面临合同法下的对"控制者"的违约责任。对于实现数据主体的权利，"处理者"在这方面仅仅有协助"控制者"的义务。

最后，无论是对于一般的个人数据而言，还是对于个人医疗数据而言，"控制者—处理者"二分的模式都可以适用。美国关于个人医疗数据的规定为我们观察这一二分模式提供了一个具体的维度。从这些经验来看，这一模式并不存在明显的漏洞，较为稳定，具有普遍的适用性。

（五）结论——我国路径之思考

从目前来看，我国关于个人数据保护的法律缺乏统一和合理的顶层设计，导致关于包括责任主体在内的个人数据保护问题的规定比较零散，并且存在一定的冲突。就责任主体而言，本文通过上述分析认为，完全可以统一采用"控制者—处理者"二分的框架，这一框架目前来看可以整体上普遍适用于所有个人数据的保护领域，并且目前也未呈现较为成熟的替代方案。

事实上，我国近期的立法活动进一步揭示了这一框架的合理性。2021年8月20日，第十三届全国人民代表大会常务委员会第三十次会议通过《中华人民共和国个人信息保护法》（以下简称《个人信息保护法》），该法沿袭了《民法典》的做法，将"个人信息处理者"作为责任主体。不过，《个人信息保护法》第20条规定："两个以上的个人信息处理者共同决定个人信息的处理目的和处理方式的，应当约定各自的权利和义务。但是，该约定不影响个人向其中任何一个个人信息处理者要求行使本法规定的权利。个人信息处理者共同处理个人信息，侵害个人信息权益造成损害的，应当依法承担连带责任。"可以看出，实际上《个人信息保护法》开始采用"决定个人信息的处理目的和处理方式"作为该法下的"个人信息处理者"的认定标准。这一标准实际上和GDPR下的"数据控制者"、《信息安全技术 个人信息安全规范》下的"个人信息控制者"并无实质区别。特别是《个人信息保护法》在第21条中进一步明确："个人信息处理者委托处理个人信息的，应当与受托人约定委托处理的目的、期限、处理方式、个人信息的种类、保护措施以及双方的权利和义务等，并对受托方的个人信息处理活动进行监督。受托方应当按照约定处理个人信息，不得超出约定的处理目的、处理方式等处理个人信息；委托合同不生效、无效、被撤销或者终止的，受托人应当将个人信息返还个人信息处理者或者予以删除，不得保留。未经个人信息处理者同意，受托方不得转委托他人处理个人信息。"

由此可见，《个人信息保护法》的起草者已经意识到《民法典》将"信息处理者"规定为责任主体的缺陷，试图通过插入"决定个人信息的处理目的和处理方式"这一要件来限定原有的"信息处理者"范围，即将其限缩至GDPR中的"数据控制者"、《信息安全技术个人信息安全规范》中的"个人信息控制者"。然而，这一做法会导致语义的彻底混淆，存在极大的隐患。可见，必须纠正原有的顶层设计才能从根本上彻底解决问题。

最后，在新的"控制者—处理者"二分框架的顶层设计中，应当明确不同角色所承担的具体责任：一是在数据主体的知情权等积极权利的响应方面，应当由"控制者"承担直接责任；二是在其他的数据安全保障义务方面，"控制者"和"处理者"应当承担直接的连带责任。当然，本文仅就此问题进行初步探讨，具体的细节还有待于进一步研究和讨论。

浅析公开数据与公开个人信息的处理边界问题

李瑛莉[*]

摘　要：近年来个人信息与数据安全的问题，引起公众的广泛讨论。一方面，我们生活在一个"微粒社会"，数据似乎已经成为构成我们生活的基本单位，不可否认，数据的分析与利用确实给我们的生活带来了无可比拟的优势；另一方面，从抖音 TikTok 出海遇阻，到"滴滴"全面下架整改，又透露出公众对个人信息保护的担忧。本文笔者将聚焦于一类特殊数据类型——已经公开的数据，尤其是公开数据中载有的个人信息，笔者将从相关的法律规定以及司法案例中，窥探目前我国对已公开数据以及公开个人信息的保护状况。

关键词：数据　个人信息　法律规定　司法案例

一　什么是公开数据

（一）数据与信息的区别

在探讨公开数据之前，我们首先需要区别"数据"与"信息"的概念，我们常说的"数据"与"信息"其实是两个不同的概念。

---

[*] 李瑛莉，北京市融泰律师事务所律师。

我们看一个案例。北京市海淀区人民检察院指控，2016年至2017年间，被告单位上海晟品网络科技有限公司，采用技术手段抓取被害单位北京字节跳动网络技术有限公司服务器中存储的视频数据，造成被害单位北京字节跳动网络技术有限公司损失技术服务费人民币2万元。北京市海淀区人民检察院以被告单位上海晟品网络科技有限公司犯非法获取计算机信息系统数据罪，于2017年9月15日向北京市海淀区人民法院提起公诉。北京市海淀区人民法院于2017年11月24日作出（2017）京0108刑初2384号刑事判决，认为被告单位上海晟品网络科技有限公司违反国家规定，采用技术手段获取计算机信息系统中存储的数据，情节严重，其行为已构成非法获取计算机信息系统数据罪。

本案被"互联网法律大会"列为全国首例利用"爬虫技术"侵入计算机系统抓取数据案，由于案件涉及网络爬虫技术获取网络"公开信息"受到刑法规制而备受IT界和互联网法学界关注并被广泛讨论。该案的主审法官后来发文对案件中涉及的相关问题进行了详细的说明。

主审法官认为，数据和信息是有区别的。从信息论的观点来看，描述信源的数据是信息和数据冗余之和，即"数据＝信息＋数据冗余"。数据和信息之间是相互联系的。数据是反映客观事物属性的记录，是信息的具体表现形式。数据经过加工处理之后，就成为信息，而信息需要经过数字化转变成数据才能存储和传输。一般而言，数据是信息的载体。信息公开，只是数据中原本数据化了的信息经过处理后内容公开了，数据依然存储在数据的硬件载体之中，在信息内容被展现的过程中，数据被传输、处理但没有被公开。即使认为信息是数据的一部分，也不能说信息被公开了就代表着数据被公开了。正是从数据独立于信息的视角分析，获取了信息，或者信息被公开了，绝不意味着数据被获取了或者失去了保密性，更不意味着数据也失去了保护价值。[①]

[①] 游涛、计莉卉：《使用网络爬虫获取数据行为的刑事责任认定——以"晟品公司"非法获取计算机信息系统数据罪为视角》，《法律适用》2019年第10期。

由于数据与信息存在以上关联关系，本文将对公开数据和公开个人信息分别进行讨论。

（二）司法意义上的公开数据

以我们一般意义上的理解，公开数据就是数据的主体主动将数据在互联网上进行公开，任何人均可进行访问的数据，甚至从某种意义上说，数据主体是希望更多的人可以获取其数据中承载的信息的。目前还没有相关的规范性文件对"公开数据"给出统一的定义，但是，相关的司法案例却对"公开数据"进行了司法层面的认定。

在（2017）京0108民初24512号北京微梦创科网络技术有限公司诉云智联网络科技（北京）有限公司以及（2018）京0108民初28643号北京微梦创科网络技术有限公司诉湖南蚁坊软件股份有限公司抓取微博数据案件中，北京市海淀区人民法院认为，对于微梦公司未设定访问权限的数据，应属微梦公司已经在微博平台中向公众公开的数据。例如，用户在未登录状态下即可查看的新浪微博，系博主本身未限制他人浏览且微梦公司未通过登录规则等措施限制非用户浏览的数据，即为微博平台中的公开数据。但对于微梦公司通过登录规则或其他措施设置了访问权限的数据，则应属微博平台中的非公开数据。例如，本案中微梦公司主张的需用户登录后才可查看的，或在微博产品任何前端均不再展示故用户登录后亦不可查看的新浪微博，均属于微博平台中的非公开数据。①

可见在司法层面，我国法院对公开数据与非公开数据的区分采取的是相对客观的判断标准，即以平台是否对该数据设置访问权限为判断标准，平台设置了访问权限的数据即属于非公开数据，而平台未设置访问权限的数据则为公开数据。同时，对哪些数据设置访问权限则属于企业自主经营权的范畴。

---

① 北京市海淀区人民法院（2017）京0108民初24512号民事判决书、（2018）京0108民初28643号民事判决书。

二 对公开数据的分类

目前对于公开数据没有法定或者权威的分类，但是笔者根据相关规范性文件与司法案例，按照主体的不同，把公开数据分为政务公开数据、企业公开数据以及个人公开数据。之所以要做如此分类，是因为政务公开数据、企业公开数据以及个人公开数据对数据流动等的程度与要求不同。

关于这一点，从《数据安全法》与《个人信息保护法》的立法宗旨可以窥见一二。《数据安全法》第7条规定："国家保护个人、组织与数据有关的权益，鼓励数据依法合理有效利用，保障数据依法有序自由流动，促进以数据为关键要素的数字经济发展。"《个人信息保护法》一审稿草案中也有"保障个人信息依法有序自由流动"的表述，但是二审稿与最终颁布的《个人信息保护法》中均删掉了这一条款。

可见，由于个人数据中载有可识别的自然人信息，相较于其他类型的数据其更具隐私性与敏感性，个人数据的流动必须以自然人的同意为基础，否则会损害自然人的权益。最终的《个人信息保护法》中没有保留"保障个人信息依法有序自由流动"的条款，也是考虑到个人信息的特殊性。这样的立法理念在《深圳经济特区数据条例》中也有所体现，《深圳经济特区数据条例》也区分了个人数据与公共数据，对这两类数据规定了不同的要求。

（一）关于政务公开数据

《深圳经济特区数据条例》与《上海市公共数据开放暂行办法》均有关于"公共数据"的定义，《数据安全法》中针对政务数据有专门的规定。

根据《深圳经济特区数据条例》，公共数据是指"公共管理和服务机构在依法履行公共管理职责或者提供公共服务过程中产生、处理的数据"。

根据《上海市公共数据开放暂行办法》，公共数据是指"本市各级行政机关以及履行公共管理和服务职能的事业单位（以下统称公共管理和服务机构）在依法履职过程中，采集和产生的各类数据资源"。

无论是根据《深圳经济特区数据条例》、《上海市公共数据开放暂行办法》还是《数据安全法》的相关规定，除了涉及个人隐私、商业秘密等的数据，国家与政府都鼓励政务数据的公开与有效利用，其流动的程度是最大的。

例如《数据安全法》第 37 条规定："国家大力推进电子政务建设，提高政务数据的科学性、准确性、时效性，提升运用数据服务经济社会发展的能力。"第 41 条规定："国家机关应当遵循公正、公平、便民的原则，按照规定及时、准确地公开政务数据。依法不予公开的除外。"

《深圳经济特区数据条例》第 5 条规定："处理公共数据应当遵循依法收集、统筹管理、按需共享、有序开放、充分利用的原则，充分发挥公共数据资源对优化公共管理和服务、提升城市治理现代化水平、促进经济社会发展的积极作用。"第 41 条规定："公共数据应当以共享为原则，不共享为例外。"第 46 条规定："公共数据开放应当遵循分类分级、需求导向、安全可控的原则，在法律、法规允许范围内最大限度开放。"

（二）关于企业公开数据

我们在上文已经提到，（2017）京 0108 民初 24512 号北京微梦创科网络技术有限公司诉云智联网络科技（北京）有限公司以及（2018）京 0108 民初 28643 号北京微梦创科网络技术有限公司诉湖南蚁坊软件股份有限公司抓取微博数据案件中，针对微博数据这一企业数据，北京市海淀区人民法院对公开数据与非公开数据进行了区分，区分标准采取的是相对客观的判断标准，即以平台是否对该数据设置访问权限为判断标准，对于平台设置了访问权限的数据即属于非公开数据，而平台未设置访问权限的数据则为公开数据。

其实，无论从较早的"大众点评"案还是到最近的"微博诉今日头条"案，在绝大多数的数据抓取案件中法院均将数据视为企业的核心竞争资源，认为其属于反不正当竞争法应当保护的权益。例如在"微博诉脉脉"案中法院就认定："其（微梦公司）在多年经营活动中，已经积累了数以亿计的新浪微博用户，这些用户根据自身需要及微梦公司提供的设置条件，公开、向特定人公开或不公开自己的基本信息、职业、教育、喜好等特色信息。这些用户信息不仅是支撑微梦公司作为庞大社交媒体平台开展经营活动的基础，也是其向不同第三方应用软件提供平台资源的重要内容。规范、有序、安全地使用这些用户信息，是微梦公司维持并提升用户活跃度、开展正常经营活动、保持竞争优势的必要条件。"[①]

可见，由于企业对数据的收集、整理、展示等付出的投入以及企业竞争本身的排他性，在司法层面，法院更倾向于将数据公开的权利赋予企业自身，由企业自己决定哪些数据可以公开共享，哪些数据只能由企业独享，其他人无权使用。

企业中的非公开数据大多数是包含个人信息等敏感内容的数据，也可能是企业出于自身经营利益的考量而不愿意对外公开的数据，而具体对哪些数据设置权限则是企业自主经营权的决定范围。当然，对于平台中的公开数据，基于网络环境中数据的可集成、可交互之特点，平台经营者应当在一定程度上容忍他人合法收集或利用其平台中已公开的数据，否则将可能阻碍以公益研究或其他有益用途为目的的数据运用有违互联网互联互通之精神。[②]

（三）个人公开数据

我们这里所说的个人公开数据指的是个人主动公开的数据。对于个人公开数据来说，其关键在于载于个人公开数据当中的个人公开信息。对于个人公开数据的问题，我们将在下文进行单独论述，主要是针对个人公开数据中载有的公开个人信息的有关问题进行论述。

[①] 北京知识产权法院（2016）京 73 民终 588 号民事判决书。
[②] 北京知识产权法院（2016）京 73 民终 588 号民事判决书。

综上，笔者认为，相较于政务数据的公益性与公开性，企业数据的开放、流动程度要小于政务数据，因为企业数据中除了包含公益研究或其他有益用途外，更多的是企业针对数据所拥有的竞争性权益，而只有对这种竞争性权益予以保护，才可能激发企业更好地收集、使用数据，从这个角度来说，数据保护与知识产权保护遵循同样的原理。因此，对相关数据进行政务数据与企业数据的区分，在分析数据的流通利用等方面的问题时是具有参考意义的。

三 公开数据中的权益主体以及相关权益

我们接下来要探讨的是，无论是对于公开的政务数据还是公开的企业数据，是否数据一旦公开就意味着他人可以随意利用了呢，要解决这个问题，我们首先需要明白公开数据中的权益主体以及相关权益包括哪些。

（一）数据中的权益主体

数据权属问题一直是非常有争议的问题，目前关于数据权属的类型主要有以下四种观点：一是数据个人所有，即数据属于用户个人；二是数据平台所有，即数据属于平台；三是数据个人与平台共有，即数据属于个人与平台共有；四是数据公众所有，即数据属于公众共同所有。第四种观点认为，一旦平台介入互联网，就意味着平台数据具有了公共属性，不为任何私人或企业所有。司法实践中，更倾向于第三种观点，即数据属于个人与平台共有。

在"微博诉脉脉"案件中，法院确立了"三重授权原则"，即"数据提供方向第三方开放数据的前提是数据提供方取得用户同意，同时，第三方平台在使用用户信息时还应当明确告知用户其使用的目的、方式和范围，再次取得用户的同意。因此，在 OpenAPI 开发合作模式中，第三方通过 OpenAPI 获取用户信息时应坚持'用户授权'+'平台授权'+'用户授权'

的三重授权原则"①。法院的这一判决理由意味着,个人和平台对于数据都拥有一定的权利主张,数据在一定程度上为个人与平台所共有。②

在"生意参谋"案中,法院针对企业与个人数据权益边界的问题进行了更加详细的论述。法院认为:"网络用户向网络运营者提供用户信息的真实目的是为了获取相关网络服务。网络用户信息作为单一信息加以使用,通常情况下并不当然具有直接的经济价值,在无法律规定或合同特别约定的情况下,网络用户对于其提供于网络运营者的单个用户信息尚无独立的财产权或财产性权益可言;其二,鉴于原始网络数据,只是对网络用户信息进行了数字化记录的转换,网络运营者虽然在此转换过程中付出了一定劳动,但原始网络数据的内容仍未脱离原网络用户信息范围,故网络运营者对于原始网络数据仍应受制于网络用户对于其所提供的用户信息的控制,而不能享有独立的权利,网络运营者只能依其与网络用户的约定享有对原始网络数据的使用权;其三,网络大数据产品不同于原始网络数据,其提供的数据内容虽然同样源于网络用户信息,但经过网络运营者大量的智力劳动成果投入,经过深度开发与系统整合,最终呈现给消费者的数据内容,已独立于网络用户信息、原始网络数据之外,是与网络用户信息、原始网络数据无直接对应关系的衍生数据。网络运营者对于其开发的大数据产品,应当享有自己独立的财产性权益。"③

按照上述法院的裁判思路,根据对数据的不同利用程度,数据可以分为:单一网络用户数据、原始网络数据、网络大数据产品三个维度。对于原始网络数据,网络运营者对网络用户信息进行了数字化记录的转换,但原始网络数据的内容仍未脱离原网络用户信息范围,故网络运营者对于原始网络数据仍应受制于网络用户对于其所提供的用户信息的控制。而网络

---

① 北京知识产权法院(2016)京 73 民终 588 号民事判决书。
② 丁晓东:《数据到底属于谁?——从网络爬虫看平台数据权属与数据保护》,《华东政法大学学报》2019 年第 5 期。
③ 浙江省杭州市中级人民法院(2018)浙 01 民终 7312 号民事判决书。

大数据产品是经过网络运营者大量的智力劳动成果投入，经过深度开发与系统整合，最终呈现给消费者的数据内容，已独立于网络用户信息、原始网络数据之外，是与网络用户信息、原始网络数据无直接对应关系的衍生数据。网络运营者对于其开发的大数据产品，应当享有自己独立的财产性权益。三者之间的关系见图1。

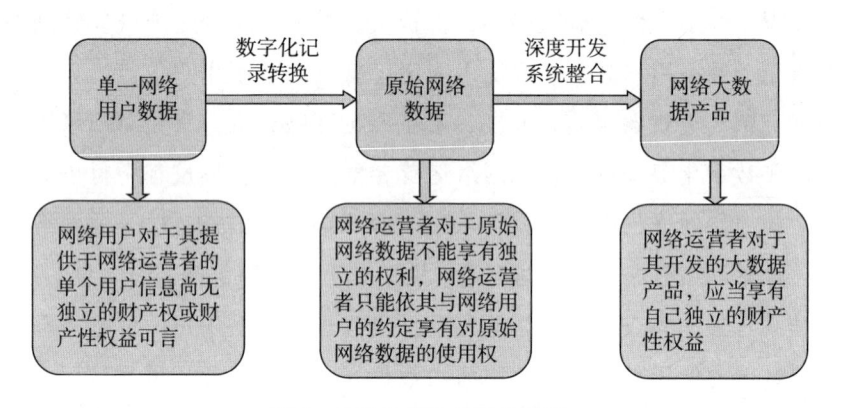

图1　三种数据的权属性质图

来源：作者梳理绘制。

（二）网络运营者对公开数据中的相关权益

公开数据作为数据的一种，按照法院在"生意参谋"案中确定的权属边界，对于不构成网络大数据产品的公开数据而言，其上必然也存在网络运营者与网络用户两个权益主体。关于网络用户即个人对于其已公开信息中的相关权益我们将在下文进行论述，此处我们想要探讨的是，既然网络运营者对相关数据已经没有设置访问权限，而使之成为公开数据，那么它对公开数据还具有相关的权益吗？

笔者认为，网络运营者对公开数据仍然享有一个非常重要的权益，那就是保障数据安全的权益。

数据安全有两方面的含义：一是数据本身的安全，主要指采用现代密码算法对数据进行主动保护，如数据保密、数据完整性、双向强身份认证等；二是数据防护的安全，主要是采用现代信息存储手段对数据进行主动防护，如通过磁盘列阵、数据备份、异地容灾等手段保证数据的安全。[1]

因此，即使是公开的数据，网络运营者也需要保证他人对这些公开数据的抓取或者使用不会危及其自身的数据安全，如果他人抓取或者利用公开数据的行为可能损害网络运营者自身的数据安全，例如抓取数据的数量或者频率过高而使得网络运营者自身网站瘫痪等，则网络运营者有权阻止他人对该公开数据的抓取行为。

这种观点其实在之前的案例中也有所体现。即对于企业没有设置访问权限的公开数据来说，他人也并非可以无条件地使用，在抓取企业的公开数据时，还需要考虑抓取手段的正当性、抓取数据的数量、规模等因素。例如在"微博诉超级星饭团"案中，法院认为："如果他人抓取网络平台中的公开数据之行为手段并非正当，则其抓取行为本身及后续使用行为亦难谓正当；如果他人抓取网络平台中的公开数据之行为手段系正当，则需要结合涉案数据数量是否足够多、规模是否足够大进而具有数据价值，以及被控侵权人后续使用行为是否造成对被抓取数据的平台的实质性替代等其他因素，对抓取公开数据的行为正当性做进一步判断。"[2]

笔者这里还想要讨论的一个问题是，审查他人抓取使用公开数据的正当性问题时，是否需要考虑"实质替代性"因素。笔者认为，既然在司法标准上，已经将定义公开数据的权利交给网络运营者自身，那么其他主体就可以合理推定网络运营者没有设置权限的公开数据为网络运营者已经经过考量认为该部分数据的公开不会对其企业经营产生实质影响的数据，如果他人通过正当手段合理抓取其已经公开的数据，而其又以"实质性替代"为由禁止他人抓取，则会损害抓取方的期待利益，也不利于数据的正常流通与利用。

---

[1] 游涛、计莉卉：《使用网络爬虫获取数据行为的刑事责任认定——以"晟品公司"非法获取计算机信息系统数据罪为视角》，《法律适用》2019年第10期。
[2] 北京市海淀区人民法院（2017）京0108民初24512号民事判决书。

四 有关已公开个人信息处理边界的探讨

本部分我们将讨论已公开个人数据中载有的公开个人信息的使用边界问题。

(一) 有关已公开个人信息的法律规定

有关已公开个人信息进行规定的相关法律法规等规范性文件主要有：

(1)《民法典》第1036条："处理个人信息，有下列情形之一的，行为人不承担民事责任：……（二）合理处理该自然人自行公开的或者其他已经合法公开的信息，但是该自然人明确拒绝或者处理该信息侵害其重大利益的除外；……"

(2)《个人信息保护法》第13条："符合下列情形之一的，个人信息处理者方可处理个人信息：……（六）依照本法规定在合理的范围内处理个人自行公开或者其他已经合法公开的个人信息；……"

(3)《个人信息保护法》第27条："个人信息处理者可以在合理的范围内处理个人自行公开或者其他已经合法公开的个人信息；个人明确拒绝的除外。个人信息处理者处理已公开的个人信息，对个人权益有重大影响的，应当依照本法规定取得个人同意。"

(4)《GB/T35273-2020 信息安全技术 个人信息安全规范》第5.6条征得授权同意的例外："以下情形中，个人信息控制者收集、使用个人信息不必征得个人信息主体的授权同意：……（f）所涉及的个人信息是个人信息主体自行向社会公众公开的；……"

(5)《GB/T35273-2020 信息安全技术 个人信息安全规范》第9.5条共享、转让、公开披露个人信息时事先征得授权同意的例外："以下情形中，个人信息控制者共享、转让、公开披露个人信息不必事先征得个人信息主体的授权同意：……（f）个人信息主体自行向社会公众公开的个人信息；……"

从以上规定可以看出，对于用户自行公开的或者其他已经合法公开的信息，个人信息控制者可以收集、使用而无须征得个人信息主体的同意，也无须承担责任，但是收集使用应该合理，同时，如果个人信息主体明确拒绝或者处理该信息侵害其重大利益的则个人信息控制者无权处理该个人信息。新颁布的《个人信息保护法》也基本遵循了《民法典》关于对已公开个人信息的处理规则。

这些针对已公开个人信息的处理规则，也在相关的案件中有所体现。

（二）有关已公开个人信息的司法实践

表1为笔者收集的有关已公开个人信息的司法案例，该些案例基本遵循了我们上面提到的《民法典》等法律法规的规定，笔者通过对这些案例进行分析，对已公开个人信息的处理边界问题总结了如下结论。

表1 有关已公开个人信息的司法案例

序号	案号	法院	裁判
1	（2018）浙01民终7312号	浙江省杭州市中级人民法院	对于网络运营者收集、使用网络用户行为痕迹信息，除未留有个人信息的网络用户所提供的以及网络用户已自行公开披露的信息之外，应比照《网络安全法》第41条、第42条关于网络用户个人信息保护的相应规定予以规制。
2	（2018）浙0192民初302号	杭州互联网法院	原告所诉的被执行案件信息中，除了案件状态外，当事人、立案时间等，均为人民法院依法向社会公众公开的内容。可见，除了"案件状态"外，执行案件的其他内容是法院依法向社会公众公开的内容，原告对该部分内容并不享有隐私权。
3	（2021）京04民终71号	北京市第四中级人民法院	汇法正信公司展示的信息内容与裁判文书公开信息一致，并未对该信息进行不当篡改、处理，亦未以收集自然人征信、窥探个人隐私等不当目的进行数据匹配和信息处理。汇法正信公司经营模式是通过对司法公开数据的再度利用，保障和便捷公众对相关信息的知情权，有利于社会诚信体系的建设，也不违背司法公开的目的，该利用形式未违反法律禁止性规定，亦不违反社会公序良俗，具有一定的正当性。
4	（2021）粤20行终223号	广东省中山市中级人民法院	何镇锋等三人以提起民事诉讼的方式将其个人隐私信息向特定群体公开，在该特定群体范围内该信息已不具有隐私性，潘爱民在该特定群体范围内发布包含该个人隐私内容的诉讼信息，不具有非法性，并未违反"确保他人信息安全"的义务。

续表

序号	案号	法院	裁判
5	（2019）苏05民终4745号	江苏省苏州市中级人民法院	在伊某联系贝尔塔公司要求删除相关文书之前，涉案文书已在互联网上合法公开，贝尔塔公司基于公开的渠道收集后在其合法经营范围内向客户提供、公开相关法律文书，属于对已合法公开信息的合理使用。贝尔塔公司收到伊某要求后仍未及时删除相关裁判文书和公告文书，有悖于伊某对已公开信息进行传播控制的意思表示，违反了合法性、正当性和必要性原则，应该认为对伊某构成重大利益影响，侵犯了其个人信息权益。
6	（2020）浙01民终4847号	浙江省杭州市中级人民法院	公共数据在本质上已经具有了公共属性。公共数据作为促进经济发展的重要生产要素，应当鼓励市场主体积极利用并深入挖掘数据价值。但同时，对公共数据的利用应当合法、正当，不得损害国家利益、社会利益和其他主体合法权益，特别是不能损害数据原始主体的合法权益。互联网征信机构从公共领域采集企业信息的行为具有合法性，无须征得信息主体的同意，但对于涉及企业商业秘密等非公开信息应当确保信息的安全性，合法从事征信活动。
7	（2019）苏13刑终32号	江苏省宿迁市中级人民法院	他人可以通过"企查查"等渠道来查询收集相关信息供自己使用，但如果行为人要将从上述渠道获取的个人信息经整理后提供给他人，则需征得被收集者同意，否则属于提供公民个人信息的行为。上诉人从"企查查"网站下载企业信息，经其删减、清洗出包括姓名、电话等信息，在未征得被收集者同意及未进行匿名处理的情况下向他人出售，且上诉人出售的信息仅包括公民的姓名和联系电话，已完全背离了企业为经营所需公示其信息的初衷，属于向他人出售个人信息的行为。
8	（2019）京0491民初10989号	北京互联网法院	校友录网站主要用于实现校内社群社交功能，用户在此网站内上传头像，一般系为寻找同学、好友等，在部分熟知人群范围内开展社会交往，而非进行陌生人交友，或基于言论传播、宣传推广等目的进行全网公开信息发布。被告的搜索行为使得涉案信息可被全网不特定用户检索获取，在客观上导致该信息在原告授权范围之外被公开，违反了立法关于个人信息使用的相关规定，属于违法使用个人信息的行为。在收到删除通知后，被告在其有能力采取相匹配必要措施的情况下，未给予任何回复，其怠于采取措施的行为，导致涉案侵权损失的进一步扩大，构成对原告个人信息权益的侵害。

资料来源：中国裁判文书网。

1. 对于已经合法公开的个人信息他人可以对其进行合理使用

这一点其实与我们上文提到的《民法典》等法律法规的相关规定是

一致的，即个人信息处理者可以在合理的范围内处理个人自行公开或者其他已经合法公开的个人信息。表 1 的部分案例中，也体现了同样的裁判原则。

2. 如果收到个人信息主体的通知后仍然进行使用则可能侵犯个人信息权益

对于这一点，其实法院是参照了网络服务提供者侵权责任的认定方式。《民法典》第 1195 条对网络技术服务提供者和网络内容服务提供者进行了区分。网络技术服务提供者提供的是中立的技术工具，为了避免网络技术服务提供者动辄得咎，因此适用"避风港"规则对其进行责任限制。

在（2019）京 0491 民初 10989 号"校友录"案件中，北京互联网法院在对百度公司责任承担的认定中即参照了网络服务提供者侵权责任的认定方式，适用了"通知删除规则"。

具体来说，首先，法院认定，校友录网站主要用于实现在部分熟知人群范围内开展社会交往，而非进行陌生人交友或进行全网公开信息发布。被告的搜索行为使得涉案信息可被全网不特定用户检索获取，在客观上导致该信息在原告授权范围之外被公开，属于违法使用个人信息的行为。

其次，在审查被告是否构成对原告个人信息权益的侵害时，法院首先认定被告百度公司在该过程中属于中立的技术服务提供者。而对于网络技术服务提供者，通知删除的情节系考量侵权责任认定的关键因素，因此，法院对通知删除前后的情况分别予以评述。

对于通知删除前，法院审查了被告作为网络技术服务提供者是否存在主观过错。最终法院考虑到由于涉案信息并非明显侵权或存在高度侵权风险的个人信息，不应对网络服务提供者苛以事先审查责任，被告亦不具备预见涉案信息构成侵权的可能性，故在通知删除前，被告对涉案信息不存在明知或应知的主观过错，不构成对原告个人信息权益的侵害。

对于通知删除后，法院认为，被告在接到通知后未采取任何措施的行为，导致涉案信息长期置于公开网络搜索结果中，使得涉案信息被进一步扩散，实难认定其已尽到相应的合理审查义务，构成对原告个人信息权益的侵害。①

无独有偶，在（2019）苏05民终4745号"启信宝"案件中，江苏省苏州市中级人民法院也遵循了同样的原则（详见表1案例5）。

但是，情况峰回路转，在（2021）京04民终71号"梁雅冰诉汇法正信"案件中，梁雅冰主张其曾通知汇法正信公司删除涉案判决，但是法院并没有在判决中论述该通知是否构成有效通知，以及该通知对被告的责任承担有何影响。

法院认为，对于裁判文书的公开和再利用，必须在保护个人信息等人格权益的前提下，有效协调合理利用个人信息、促进司法公开、促进数据流通和使用等多重目的，作出具有一定开放性、合乎人格利益保护趋势和数字经济产业发展趋势的判断。故梁雅冰以汇法正信公司未经同意使用其个人信息为由，主张汇法正信公司侵害其个人信息权益的主张，法院不予支持。②

同样是针对已公开的个人信息，甚至同样是针对裁判文书中已经公开的个人信息，不同的法院似乎有不同的观点。对此，笔者认为，根据《民法典》第1036条的规定，"合理处理该自然人自行公开的或者其他已经合法公开的信息，行为人不承担民事责任，但是该自然人明确拒绝或者处理该信息侵害其重大利益的除外"，即即使对于自然人自行公开的或者其他已经合法公开的信息，如果自然人明确拒绝，个人信息处理者则无权继续处理该信息，否则应该承担民事责任。新颁布的《个人信息保护法》也是同样的规则，即个人信息处理者可以在合理的范围内处理个人自行公开或者其他已经合法公开的个人信息，但是，个人明确拒绝的除外。

具体到征信行业，根据相关规定，当个人明确拒绝处理其已公开的个人信息时，征信机构也应当禁止采集。《征信业管理条例》第14条第1款规定明确禁止征信机构采集个人的宗教信仰、基因、指纹、血型、疾病和病史信息以及法律、行政法规规定禁止采集的其他个人信息。可见对于征

---

① 北京互联网法院（2019）京0491民初10989号民事判决书。
② 北京市第四中级人民法院（2021）京04民终71号民事判决书。

信机构来说，对于宗教信仰、基因、指纹、血型、疾病和病史信息这些个人敏感信息以及法律、行政法规规定禁止采集的其他个人信息是禁止采集的，那么《民法典》第1036条中自然人明确拒绝处理的已经合法公开的信息是否属于法律、行政法规规定禁止采集的其他个人信息呢？

《征信业管理条例》第26条规定："信息主体认为征信机构或者信息提供者、信息使用者侵害其合法权益的，可以向所在地的国务院征信业监督管理部门派出机构投诉。受理投诉的机构应当及时进行核查和处理，自受理之日起30日内书面答复投诉人。信息主体认为征信机构或者信息提供者、信息使用者侵害其合法权益的，可以直接向人民法院起诉。"可见在征信业务中信息主体也有投诉的权利，受理投诉的机构应当及时进行核查和处理，自受理之日起30日内书面答复投诉人，同时，信息主体也可以直接向人民法院起诉。该规则类似于侵权责任法中的"通知删除规则"。

其实，对于公开个人信息的处理边界问题涉及公共利益和社会经济利益与个人信息权益的个人利益之间的衡量问题。对此，笔者赞同（2019）苏05民终4745号"启信宝"案件中法院的观点："个人信息权益的核心在于自然人对其个人信息的知情同意权和对信息传播的控制权。在衡量网络运营者收集、使用已经合法公开的个人信息是否遵循合法、正当、必要原则时，应妥当平衡已经合法公开的个人信息流通与个人信息主体对信息传播控制之间的关系，既要重视保护自然人的个人信息权益，同时也应该兼顾信息技术提升、经营模式创新、大数据产业发展对推动社会进步所起的积极作用。在数据共享与个人信息保护之间，具体到对已经合法公开的个人信息流通与个人信息主体对已公开个人信息的再次传播控制之间，则应在兼顾两者利益考量的基础上有所侧重。从价值衡量上来看，个人信息主体对信息传播控制的人格权益显然高于已经合法公开的个人信息流通所产生的潜在财产权益，个人信息主体对其个人信息传播控制的权利更不因个人信息已经合法公开而被当然剥夺。"①

---

① 江苏省苏州市中级人民法院（2019）苏05民终4745号民事判决书。

3. 应该保障个人信息的准确性

新颁布的《个人信息保护法》第 8 条规定："处理个人信息应当保证个人信息的质量，避免因个人信息不准确、不完整对个人权益造成不利影响。"对于保证个人信息质量的要求，在《个人信息保护法》的一审草案稿、二审草案稿中均有体现，可见保证个人信息质量是立法者一直坚持的要求。

在《个人信息保护法》颁布之前，《最高人民法院关于审理利用信息网络侵害人身权益民事纠纷案件适用法律若干问题的规定》对信息质量也有类似的规定。其中，第 9 条规定："网络用户或者网络服务提供者，根据国家机关依职权制作的文书和公开实施的职权行为等信息来源所发布的信息，有下列情形之一，侵害他人人身权益，被侵权人请求侵权人承担侵权责任的，人民法院应予支持：（一）网络用户或者网络服务提供者发布的信息与前述信息来源内容不符；（二）网络用户或者网络服务提供者以添加侮辱性内容、诽谤性信息、不当标题或者通过增删信息、调整结构、改变顺序等方式致人误解；（三）前述信息来源已被公开更正，但网络用户拒绝更正或者网络服务提供者不予更正；（四）前述信息来源已被公开更正，网络用户或者网络服务提供者仍然发布更正之前的信息。"

司法实践中也有相关的案例对"信息质量"进行论述，例如在（2020）浙江01民终4847号"企查查与蚂蚁金服清算信息"案件中，法院认为："公共数据在本质上已经具有了公共属性。公共数据作为促进经济发展的重要生产要素，应当鼓励市场主体积极利用并深入挖掘数据价值。但同时，对公共数据的利用应当合法、正当，不得损害国家利益、社会利益和其他主体合法权益，特别是不能损害数据原始主体的合法权益。朗动公司通过国家企业信用信息公示系统抓取蚂蚁微贷公司的企业信息，虽然数据本身来源于公共数据，但是信息的发布和推送行为应当保持与蚂蚁微贷公司企业信息的一致性，即客观公正的反映企业信息，不应因数据来源的公共属性，而损害数据原始主体的商业利益。"[1]

---

[1] 浙江省杭州市中级人民法院（2020）浙01民终4847号民事判决书。

同时，法院总结了互联网征信企业在从事企业信用信息的收集和发布活动中，应当坚持的基本原则，下述原则对其他行业信息的收集和发布也有借鉴意义。其一，数据来源合法原则。不得采集法律、行政法规禁止采集的企业信息，从公共领域采集企业信息的行为具有合法性，无须征得信息主体的同意，但对于涉及企业商业秘密等非公开信息应当确保信息的安全性。其二，注重信息时效原则。时效性分为两个层次，一是信息更新的及时性，二是信息变动时间的准确性。其三，保障信息质量原则。信息质量应当包括推送信息的真实、准确和完整。其四，敏感信息校验原则。法院认为，对于征信数据质量的注意义务应当根据数据类型加以区分。针对非敏感数据，在发生数据偏差时应当允许征信机构通过事后救济的方式予以纠正，针对敏感数据，应当建立差别化的技术处理原则。①

4. 应当与信息主体公示其信息的初衷目的保持一致

新颁布的《个人信息保护法》第6条第1款规定："处理个人信息应当具有明确、合理的目的，并应当与处理目的直接相关，采取对个人权益影响最小的方式。"而对已公开的个人信息的处理，其目的应该与信息主体公示其个人信息的目的保持一致。

在（2019）苏13刑终32号"企查查"案件（表1案例7）以及（2019）京0491民初10989号"启信宝"（表1案例8）中，法院均认为，如果对已公开的个人信息进行处理时，背离了信息主体公示其信息的初衷，则属于违法使用个人信息的行为。②

五 国外有关公开数据与公开个人信息的实践

（一）有关《通用数据保护条例》的相关规定

欧盟《通用数据保护条例》（GDPR）并未将"已公开的个人数据"作

---

① 浙江省杭州市中级人民法院（2020）浙01民终4847号民事判决书。
② 江苏省宿迁市中级人民法院（2019）苏13刑终32号刑事裁定书。

为第 6 条"处理的合法性"的条件，而是在第 9 条"对特殊类型个人数据的处理"中，将其作为处理种族或民族背景、政治观念、宗教等特殊类型个人数据的例外。第 9.1 条规定："对于那些显示种族或民族背景、政治观念、宗教或哲学信仰或工会成员的个人数据、基因数据、为了特定识别自然人的生物性识别数据，以及和自然人健康、个人性生活或性取向相关的数据，应当禁止处理。"同时第 9.2 条又明确规定，对数据主体已经明显公开的相关个人数据的处理，将不适用 9.1 条的规定。

对于如何判断"明显公开的个人数据"，欧盟数据保护委员会在《关于定位社交媒体用户的指南》中进行了阐释。根据该指南，"明显"一词意味着必须具有高门槛，才构成该等豁免情形，单个元素的存在可能并不总是足以证明数据已"明显"公开。在实践中，可能需要考虑以下或其他要素的组合证明数据主体已明确表明意图。

一是社交媒体平台的默认设置。数据主体是否采取了更改默认隐私设置的操作，将其设置为公开可见的状态。

二是社交媒体平台的性质。该平台是否是本质上为数据主体提供熟人联系或建立亲密关系（例如在线约会平台）的平台，或者旨在提供更广泛的人际关系，例如职业关系、媒体分享、社交分享等的平台。

三是发布敏感信息的页面的可访问性。该信息是否可以被公开访问，或者在访问该信息之前需要创建账户。

四是数据主体是否被告知他们发布的信息将被公开。例如，是否有连续的横幅页面，或者存在发布按钮，通知数据主体该信息将被公开。

五是该信息是否是数据主体自行公布，或由第三方公布（例如，朋友发布的暴露敏感个人数据的照片。[①]

[①] 邹丹莉、刘洋：《通商研究｜已公开个人信息的使用规范研究（上）》，"通商律师事务所"微信公众号，2021 年 6 月 28 日，https://mp.weixin.qq.com/s?__biz=MzA4MDkzMDUzOA==&mid=2649251221&idx=1&sn=9e34eb5beae0e8bc56bcc3d3daa16ab6&chksm=87804e10b0f7c7062558b0966c5db6afa4359a3fac818bbfd640231d876c215eba20c66075b2&mpshare=1&scene=23&srcid=1009h0OT7NnW14NJ18y6tzUP&sharer_sharetime=1633740730253&sharer_shareid=941a8e72c124c3874771dd53bca028f3#rd。

（二）美国实践

1. hiQ 诉 LinkedIn 案件

LinkedIn 公司为全球最大的职业社交网站。当用户在网站上创建个人资料时，若选择"整个公众可见"则任何人都可以在线查看他们的个人资料，原告 hiQ 公司通过从 LinkedIn 页面中抓取用户公开的职业数据，并对该公开职业数据进行深度处理后进行销售盈利。

LinkedIn 公司曾经告知 hiQ 公司其未经同意抓取 LinkedIn 用户公开职业数据的行为违反《美国计算机欺诈和滥用法案》，并阻止 hiQ 公司对其用户公开职业数据的抓取。于是，hiQ 公司向加利福尼亚北部地区法院起诉了 LinkedIn 公司，诉称 LinkedIn 公司阻止其访问用户公开数据的行为是将数据私有财产化的不公平商业行为，违反了反托拉斯法与加州反不正当竞争法。

加利福尼亚北部地区法院认为，依据物理空间类比原则，现实物理空间中，未经许可进入私人住宅的行为通常是违法的，但商店在白天营业时开店门意味着"欢迎光临"，任何人均可进入商店。将观察视角从现实物理空间转移到互联网空间，由于网络通常被认为是天生开放的，那么任何人在不需要认证的情况下即可访问用户选择公开的信息。可以理解为：公开数据的全网开放决定了任何人都拥有访问的资格，而无须获得用户的事先授权。所以，hiQ 公司在未经同意的情况下，对 LinkedIn 用户公开职业数据的访问是合法的。

同时，法院认为，LinkedIn 公司的行为违反了反托拉斯法，属于市场主体利用垄断权力阻止竞争或获得竞争优势，或摧毁竞争对手的垄断行为。LinkedIn 用户主动公开的职业数据是维持 hiQ 公司生存的必需资源。而 LinkedIn 终止 hiQ 公司对其用户公开数据的访问，在很大程度上是希望通过独占、控制公开数据以发展与 hiQ 公司产品直接竞争的数据分析产品。LinkedIn 公司利用其在专业网络市场的主导地位，确保了自己在数据分析市场中获得不合理的先发竞争优势。LinkedIn 反公开数据抓取行为不仅可能造成相关数据分析服务提供商破产，被驱逐出局的威胁足以造成不可挽回的伤害，还会阻止他人以任何理由访问其网站上的公开信息，从而对公众话语和自由流动构成威胁，损害公众福利。

但是，2021年6月14日美国最高法院发布的一项裁决中，最高院针对 *LinkedIn Corporation v. HiQ Labs, Inc.* 的上诉案件，裁决撤销判决，该案被发回美国第九巡回上诉法院重审，因此案件的最终走向还需我们拭目以待。

2. Facebook 剑桥分析事件

2013 年，剑桥大学学者 Aleksandr Kogan 开发了一款叫作"this is my digital life"的心理测试 App。他向 Facebook 公司申请并通过 Facebook 获取使用这款 App 的用户的数据。他表示获取的数据将仅仅用作学术用途。有 27 万人使用了这个 App，并同意了该 App 获取自己的数据，该款 App 最后获得了 5000 万人的数据。但是，Kogan 最后却把数据交给了剑桥分析公司，该公司通过分析这些数据，运用算法向美国选民投放定向广告，以影响美国大选结果。最终联邦法院批准了美国联邦贸易委员会和 Facebook 之间的用户个人隐私问题和解协议，Facebook 认罚 50 亿美元，这也是有史以来对侵犯隐私科技公司的最高罚款。

虽然这些信息都是在网上公开的，但其公开显然有特定的对象和场景。剑桥分析公司在未获得用户同意的情况下收集这些信息，并且在完全不同的场景下利用这些信息，构成了对用户数据隐私的侵犯。[①] 这一点与我们上文提到的对已公开的个人信息进行处理的目的应该与信息主体公示其个人信息的目的保持一致的观点是相同的。

六 对于公开数据以及公开个人信息的场景化保护

互联网的公共性与互联网的连通性并不意味着公开性的个人数据就不

[①] 丁晓东：《数据到底属于谁？——从网络爬虫看平台数据权属与数据保护》，《华东政法大学学报》2019 年第 5 期。

存在隐私问题，也不意味着这类数据完全属于公共产品。① 因此，对于公开数据以及公开个人信息的处理，要合理平衡个人信息主体的利益、企业的利益以及社会公共利益之间的关系。同时考虑到数据本身的开放性与复杂性，笔者建议，在对公开数据以及公开个人信息的处理上，可以适用场景化保护，根据个案的不同，对不同类型的公开数据以及公开个人信息实施不同的保护。正如以隐私场景理论著称的海伦·尼森鲍姆教授曾经指出，数据隐私保护的基本原则与关键在于实现数据的"场景性公正"，即要在具体场景中实现个人数据与信息的合理流通。②

其实在我国的相关案例中，法院也坚持了"场景化保护"的观点，例如在"微信读书案"中，法院认为，大数据时代，将用户隐私期待强烈程度不同的信息笼统划入某相对固定的概念，并不是有效保护权利或权益的最优选择，而有必要深入实际应用场景，以"场景化模式"探讨该场景中是否存在侵害隐私的行为。从合理隐私期待维度上，个人信息基本可以划分为以下几个层次：一是符合社会一般合理认知下共识的私密信息，如有关性取向、性生活、疾病史、未公开的违法犯罪记录等，此类信息要强化其防御性保护，非特定情形不得处理；二是不具备私密性的一般信息，在征得信息主体的一般同意后，即可正当处理；三是兼具防御性期待及积极利用期待的个人信息，此类信息的处理是否侵权，需要结合信息内容、处理场景、处理方式等，进行符合社会一般合理认知的判断。③

---

① 丁晓东：《数据到底属于谁？——从网络爬虫看平台数据权属与数据保护》，《华东政法大学学报》2019 年第 5 期。
② 丁晓东：《数据到底属于谁？——从网络爬虫看平台数据权属与数据保护》，《华东政法大学学报》2019 年第 5 期。
③ 北京互联网法院（2019）京 0491 民初 16142 号民事判决书。

信息法研究

德国版权法的过度扩张

——兼论信息法的一些零碎思想[*]

托马斯·霍伦著　韩　彤译[**]

摘　要： 在互联网时代，德国版权法面临着一场巨大的危机。为了更好地了解这场危机，笔者首先介绍了信息法的一些基本规则与零碎思想，如信息、法律、规制思想、信息公平等方面。接下来，笔者提出德国版权法面临的危机是其过度扩张所带来的。原因包括保护范围的扩大、保护期的延长、权利买断问题、权利限制、邻接权的扩大、版权法与商标法和专利法的界限问题等。尽管如此，还有很多问题亟待讨论，以使版权法免于过度扩张，最终导致崩溃的后果。

关键词： 版权法　信息法　知识财产　知识财产权

一　引言

目前，德国版权法正处于一场巨大的危机之中。正如我想说的那样，这种法律制度在数字时代已经变得别扭和失衡。为了更好地理解到底是哪儿出了问题，我们必须考虑信息法的某些一般规则。重要的是要理解版权

---

[*] 本文已获得原作者授权，原文载 Peter Drahos 等编 *Kritika*：*Essays on Intellectual Property*，Edward Elgar Publishing Limited，2018。

[**] 托马斯·霍伦，德国明斯特大学法学院教授、明斯特大学信息法研究所（ITM）主任；韩彤，中国社会科学院大学法学院2020级法律硕士研究生。

法是建于信息法某些一般规则之上的,而且它只是信息法的一个分支。

(一) 没人知道"信息"的含义

这是信息法最奇怪的一点:它的主题——信息——无法定义。①自信息理论诞生以来,研究人员就一直试图给"信息"一词下定义。已知有超过一百种不同的定义。②它们源自数学、信息学、经济学、哲学和传播理论,尤其是来自法学。他们将信息区分为某个产出、某个过程或某个行动。然而,目前还没有一个被学术界普遍接受的定义。这至少让德国学者感到绝望。在没有任何可接受的定义的情况下,"信息法"被视为一个不确定、不明确的概念。③

(二) 每一个人都拥有信息

然而,信息的另一个引人注目的方面却给人以希望:每一个人都拥有信息,并且对信息可能是什么有着直观的理解。无论是被称为"信息"、"知识"④还是"数据"⑤,我们都知道像信息这样有价值的东西是存在的,尽管我们可能不明白它究竟是什么。这可能是我们无法正确定义信息的原因之一。信息是如此重要、自在的东西,它是一个原子事实(atomic fact),而我们却无法表达它是什么。我们被囚禁在一个信息的世界里,由于缺乏

---

① The problem has been clearly stated by 24 Michael Kloepfer, Informationsrecht (2003).
② Susan Myburgh, Defining Information: The Site of Struggle (2009, Univ. of South Australia).
③ First attempts to structure and define "information" in Jean Nicolas Druey, Information als Gegenstand des Rechts (1995). The concept of Druey is highly discussed in Europe; 10 Viktor Mayer-Schönberger, Information und Recht (2001); Hansjürgen Garstka, Empfiehlt es sich, Notwendigkeit und Grenzen des Schutzes personenbezogener-auch grenzüberschreitender Informationen neu zu bestimmen? 4 *DVBl.* 18, 981 (1998).
④ The term "knowledge" (Wissen) is for instance used by 24 Helmut Spinner, Die Wissensordnung (1994).
⑤ The term "Data" is mainly used by public law experts such as Ingwer Ebsen, Öffentlich-rechtliche Rahmenbedingungen einer Informationsanordnung, 3 *DVBl* 17, 1039 (1997). The German act on the access of environmental data uses data and information as being synonymous. 参见 § 3 (2) UIG.

对信息的外部观察，我们无法对其性质说得太多。

（三）信息无处不在

信息随时随处可见。正如笛卡儿所说的，我思故我在。人类拥有知识，这也是人类的特征之一。我们的日常生活是以信息为基础的。获取信息是我们教育系统的一部分。拥有比其他人更多的信息会被认为在经济上具有竞争优势。尤其是在21世纪，"信息社会"一语与后现代的看法有关，即信息是我们赖以生存的基础。信息也是互联网的核心。互联网只不过是信息传播的一种方式。在互联网泡沫（Dot-com bubble）时期，互联网本身是一个被人们过度强调的研究领域。如今，在泡沫破灭之后，人们已经清楚地看到，互联网只是信息传播的一个分销渠道。它当然很重要，但重点应放在信息上，而不是放在互联网上。

（四）作为人类共同遗产的信息

"信息是自由的"[1] 这一主张对于信息法这样一种理论来说是极其重要的教条。根据该理论，信息是人类的共同遗产，就像空气或天空一样。该理论有时跟法经济学方面的陈述一样，在法经济学中，基于它的非排他性[2]和非竞争性[3]性质，信息是公共产品。[4]

然而，人们必须区分信息自由获取的实证观察和信息应自由获取的规范理念，后者将在第一节（五）中继续讨论。因此，问题仍然在于信息是否实际上是自由可得的。在作出实证结论之前，必须澄清两个概念。首先，

---

[1] The idea can be traced back to a legendary article of John Perry Barlow, The Economy of Ideas. A framework for patents and copyrights in the Digital Age (Everything you know about intellectual property is wrong), Wired Issue 2.03 (1994).

[2] 17 Lawrence Lessig, *Free culture* (2004, Penguin Press HC).

[3] 参见 140 Renato Fabiano Matheus, Rafael Capurro e a filosofia da informação: abordagens, conceitos emetodologias de pesquisa para Ciência da Informação, Perspectivas da Ciência da Informação, Belo Horizonte (2005).

[4] More substantial research on the public good topos can be found in William Fisher, *Promises to Keep: Technology, Law, and the Future of Entertainment* (2004, Stanford University Press).

"信息"一词的含义本身是模糊的,见第一节(二)内容。如果我们不能定义信息,我们就不能定义它的本质。①对其性质的指称,是企图对信息进行本体化,赋予信息以客观的形态。然而,"信息"是一个如此抽象而模糊的术语,其本质可以是任何事物。其次,"自由"这个词更加模糊,因为它涉及对自由的隐含理解。那么,信息在哪些方面是自由的呢?如果这句话的意思是每个人都可以不受限制地使用任何信息,那么该陈述在经验上是错误的。在这个意义上,又引发了一种矛盾的观点,即强调信息是有价值的。让信息变得有价值的最好办法就是限制对信息的访问。有很多信息是秘密的,比如著名的可口可乐配方、美国中央情报局(CIA)和美国联邦调查局(FBI)储存的数据。就像很难给信息下定义一样,也很难有证据表明信息是自由的。

(五)信息应该被视为一种公共利益

这是一种需要哲学支撑的陈述。作为康德主义者,我不认为"是"导致"应该"。②"信息可能是一种公共利益"这一(未经证实的)提议本身并不是说明"信息"应该是一种共同利益的理由。有些人通过引用信息的本质来证明句子的规范性成分。他们认为,商业和政府控制信息的努力与信息的本质是背道而驰的。其他人则提到自由主义和美国宪法第一修正案对自由信息的保护。

用哪种规范背景来证明"信息应当是自由的"这一教条并不重要。康德的二元论并不禁止使用事物的本质来构造规范性的概念。它只要求澄清事物,使所涉及的附加规范价值透明化。这涉及一些解释学概念的前概念的"理解"(Vorverständnis)。③每个研究信息法的人都对信息及其"本质"

---

① 参见 James Gleick, The Information: A History, a Theory, a Flood (2011)。
② 参见 203 Friedrich Kaulbach, Das Prinzip Handlung in der Philosophie Kants (1978)。
③ The hermeneutical problem of "Vorverständnis" relates to the concept of Hans-Georg Gadamer, Wahrheit und Methode (1986). The term has been introduced into the legal discussion by Josef Esser, Vorverständnis und Methodenwahl in der Rechtsfindung (1972).

有一个特定的前理解。因此，拥有这样一种前概念的理解并不是问题，相反，为了理解事物，它是必要的。然而，反思这种"理解"是至关重要的；它不能一直被隐藏、不受质疑、不作改变。否则，就存在着信息法学研究以原教旨主义为基础的风险。因此，将前概念理解认定为基础性理解是信息法领域研究的任务。

例如，像知识共享这样的理论在其规范背景方面缺乏透明度。有些人认为信息本质上是"想要"或"渴望"自由的。然而，信息是无法"想要"或"渴望"的；学者们这样辩称，他们使用的是一种未经反思的拟人化手段，一种将人们（显然是学者自己）的愿望转化为"信息"的愿望的比喻。如果你想用信息的"本质"来确定信息应该是什么，就会出现类似的问题。首先，如第一节（四）所示，信息没有本质，这是一种低效的对信息进行本体化的方式。此外，为了使用这种论证方式，还需要证明其他一些事情，即如果信息具有某种本质，我们为什么要保护信息的本质。

二　什么是法律？

（一）没人知道法律的含义

几个世纪以来，法律是什么这一问题一直没有得到解决，许多问题始终没有答案。法律仅仅是事实，还是规范工具？在这种程度上，规范意味着什么？与此同时，法学理论已经崩溃。[1]法学里所有必要的话都已经说过了，写过了。法学界已经没有什么新鲜事可以争论。因此，法学理论目前正处于紧要关头。[2]

---

[1] 参见 Ronald Coase, Law and Economics at Chicago, 36 *Journal of Law and Economics* 1, 239 (1993)。"Much, and perhaps most, legal scholarship has been stamp collecting."
[2] David Saunders, The Critical Jurist and the Moment of Theory (2007), 10 *Postcolonial Studies* 1.

（二）每个社会都有法律规则

然而，有一个法律要素可以看作信息的类比。虽然没有人真正知道什么是法律，[1]但法律无处不在，它在起作用。每个国家都有法律，每个国家都以一种或多或少有效的方式来执行它。不存在所谓的不受监管的社会。即使这个世界上有像海德公园角或中世纪穷人使用的公地这样的地方，但这些区域的出现或存在是由于获得法律许可或在法律限制的框架内。

（三）法律并非无处不在

与信息不同，法律并非无处不在。有人认为法律人倾向于规制一切，这是一种偏见。实际上，法律只存在于需要它的地方，并不是生活的每个领域都需要法律。仍然有很多领域是不受法律规制的，也不需要受法律规制。此外，制定法律规则需要正当理由。规制一个过去未被规制的领域，是一种限制人身自由的行为，因此对公民来说需要有正当理由。

（四）法律落后于科技

人们经常批评法律落后于技术创新。[2]然而，两者是共同发展的。法律人面对创新往往是滞后的。他们的做法是让创新开始，顺其发展，然后在它变得太过危险时做出反应并加以限制。面对创新，法律必须确定潜在的规制、涉及的规范价值以及对社会的危险。法律的迟缓不是错误，它是法律和技术发展的必要因素。[3]

---

[1] 作者这里说的法律不是具体的规则，而是抽象的"法律要素"。——译者注
[2] Rainer Wolf, Zur Antiquiertheit des Rechts in der Risikogesellschaft, 15 *Leviathan* 3, 357 (1987); 621 Fritz Scharpf, Die Handlungsfähigkeit des Staates am Ende des Zwanzigsten Jahrhunderts, Staat und Demokratie in Europa (1991).
[3] 参见 212 Wolfgang Fikentscher, Eine Einführung in die Rechtsvergleichung (1967)。

三 什么是规制论？

（一）"规制"的概念

所有的学科都建立在特定的"前概念"（Vorverständnis）的规制之上。这些思想形成了阿基米德点（即人类知识的基础），使我们能够理解学科的本质。在规制体系内部，规制无法得到证实，这是不言而喻的。[①]

（二）技术的规制：功能性

技术人员常常忘记他们的工作是基于其规制。通常情况下，他们认为自己是中立的、独立于道德观念的，仅致力于解决技术问题。然而，仅编程语言的运用就是建立在预先假设和预先存在的目的之上的。像其他人一样，技术人员在开始工作的时候，都会有一种特定的行为方式。信息、信息技术与技术人员先前的认知密不可分。因此，信息技术的中立性假设是错误的。它仅仅是一种可能被使用甚至滥用的意识形态。技术预理解的所有主要素都可以统称为"功能性"。这个术语仅仅是技术对元技术、规范价值的易受影响的象征。技术人员主要在给定的规范背景下工作。只要他们的产品符合他们预先确定的价值体系，技术人员就会满意。

（三）经济学的规制：效率

经济学是以效率概念为基础的。[②]根据帕累托效率，在没有使任何人境况变坏的前提下，使得至少一个人变得更好的变化称为"帕累托改进"：当

[①] 参见 Paul Guyer, *Kant and the Claims of Knowledge* (1987, Cambridge University Press), 188。

[②] 参见 Horst Eidenmüller, Effizienz als Rechtsprinzip (1998). 251 Dieter Schmidtchen, Effizienz als Rechtsprinzip. Bemerkungen zu dem gleichnamigen Buch von Horst Eidenmüller, Jahrbücher für Nationalökonomie und Statistik, 217/2 (1997).

没有进一步的帕累托改进时，资源分配是帕累托最优的。一旦社会资源的经济价值最大化，卡尔多－希克斯效率就得到了保证。一个更有效率的结果可能会让一些人的处境变得更糟。然而，如果在理论上情况较好的个体可以补偿那些情况较差的个体，从而获得最优的帕累托结果，那么这也是有效的。

四 信息法的规制：信息公平（Informational justice）

信息公平[①]即信息法的规制[②]，是决定信息获取权与信息专有权的元规则的隐喻。它标志着一种关键的方法，即对在获得信息方面的规范性冲突中现有的解决办法产生怀疑。它是一个乌托邦式的想法，因为它没有坚持信息权利的主流观点。传播者共同体的理想是一种乌托邦，这种乌托邦最终不得不被（潜在地）视为在现实世界中可以实现的。

（一）解构的力量

没人知道"信息公平"的含义。信息公平只能作为一种批判理论，来确定信息权利传播中的不公平。

它必须在解构的意义上使用。你不能以此判断信息公平是否存在。

（二）信息公平是确定国家治理的一种规制

"信息公平"只是一个约束国家的概念。公司没有义务考虑伦理道德价值。它当然可以这样考虑，从而提高其在客户中的声誉。但从长远来看，企业只需要考虑一个目标：利润。

[①] The term is used in other disciples as well. 参见 Mary C. Kernan & Paul J. Hanges, Survivor Reactions to Reorganization: Antecedents and Consequences of Procedural, Interpersonal, and Informational Justice, 5 *Journal of Applied Psychology* 87, 916 (2002).

[②] Thomas Hoeren, Zur Einführung: Informationsrecht, 42 *JuS* 10, 947 (2002); Thomas Hoeren, Internet und Recht-Neue Paradigmen des Informationsrechts, 51 *NJW* 39, 2849 (1998).

（三）信息应该是自由的

"信息想要自由"——这是斯图尔特·布兰德（Stewart Brand）在 1984 年"黑客"大会上的著名陈述。[①]正如我在第一节（五）中说明的那样，我认为这种说法没有多大帮助。信息不想要任何东西。信息甚至不能想要任何东西。也许斯图尔特·布兰德想要什么，但是信息绝对不想要。另一个问题是，这种说法违背了康德的二元论原则。即使信息在经验上想要自由，这并不意味着它在规范上应该自由。

基于康德的假设，布兰德的陈述可被理解为一个规制概念。[②]对于知识应该是自由的这种说法，我找不到任何证明理由。我们站在巨人的肩膀上，我们的知识源于前人。我们的社会很难认为：信息需要付费。但这并不意味着我们不需要版权法。我们确实需要一部版权法，我们确实需要一部专利法作为例外而非一般规则。[③]

一般讲，基于公理（或从公理角度）假定信息应当是自由的，这种理论（说法）是成立的。如有疑义，自由为先（In dubio, pro liberatate）。如果有谁对信息专有有疑问，那就告诉他，不给专有权。

（四）信息的财产权需要合理化和有限化

信息的专有权需要明确的理由。排他性权利是信息可以且应该自由获取的一般规则的例外情况。因此，这些例外需要受限于其目的。必须有合法利益作为财产权的基础。

[①] R. Polk Wagner, Information Wants to Be Free: Intellectual Property and the Mythologies of Control (2003).

[②] Some further publications of the author to amplify the thoughts above are: 149 Thomas Hoeren, Tractatus germanico-informaticus-Some Fragmentary Ideas on DRM and Information Law, IT Law-The Global Future, *NVvIR* (2006).

[③] 参见 Thomas Hoeren, Information als Gegenstand des Rechtsverkehrs-Prolegomena zu einer Theorie des Informationsrechts, 1 *MMR-Beil.* 9, 6 (1998)。

（五）信息的财产权须有宪法上的正当性

事实上，有许多利益可以证明专有财产权的正当性。体力、工作、劳动和能源等要素经常被用来主张权利，但是利益必须是"合法的"。这种合法性只能通过元规则找到。元规则如宪法规则，可以确定合法利益和非法利益。

例如，《世界人权宣言》（UDHR）的如下条款：

——尊重人的尊严（第1条）

——保密（第1、2、3、6条）

——机会平等（第2、7条）

——隐私（第3、12条）

——主张和发表意见的自由（第19条）

——参与社会文化生活的权利（第27条）

——保护任何科学、文学或美术作品所产生的精神和物质利益的权利（第27条）

然而，这一概念将知识财产[①]与宪法财产保护联系起来是具有误导性的。它源于1830年普鲁士的一场讨论，当时必须说服公众相信制定一部版权法是十分必要的，说版权是某种类型的财产。但幸运的是，它不能被视为财产，因为它是有时间限制的。即使它可能像宪法规定的财产一样受到保护，而且在英语中也被称为"知识财产"，但版权与财产没有任何关系。

（六）不具有宪法正当性的财产权是不能接受的

让我们检视一下宪法规则，看看是否存在正当性的可能。在版权法中，授予专有权的原因是其具有创造性。因此，根据《世界人权宣言》第27条，授予权利具有正当性。这同样适用于保护科学创新的专利保护。数据保护保障公民在隐私方面的合法权益，以及确定个人数据是否以及如何使

---

① 157 Ludwig Gieseke, Vom Privileg zum Urheberrecht (1995).

用的权益（《世界人权宣言》第3、12条）。

但是，现有的知识财产权无法得到明确的证明。例如，商标保护是基于保护消费者和生产者免受误导性广告的侵害。最初，商标是作为竞争要素而受到保护的。但是，社会为什么要在简单注册的基础上授予任何人无限期的商标专有权呢？另一个例子是欧盟数据库保护指令中规定的数据库保护。数据库的专有权属于数据库的创造者，即为建立数据库投入劳动、时间和（或）金钱的人。许多人把大量的精力投入建造诸如自制木屋或用火柴造船之类的东西上。尽管如此，除了所使用产品的财产权之外，我们并没有授予他们的任何其他方面专有权。

同样，也没有必要保护数字权利管理（DRM）系统免受未经授权的访问。有人使用钥匙锁门这一事实，并不意味着他有权利起诉任何使用其他钥匙打开门的人。我们保护人们免受非法侵入，但我们不保护钥匙系统本身。

（七）权利平衡

尽管我们已经为信息的财产权找到了正当理由，但这并不意味着一切问题都解决了。专有权与其他排他性权利交织在一起，它们也干涉了宪法保护的基本权利。因此，我们需要找到一个平衡合法利益的制度。必要时，冲突的权利要受到平等的限制；在每个个案中，必须根据一般和具体的考虑，平衡相互对立且受法律保护的利益。根据宪法的根本意图，二者都是自由民主社会的重要方面。因此，原则上两者都不具有优先权。宪法采取的人道主义观点和国家内部相应的结构要求尊重所有相互冲突的权利。在发生冲突的情况下，如果有可能，必须调整宪法的两方因素。如果不能进行这种调整，就必须根据案件的性质和特殊情况决定优先保护哪方利益。为此，宪法的两方因素都要以人的尊严为中心，以宪法关切制度为核心。

（八）功能性的影响

法律人可以从技术人员那里了解到，功能性是信息法中不可或缺的一部分。政策决定必须在技术上做得好。规制本身就是一门工艺，因此，它必须以一种适当的、功能性的方式制定。每个政策决定都必须进行事前评估和事后评估，以检查其功能性。因此，功能性技术问题具有规制作用。所述目标是否已经实现这一问题，规制的目标及其机制需要进行分析和明确。有很多例子可以说明信息法制度没有被正确制定。例如，欧盟软件指令包含了20多个技术错误。

然而，功能性是保证信息公平的必要标准，但不是充分标准。考虑了先前存在的政策目标并且精心起草的法规仍然可能违反信息公平。

（九）效率的影响

上述对基本自由，特别是比例原则的提法有其局限性。这些教条式的文书并没有约束立法者，但它们确实缩小了立法者行动自由的范围。因此，立法行为的合宪性绝不意味着它是适当的或合理的。只有在违宪性明显的情况下，法院才会介入。定义合法的目标主要是立法者的任务，而不是法院的任务。法院只有在法令"明显"不利于立法目的的情况下才能宣布其无效。如果一项立法措施最终只是部分有益，那么它就足以成为立法措施。因此，必须找到更多的手段来确定立法行为背后的合理性或者更明确的"正当性"。

有一个因素可能是对法律的经济分析及其对效率的参考。研究表明，经济标准的确可以用来确定立法行为的合理性。事实上，效率不仅仅是信息法的规制目标之一。对于每个政策决策，都必须检查产出是否与成本和资源成比例。效率还包括可持续性，以确定是否随着时间的推移最后取得了效益。因此，经济分析有助于定量估计举措对受影响群体可能产生的影响。在成本效益分析中，可以监测政策措施对社会的所有负面和正面影响。

然而，常用的卡尔多-希克斯经济效率衡量方法试图从货币角度而不是从偏好满足角度来衡量所有涉及的利益。经济制度对广泛的价值持开放态度，但这些价值仅在它们反映在偏好中的情况下才予以纳入，而偏好反过来又可以在经济上加以衡量。效率的前提是每个人的行为、欲望和兴趣都可以被看作效率的一个要素。然而，人类并不总是扮演经济人的角色。[1]他们的行为是情绪化的，他们有时是利他主义的，他们的利益常常被不能归类为理性利己主义的考虑所引导。经济理论有将价值降低为单纯的效率要素的倾向。

（十）程序正义的影响

程序正义[2]是指作出和执行决定都要经过公正的程序。[3]如果所采用的程序给予人们尊重和尊严，人们会认可该程序，即使结果是他们不喜欢的也更容易接受。因此，程序正义的原则不仅仅在议会决策领域具有约束力。[4]议会的民主合法化是非常重要的，但并不充分。今天，重要的监管决策是由政府内部的部长、顾问和游说者作出的。由于决策机制的变化，在议会讨论和决定一项政策之前，有必要对政策的准备步骤进行控制。布鲁塞尔的决策过程尤其如此。[5]由于议会控制不能像在欧盟成员国那样在欧盟层面发挥作用，欧盟委员会和欧盟部长理事会也有义务遵守程序正义的规则。布鲁

---

[1] The usability of the concept has been widely discusssed in Germany. 参见 Horst Eidenmüller, Der homo oeconomicus und das Schuldrecht, 60 *JZ* 5, 216 (2005), against Fritz Rittner, Critical remarks, 60 *JZ* 13, 670 (2005).

[2] Alfons Bora, Procedural Justice as a Contested Concept: Sociological Remarks on the Group Value Model, 8 *Social Justice Research* 2, 175 (1995); Astrid Epp, Divergierende Konzepte von "Verfahrensgerechtigkeit". Eine Kritik der Procedural Justice Forschung (1998); Klaus F. Röhl, Verfahrensgerechtigkeit (Procedural Justice): Einführung in den Themenbereich und Überblick, 14 *Zeitschrift für Rechtssoziologie* 1, 1 (1993); Tom R. Tyler, What is Procedural Justice? Criteria used Bb Citizens to Assess the Fairness of Legal Procedures, 22 *Law and Society Review* 1, 103 (1988); Tom R. Tyler, *Why People Obey the Law*, (Yale University Press, 1990); Tom R. Tyler, Legitimizing Unpopular Public Policies: Does Procedure Matter?, 14 *Zeitschrift für Rechtssoziologie* 1, 47 (1993).

[3] Thomas Hoeren, Was Däubler-Gmelin und Hunzinger gemeinsam haben-Die zehn Verfahrensgebote der Informationsgerechtigkeit, 55 *NJW* 45, 3303 (2002).

[4] Gunther Teubner & Helmut Willke, Kontext und Autonomie: Gesellschaftliche Selbststeuerung durch reflexives Recht, 4 *Zeitschrift für Rechtssoziologie* 1, 4 (1984); Helmut Willke, Kontextsteuerung durch Recht? Zur Steuerungsfunktion des Rechts in polyzentrischer Gesellschaft. Dezentrale Gesellschaftsteuerung. Probleme der Integration polyzentrischer Gesellschaften (1987).

[5] Decision Rules in the European Union: A Rational Choice Perspective (Peter Moser, Gerald Schneider & Gebhard Kirchgässner eds., 2000).

塞尔缺乏程序正义等因素使欧洲机构被普遍认为是偏远和神秘的。

五 信息法领域的影响

新理论在信息规制领域，特别是在版权法领域产生了重要的影响。

（一）版权法作为信息法的一部分

因此，版权法应被视为一个更广泛的法律领域，即信息法的一部分。[①]"信息法"是在世界范围内讨论得越来越多的术语。它是一种新的理论，试图强调电影、软件、电信、媒体和娱乐等不同行业之间的共同点。将版权法以不同于传统观点的方式来看待。版权保护信息，事实上，它甚至是信息法的大宪章。然而，它只能被视为信息法的其他各种要素之一。媒体法、公众获取权、隐私法规、信息获取的反垄断问题——所有这些话题都是混杂在一起的，必须一起考虑。尽管它们有时采取不同的做法，但它们彼此之间是有联系的，但还有最后一个问题：我们如何界定信息权利与公共领域的权利？

（二）版权领域的观念变化

如果我们把这种方法作为理解版权的一种新的公理化方法，那么法律人的眼界就必须改变。现在需要的是在"信息的图像"（Information's Image）中改革版权法。传统的版权思想仍然沿用19世纪的旧哲学观念。由于版权法一直是由小圈子的专家讲授和实践的领域，它变成了自我参照、自我生成的法律，只局限于自身，不作改变。世界改变了，但版权法律人没有。尽管世界其他地区已经完全改变，但哲学概念仍然没有改变。只要版

[①] 参见53 Gerd Hansen, Warum Urheberrecht? Die Rechtfertigung des Urheberrechts unter besonderer Berücksichtigung des Nutzerschutzes（2009）; 1 Till Kreutzer, Das Modell des deutschen Urheberrechts und Regelungsalternativen. Konzeptionelle Überlegungen zu Werkbegriff, Zuordnung, Umfang und Dauer des Urheberrechts als Reaktion auf den urheberrechtlichen Funktionswandel（2008）.

权仅涉及对美术作品的保护，这一点就没有问题。但是，至少在将软件和数据库纳入版权法之后，情况发生了变化。我们社会和产业的很大一部分现在都受到版权的影响。当电子前沿基金会（EFF）[1]和其他人抗议数字视频光盘解密（DeCSS）[2]的决定时，[3]对传统版权法律人的冲击是显而易见的。

（三）一般原则：信息自由

对版权保护进行广义解释并不是强制性的（反之亦然，版权豁免是狭义的）。任何知识产权的一般规则都是信息自由。这个元规则决定了任何信息都可以被任何人自由使用。这一规则导致了人们对旧版权区分观念和表达的不同理解。对于传统的版权法律人来说，他们无法在思想的自由使用和受保护的表达之间找到一个可行的界限，为此会感到烦恼。几个世纪以来，人们一直试图定义这些术语，但是正如对节目形式可保护性的讨论那样，没有找到解决方案。这种困难与版权法和信息法之间的关系有关。版权自由观念只涉及信息法的元概念，即信息是人类的共同遗产，人人可以自由使用。

（四）不要过度保护

版权是一个例外，需要进一步的论证。减少公共领域范围以支持长期和广泛的版权保护的法定行为，只有在特殊情况下才能证明这一步骤的正当性。只有高水平的原创性和创造性体现在一个特定的作品中，才具有正当性。只有当一个特定的表达具有个性并且代表某种创造性时，版权制度下专有权利的归属才是合理的。

由于版权保护是自由使用一般原则的例外，因此需要正当化。其正当性在于创造性。但是，如果我们降低创造性的标准，就会面临巨大的合法

---

[1] The EFF is the Electronic Frontier Foundation, a non-profit lobbying organization based in California.
[2] DeCSS is one of the first free software products capable of decrypting content on a commercially produced DVD.
[3] *Universal City Studios*, *Inc.* v. *Reimerdes*, 111 F. Supp. 2d 346（S. D. N. Y. 2000）.

化危机。我们会将原本属于"真正的"创作者的高度保护适用到像软件开发者这样的人身上。欧洲标准为 IT 产品提供了作者有生之年加死亡后 70 年的保护,这表明了版权法的失衡和日益显著的不适当性。影响深远的版权保护只应该授予那些真正值得的作品。

(五) 豁免不是例外

为了获取信息,世界各地的版权法都包含了各种各样的豁免。这些豁免通常被版权法律人视为例外。这就导致了这样的概念,即这些限制必须在一个非常狭隘的、限制性的意义上来解释。然而,这个概念违反了信息公正。限制通常是平衡版权所有者的利益和公众利益。它们也不例外。如果说版权法有什么例外的话,那就是版权保护的原则本身,因为它将信息例外地排除在公共领域之外。

版权法变得越来越失衡。由于好莱坞公司极度游说,版权保护的范围已经扩展到全世界。然而,在欧洲信息社会指令(European InfoSoc Directive)中可以发现,保护公共利益的限制数量已经减少。这种信息权利与信息获取保障之间日益失衡的状况值得认真思考和批判。[1]

(六)《伯尔尼公约》第 9 条 (2) 不是权利平衡的有效标准

在版权学说中,普遍认为《伯尔尼公约》第 9 条 (2) 可以作为一种平衡规则。《伯尔尼公约》第 9 条 (2) 包括三步测试。据此,版权法允许的复制不得与作品的正常使用相冲突,也不得不合理地损害作者的合法利益。然而,这一规则只是作为版权制度本身的一项原则而制定的。这是一个世纪以前版权法律人撰写的条款。该规则并没有反映出版权法与宪法的联系。[2]这是片面的、失衡的,因为它只主张版权保护是一般规则,并且为了

---

[1] Guy Pessach, Toward a New Jurisprudence of Copyright Exemptions, 55 IDEA 287 (2015).
[2] 参见 Reto M. Hilty & Kaya Köklü, Limitations and Exceptions to Copyright in the Digital Age. Four Cornerstones for a Future-Proof Legal Framework in the EU, 283 (Irini A. Stamatoudi ed., New developments in EU and international copyright law, 2016).

版权所有者的利益，对豁免进行狭义解释。你可以从（极端的）信息法的角度来解读这条规则："版权法不得与社会对作品的正常使用相冲突，也不得无故损害使用者的合法利益。"然而，这种反规则也是片面的。上述平衡的形象试图将双方、作者和使用者的合法利益结合起来："版权法，包括赋予作者的权利和给予使用者的豁免，不得与作品的正常使用冲突，也不得不合理地损害作者和使用者的合法利益。"

因此，2010年德国宪法法院表示，根据宪法，财产是版权法的构成特征之一。[1]此外，法院在其具有里程碑意义的Germania 3案中指出："需要注意的是，作品一旦出版，就不再是它的所有者单独拥有的，而是按预期进入社会空间，从而成为共同决定时代文化和精神形象的独立因素。"[2]这表明财产与信息自由和文化需求之间的紧张关系，两者都受到宪法的保护。但是怎样才能把他们聚在一起呢？在这里，宪法法院没有提供任何建议。相反，我们被"实际协调一致"一词所愚弄："在实际协调的过程中，两个保护对象须达成尽可能最佳的解决方案。"[3]我们知道这要求立法者有很大的创造自由。[4]

六　迈向现代的版权法

在互联网4.0时代，版权法是信息法知识秩序的大宪章，[5] 它自身也陷

---

[1] Bundesverfassungsgericht [BVerfG] [federal constitutional court], Dec 21, 2010, 113 Gewerblicher Rechtsschutz und Urheberrecht [GRUR] 225, 2011.

[2] "It is important to consider that the author no longer has an exclusive right to his creation once it is published. It is intended to enter the public sphere and thus can turn into an autonomous factor affecting culture and spirit of a time." Bundesverfassungsgericht [BVerfG] [federal constitutional court], Jun 29, 2000, 54 Neue Juristische Wochenschrift [NJW] 598, 2001.

[3] "Through practical concordance both assets are to be brought to their utmost evolvement", Matthias Leistner & Gerd Hansen, Die Begründung des Urheberrechts im digitalen Zeitalter. Versuch einer Zusammenführung von individualistischen und utilitaristischen Rechtfertigungsbemühungen, 110 GRUR 6, 479 (2008).

[4] Further reflections on that decision in Christophe Geiger & Elena Izyumenko, Copyright on the Human Rights' Trial: Redefining the Boundaries of Exclusivity Through Freedom of Expression, 45 IIC 3, 316 (2014).

[5] Thomas Hoeren, Urheberrecht 2000-Thesen für eine Reform des Urheberrechts, 2000 MMR 3.

入了危机。① 在接下来的几年里，我们将经历一场版权法过度扩张导致的崩溃。为什么会这样呢？一些事态的发展可以"归咎"于此。

（一）保护范围的扩大

首先，版权法的保护范围有了极大的扩展。谁会真正预料到，我们将编程代码与君特·格拉斯（Günter Grass）和海因里希·伯尔（Heinrich Böll）的作品置于同一水平？② 事实就是如此，德国版权法已将其记录在案。由于欧洲的发展，每一个软件，无论多么琐碎和平庸，在其创作者去世后，都受到 70 年的保护。这是一个激进的决定，也给软件产业带来了致命的影响。程序员现在是文学家，是创造者，是创意者。最近，数据库受到版权法赋予的自身投资保护。③ 所有信息材料的收集，即使不具有创造性，都要受到保护，因为这是时间、成本和努力的结果。此外，我们对海关关税的征收单、集邮册、音乐排行榜单、诗集标题等都给予保护。所有这些都被赋予了垄断权，但这并不是终点。即使是传统上至少在德国版权法中不愿意给予实用艺术保护的做法也已经告一段落。例如，联邦法院对隔音墙及其设计印象深刻。④ 法院也热衷于在裙子上装饰雄鹿的铃铛。⑤ 在"典型"案例"Geburtstagszug"之后，我们不得不授予一些奇怪的事物版权，例如一列带有生日蜡烛的彩色木制火车⑥，或者一个装饰着咆哮雄鹿的骨灰盒⑦。

---

① 参见 Matthias Leistner, Copyright Law on the Internet in Need of Reform: Hyperlinks, Online Platforms and Aggregators, JIPLP (2017)。
② 参见 Kerstin Zscherpe, Urheberrechtsschutz digitalisierter Werke im Internet, 1998 *MMR* 404。
③ Timo Ehmann, Datenbankurheberrecht, Datenbankherstellerrecht und die Gemeinschaft der Rechtsinhaber. Zugleich Besprechung von BGH „Gedichttitelliste I und II", 110 *GRUR* 6, 474 (2008).
④ Bundesgerichtshof [BGH] [federal court of justice] May 12, 2010, 113 Gewerblicher Rechtsschutz und Urheberrecht [GRUR] 59, 2011-Lärmschutzwand.
⑤ Amtsgericht Leipzig [AG Leipzig] [district court of Leipzig] Oct 23, 2001, 17 NJW Rechtsprechungs-Report Zivilrecht [NJW-RR] 619, 2002.
⑥ Bundesgerichtshof [BGH] [federal court of justice] Nov 13, 2013, 45 Int. Review of Intellectual Property and Competition Law [IIC] 831, 2014.
⑦ Oberlandesgericht Köln [OLG Köln] [trial court for selected criminal matters and court of appeals] Feb 20, 2015, 15 GRUR-Rechtsprechungs-Report [GRUR-RR] 275, 2015.

上述例子仅为不完全列举。我们很早就开始保护每一张照片。①当摄影师在一百年前出现时，立法者不知道如何对待他们。当时有些奇特的人，他们披着大黑布，拿着巨大的照相机，他们最终只是复制了现实。人们能为这样的东西授予版权保护吗？对于这种紧急状态，立法者的反应是："你知道吗，我们认为每张照片都应该受到保护！"普通人在马略卡岛拍摄的快照也受益于版权法的保护，因为我们不再要求原创。

（二）延长保护期

然而，如果这还不够的话：保护期大大延长。正如我已经提到的，安妮女王设立了自出版之日起 14 年的保护期——这是有充分理由的。想想美国的宪法，"只限于有限的时间"，版权法应出于社会原因而受到限制。它在德国最初时也是无害的。保护期在作者死后 10 年。1870 年将其延长到 30 年，1934 年延长到 50 年，1965 年延长到 70 年。②这是一段很长的时间，这也是为什么在慕尼黑酒吧唱"祝你生日快乐"可能会引起集体管理的问题，因为这首歌曲仍然受到保护。③在过去的几个世纪里，人们并不是没有认识到延长保护期的问题。1774 年，英国上议院对延长保护期提出了一项著名的诉讼。它之所以失败，是因为法官说："我们没有任何适用于保护期的元规则。我们无法决定 50 年、70 年或其他期间是否公平。"④二百年后，这个问题再次在美国以传奇性的《桑尼博诺版权期限延长法案》（Sonny Bono

---

① 参见 Thomas Büchner, Schutz von Computerbildern als Lichtbild (werk), 55 *ZUM* 7, 549 (2011).

② 23 Hauke Sattler, Das Urheberrecht nach dem Tode des Urhebers in Deutschland und Frankreich (2010).

③ In addition Thomas Hoeren, Happy Birthday to you: Urheberrechtliche Fragen rund um ein Geburtstagsständchen (Happy Birthday to you: Copyright Questions Relating to a Birthday Song), FS für Otto Sandrock zum 70. Geburtstag 357 (2000). Since several court decisions in the United States at the end of 2015, the legal situation regarding that song is leading towards public domain.

④ *Donaldson* v. *Becket*, Hansard 1st ser. 17 (House of Lords acting as the final court of appeal for Great Britain 1744).

Extension Act) 出现。①问题在于, 对米老鼠的保护即将结束。由于迪士尼公司巧妙而积极的游说, 保护期从作者死后的 28 年延长到了 70 年。面对许多公民的暴力抗议, 美国最高法院法官金斯伯格只能说:"如果你认为, 这些只是极端案件, 你必须知道, 布鲁塞尔的政客们再次考虑了荒谬的延期。这是因为录音制品的制作者, 基本上就是音乐制作人, 再次想把他们的保护期从 50 年延长到 70 年。"②

(三) 权利买断问题

通常情况是, 大型媒体发行商, 包括出版商和其他商业机构, 都躲在创意的背后。新闻界和政界人士都在谈论经济和创意人才的需求。事实上, 这些讨论与创造性无关, 因为他们通常将权利买断合同中的权利转让给商家。③例如, 一位医学教授必须支付 8 万美元才能发表一篇 15 面的文章。但是如果教授想要阅读这篇文章, 他必须以每年 5 万美元的价格购买该杂志。④作者完全放弃了他的权利, 须用公共资金买回来。类似的事情也发生在电影行业。许多纪录片导演也以出租车司机的身份谋生。德国电视二台 (ZDF) 和法德合资公共电视台 (Arte) 播放的他们的纪录片一点也不差, 但是在合同的小字中完全剥夺了他们的权利。

---

① Copyright Act, 17 U. S. C. § 302 (a) (1978) . In addition Patrick Haggerty, The Constitutionality of the Sonny Bono Copyright Term Extension, 70 *U. Cin. L. Rev.* 651 (2002).

② *Eldred v. Ashcroft*, 537 U. S. 186, 208 (2003); Annette Kur, USA-Supreme Court verwirft Klage wegen Verfassungswidrigkeit des Sonny Bono Copyright Term Extension Acts, 52 *GRUR Int* 2, 190 (2003); In addition Johannes Kreile, Der Richtlinienvorschlag der EU-Kommission zur Schutzfristenverlängerung für ausübende Künstler und Tonträgerhersteller aus Sicht der Filmhersteller, 25 *ZUM* 2, 113 (2009).

③ Oliver Castendyk, Lizenzverträge und AGB-Recht, 51 *ZUM* 3, 169 (2007); The Federal Supreme Court astonishingly saw no chance to forbid rights buyout agreements under unfair contract terms regulations, Bundesgerichtshof [BGH] [Federal Court of Justice] May 31, 2012, 10 Gewerblicher Rechtsschutz und Urheberrechtsschutz [GRUR] 1031 (F. R. G.).

④ See as a critical opinion Reto Hilty, Das Urheberrecht und der Wissenschafter, 55 *GRUR Int* 3, 179 (2006).

几年来，法律规定了适当工资来保护可怜的创作者。[1]但这是一个自食其果的做法，会事与愿违。事实上，法律规定，每个创作者都有资格获得适当的薪水，但托马斯·阿奎那（Thomas von Aquin）已经警告说，不要采取法律措施来确定适当的价格（iustum pretium）。[2]

（四）限制

限制也成为一个问题。如果越来越多的人受到版权法的保护，从而被授予更多的权利，至少必须调整法定时效以有利于公众。那么，作为补偿，应该给予公众更多的自由。[3]但事实恰恰相反。例如，德国版权法第52条a规定，支持赞成科学的短文章用于数字阅览终端。哈根大学远程教学的一位教授在他的数字阅览终端中上传了大约100页的心理学教材。现在，这位出版商在一个文本案例中起诉了他的大学，因为据称这超过了第52条a规定的界限。[4]

（五）扩大邻接权（neighboring rights）

首先，附属版权（ancillary copyright）的扩张引发崩溃。[5]正如前面提到的，附属版权是为辅助人员（assistant staff）发明的。但如今，辅助人员不仅通过买断合同获得所有的经济权利，而且还将扩大其自身的附属版权。这让说唱歌手塞布丽娜·塞特勒（Sabrina Setlur）感到震惊。她使用了"发电站（Kraftwerk）"乐队的一段短音乐片段，因为声音取样而被起诉。她没有被作者起诉，因为短音乐不受版权法的保护，而是因为录音制品的制作者的附属

---

[1] Martin Schippan, Auf dem Prüfstand: Die Honorar-und Nutzungsrechtsregelungen zwischen Zeitungs-und Zeitschriftenverlagen und ihren freien Mitarbeitern, 26 *ZUM* 10, 782 (2010).
[2] 参见 Thomas Hoeren, Auf der Suche nach dem „iustum pretium": Der gesetzliche Vergütungsanspruch im Urhebervertragsrecht, 3 *MMR* 8, 449 (2000).
[3] Reto Hilty, Vergütungssystem und Schrankenregelungen, Neue Herausforderungen an den Gesetzgeber, 107 *GRUR* 10, 819 (2005).
[4] Bundesgerichtshof [BGH] [Federal Court of Justice] Nov 28, 2013, 116 Gewerblicher Rechtsschutz und Urheberrechtsschutz [GRUR] 549 (F. R. G.).
[5] Michael Krause, Rechteerwerb und Rechteinhaberschaft im digitalen Zeitalter, 55 *ZUM* 1, 21 (2011).

版权。问题是:为什么录音制品制作者比作者拥有更多的权利?如果某物不受版权法的保护,对它的使用应该是无限制的。但是德国联邦最高法院裁定,录音制品的制作者即使因为收购了最小的音乐片段也可以提起诉讼。[①]出版商的附属版权问题也很难解决。[②]辅助人员,如录音制品制作人、电影制作人和广播服务人员享有附属版权的特权,但出版商却没有。图霍尔斯基(Tucholsky)曾经说过,出版商是苍蝇,显然立法者也同意这一点。现在,报纸出版商正在争取被德国集体管理接受为版权所有者,并大力游说欧盟邻国为他们的作品争取邻接权。这意味着版权法的方向发生了根本性的变化。它曾经是创造性思维的文化法则,现在它成了投资者的经济法则。

(六)版权法与商标法、专利法的区别

如今,版权法、商标法和专利法的界限已经消失。[③]到目前为止,我们认为这些法律领域的交叉点几乎不可能存在,但尤其是商标法证明了这是错误的看法。今天,每一样东西都可以作为商标加以保护:"突破科技、启迪未来"[④]、"足球世界杯"[⑤]、瑞士莲巧克力兔子的金丝带[⑥]或干草气味的网球[⑦]。

---

① Bundesgerichtshof [BGH] [Federal Court of Justice] Nov 20, 2008, 111 Gewerblicher Rechtsschutz und Urheberrechtsschutz [GRUR] 403 (F. R. G.).
② 参见 Michael Kauert, Das Leistungsschutzrecht des Verlegers (2008); Dieter Frey, Leistungsschutzrecht für Presseverleger, Überlegungen zur Struktur und zu den Auswirkungen auf die Kommunikation im Internet, 13 *MMR* 5, 291 (2010); Robert Schweizer, Schutz der Leistungen von Presse und Journalisten, 26 *ZUM* 1, 7 (2010).
③ Mary-Rose McGuire, Kumulation und Doppelschutz, Ursachen und Folgen des Schutzes einer Leistung durch mehrere Schutzrechte, 113 *GRUR* 9, 767 (2011); Ansgar Ohly, Areas of Overlap Between Trade Mark Right, Copyright and Design Rights in German Law, 56 *GRUR Int.* 8/9, 704 (2007).
④ Case C-398/08, *Audi AG v. OHIM*, 2010.
⑤ Bundesgerichtshof [BGH] [Federal Court of Justice] Apr 27, 2006, 108 Gewerblicher Rechtsschutz und Urheberrechtsschutz [GRUR] 850 (F. R. G).
⑥ Case T-336/08, *Chocoladefabriken Lindt & Sprüngli AG v. HABM*, 2010.
⑦ Case R-156/1998 - 2, WRP (681) 1999. 参见 Karl-Heinz Fezer, Olfaktorische, gustatorische und haptische Marken, 45 *WRP* 6, 575 (1999); Ralf Siekmann, Erste Entscheidung zur Eintragung einer Geruchsmarke nach der Gemeinschaftsmarkenverordnung, 45 *WRP* 6, 618 (1999); Martin Viefhues, 1 *MarkenR* 8 - 9, 249 (1999); Achim Bender, Die absoluten Schutzversagungsgründe für die Gemeinschaftsmarke, 2 *MarkenR* 4, 118 (2000).

一个商标是永恒的——如果我继续支付注册费，我的商标保护就永远不会结束。这样我也可以保护那些不再受益于版权法的东西。德国联邦最高法院曾经不得不处理标题"温内图之死"[1]（温内图是10世纪卡尔·麦书中的主要小说人物），版权保护已经过期，尽管如此，法院仍然表示，它可以受到商标法的保护。

这也适用于专利法，尽管我们还没有遇到过在版权法和专利法下受到保护的情况。现在我们有软件，在特定情况下可以包含在两个法律之下。

七 结语：判断和程序元规则

这是一个戏剧性的判断。在我看来，这个问题基本上是一个缺少元规则的问题。一个公平的信息法律体系应该是什么样子的？这个问题不能通过现有的法律来回答。我们需要元规则作为一种工具来定义公平获取信息和如何实现公平分配信息。

作为法学研究者，我们只能在立法过程中指出粗略的错误，解构错误的想法[2]或者在立法过程中引起对不公平的认识。遵循哈贝马斯（Habermas）和阿佩尔（Apel）每个人都应该有权表达自己的利益，并参与信息法的讨论的主张。[3] 当前的讨论尤其缺乏这种参与的问题。版权法中的消费者协会在哪里？谁代表了用户的利益？版权法从未真正成为消费者保护政策的一个问题。在这方面，仍然有很多工作要做，以挽救版权法从过度扩张，直至最终崩溃。

---

[1] Bundesgerichtshof [BGH] [Federal Court of Justice] Jan 23, 2003, 56 Neue Juristische Wochenzeitschrift [NJW] 1869 (F. R. G.); Kai Hendrik Schmidt-Hern, Der Titel, der Urheber, das Werk und seine Schutzfrist, 47 ZUM 6, 462 (2003).

[2] 参见 Thomas Hoeren, Das Pferd frisst keinen Gurkensalat-Überlegungen zur Internet Governance, 61 NJW 36, 2615 (2008).

[3] 参见 Uwe Steinhoff, Kritik der kommunikativen Rationalität: Eine Darstellung und Kritik der kommunikationstheoretischen Philosophie von Jürgen Habermas und Karl-Otto Apel (2006).

因事制宜，因时制宜，因用制宜
——美国版权法介绍

裘安曼[*]

摘　要：在美国开国的1776年之后仅14年，在制定宪法的1787年之后仅3年，第一部联邦版权法便于1790年被制定出来。在此后230余年的时间里，这部联邦版权法经过了数次修订。每一次修订，其出发点和落脚点都是因事制宜、因时制宜、因用制宜。本文简述了美国《1976年版权法》之后的数十项制定法及其主要特点，勾勒出美国版权制度随着信息技术发展而变化发展的简要历程，并结合中国立法，在立法依据、法律目标、主管部门、作品范围、权利内容、侵权与法律救济等方面做了简要的比较。

关键词：美国版权法　版权立法　版权制度　版权改革

美国的历史或许不算长，但是其版权的历史相对而言非常之长。美国独立战争后不久，当时几乎所有的州便根据大陆会议的建议各自制定了保护作者权利的法律。各个州的读物语言相同，而各自有关版权的规定不同，所以统一立法势在必行。1790年版权法是仿照英国1709年版权法制定的。该法经历过多次修订，其中1831年和1909年两次修订较为全面。之后一次大幅更新是在1976年10月，形成《1976年版权法》，该法于1978年1月1日生效，一直是经过不断修订的现今版权法的基本框架和底本。在《1976

---

[*] 裘安曼，原国家版权局副司长、中国音乐著作权协会总干事、中关村知识产权研究院执行院长，现任北京东方亿思知识产权代理有限公司高级顾问。

年版权法》之前，美国存在制定法之下的版权和普通法之下的版权两套保护体系：出版前的作品，通过普通法保护；出版后的作品，产生制定法上的版权，受联邦版权法的保护。《1976年版权法》意在消除普通法之下的版权，以形成一套统一的版权保护体系。不过，现行法仍然承认权利人在普通法和衡平法之下可有的与版权有关的权利和救济。美国的版权法，在体系结构上不在民法之内，其立法的上位依据是美国宪法。美国宪法规定，国会应当有权"通过在有限时间确保作者和发明人对其各自的写作和发现的专有权利，以促进科学和有用益的艺术的进步"【第Ⅰ条第8款第（8）项】，明确了版权是一种为特定目的，通过制定法赋予的并且时间上有限的专有权利（宣称包括版权在内的知识产权是"私人财产"是后来主要对外的事）。总之，美国版权法在立法宗旨、条款设置、领域事项、利益调整以及运作和实施程序上，是自成体系的一套规则。

美国版权法自1790年之后，经过数次修订。《1976年版权法》之后的修订，主要是通过以下一系列相关立法完成的：

——1977年8月《立法部门拨款法》（涉及版权登记官将钱款交存财政部）；

——1982年5月《盗版和仿冒修订法》【修改关于刑事违犯的第506（a）条】；

——1988年10月《伯尔尼公约实施法》（将投币式播放器播放录音制品有关的强制许可改为自愿许可；对关于版权标记、作品交存和版权登记的第4章做诸多修改，例如将加载版权标记由"必须"改为"可以"等）；

——1988年11月《卫星住户收视法》；

——1988年11月《司法改进和正义取得法》（修改关于与其他法律关系的第912条）；

——1990年7月《版权费用和技术修订法》；

——1990年7月《版权使用费裁判庭改革和杂项付费法》；

——1990年11月《版权补救澄清法》；

——1990年12月《视觉艺术家权利法》（增加关于视觉艺术作品作者的

作者身份权和作品完整性权的第 601A 条）；

——1990 年 12 月《建筑作品版权保护法》（增加题为"建筑作品中专有权利的范围"的第 120 条）；

——1990 年 12 月《计算机软件出租修订法》；

——1992 年 6 月《版权修订法》（修改关于版权保护期的第 3 章）；

——1992 年 6 月《版权续展法》（修改第 3 章，规定某些作品的版权自动续展）；

——1992 年 10 月《家庭音频录音法》（增加关于数字音频录音装置和媒介的第 10 章）；

——1993 年 12 月《北美自由贸易协定实施法》（修改关于转让复本或录音制品的影响的第 109 条，增加关于恢复保护的作品的版权的第 104A 条）；

——1993 年 12 月《版税裁判庭改革法》（修改关于版税裁判官程序的第 8 章）；

——1994 年 10 月《卫星住户收视法》（修改初始传输者本地服务区的限定）；

——1994 年 12 月《乌拉圭回合协议法》（修改关于起源国的第 104 条，增加关于录音作品和音乐录像的第 11 章）；

——1995 年 11 月《录音作品中数字表演权法》（修改关于录音作品中专有权利范围的第 114 条和关于强制许可使用非戏剧性音乐作品的第 115 条）；

——1996 年 7 月《反假冒消费者保护法》【修改关于处置违法进口的物品的第 603（c）条】；

——1996 年 9 月《立法部门拨款法》（增加限制文字作品中专有权利以为失明和失能人制作特殊格式本的第 121 条）；

——1997 年 12 月《禁止电子偷窃法》；

——1998 年 10 月《索尼·波诺版权期限延长法》（将大部分作品的保护期限延长至作者去世之后 70 年）；

——1998 年 10 月《音乐许可公平法》（修改豁免某些表演和展示的第 110 条，增加为个体所有者确定合理许可费的第 513 条）；

——1998 年 10 月《数字千年版权法》(修改关于图书和档案馆复制的第 108 条、关于临时录制的第 112 条、关于录音作品中专有权利范围的第 114 条，以及关于版权局的第 7 章和关于版税裁判官程序的第 8 章);

——1998 年 10 月《WIPO 版权条约与表演和录音制品条约实施法》(增加禁止规避版权保护系统和保护版权管理信息的第 12 章等);

——1998 年 10 月《网上版权侵权责任限制法》(增加限制与网上材料有关的侵权责任的第 512 条);

——1998 年 10 月《计算机维修竞争保障法》(修改关于计算机程序的第 117 条);

——1999 年 11 月《卫星住户收视改革法》(修改关于版权客体和范围的第 1 章与关于版权侵权和补救的第 5 章以取代 1994 年《卫星住户收视法》，修改关于版权保护和管理信息系统的第 12 章);

——1999 年 12 月《遏制数字盗窃和改进版权损害赔偿法》(修改关于版权侵权和补救的第 5 章，提高版权侵权的法定赔偿);

——2000 年 12 月《雇佣作品和版权更正法》(修改雇佣作品的定义，修改关于版权局的第 7 章);

——2002 年 11 月《知识产权和高技术相关技术修订法》;

——2002 年 11 月《技术、教育和版权谐调法》(修改关于版权客体和范围的第 1 章，增加关于远程教育使用版权作品的条款);

——2002 年 12 月《小型网播者协议法》(修改关于版权客体和范围的第 1 章，以在关于录音作品中专有权利范围的第 114 条中引入新措辞);

——2004 年 11 月《版权使用费和分配改革法》(修改关于版税裁判官程序的第 8 章);

——2004 年 12 月《失能人士教育改进法》(修改关于版权保护和管理信息系统的第 121 条，进一步扩大对为失明和失能人复制版权作品的授权);

——2004 年 12 月《卫星收视住户延伸和再授权法》(全面修改在卫星二次传输远程电视节目情况下限制专有权利的第 119 条);

——2004 年 12 月《网上身份欺诈惩治法》【修改关于法定损害赔偿的第

504（c）条，规定登记域名时联系侵犯版权故意提供虚假联系信息为刑事犯罪】；

——2005年4月《艺术家权利和防止盗窃法》【全部修改关于刑事犯罪的第506（a）条，修改有关版权登记的第408条，允许将正在准备商业发行的作品预先登记】；

——2005年4月《家庭电影法》（修改与豁免某些表演和展示的第110条，为规避电影中某些视听内容免除侵权责任）；

——2005年4月《孤儿作品保护法》【修改有关图书和档案馆复制的第108（i）条，增加为其使用孤儿作品的豁免】；

——2008年10月《知识产权优先资源和组织法》（修改第4章、第5章和第6章中的民事和刑事条款）；

——2008年10月和2009年6月《网播者协议法》（修改有关录音作品中专有权利范围的第114条以实施网播者协议）；

——2010年5月《卫星电视延伸和地区划分法》（修改第111条、第119条、第122条、第708条和第804条）；

——2010年12月《版权净化、澄清和更正法》（对第17编进行全面的澄清、统一和技术性修改，取消题为"制作、进口和公开发行某些复本"的第601条，删除第6章开头的"制作规定"）；

——2014年3月《马拉喀什条约实施法》（修改有关为失明或其他失能人复制作品的第121条，增加适用于马拉喀什条约成员国的第121A条）；

——2014年12月《"卫星电视范围和地方运营法"再授权法》（对第111条、第119条和第122条做技术上的修改等）；

——2018年10月《音乐作品现代化法》（修改有关录音作品中专有权利范围的第114条，大幅扩充有关制作发行录音制品的强制许可的第115条，修改有关与其他法律关系的第301条，有关版税裁判官和其程序的第801条、第803条和第804条，增加有关1972年之前固定的录音作品的第14章）。

此外还有一些对版权法条文做出变动的有名目的（主要是延长某些原

定的期限）和没有名目的修订。另外还有一些其他方面的立法，对版权法有间接、连带、过渡或补充性的影响。例如2005年《家庭娱乐与版权法》，修改了关于犯罪和刑事诉讼的合众国法典第18编的第13章，新增了对擅自录制电影进行刑事处罚的第2319B条。再如2014年的《解锁消费者选择和无线竞争法》，允许用户解锁手机的合约限制，相当于对不得规避版权保护技术措施的义务增加了一项例外。

从开始立法至今，美国版权法在作品范围权利构成和保护期限方面已经扩张很多。例如，第一部联邦版权法只保护地图、海图和书籍，之后才陆续加入音乐（1831年，但1952年才有公开表演权）、摄影（1865年）、美术（1870年）和电影（1912年，之前作为"摄影"登记）等。后来逐步保护更多作品，直至将录音和计算机软件也包括在内。而版权保护期限，一开始只有可以续展的14年，而今已经是作者有生之年加去世后70年。近年的修改，增加了与数字技术和网络传播有关的最新发展以及美国加入有关国际公约相应的内容。特别是2018年的修订，大幅度扩充了第115条并增加了一章。随着不断修订增补，美国版权法也越来越详细、复杂，篇幅也不断增加，从1909年版权法的14页增加到1976年版权法的62页，再增加到目前的300多页。

在对外国作品的版权保护上，美国曾经极为保守，长期以本国和本国产业利益为先。制定联邦版权法100多年之后，才在1891年引入条款，规定只保护在美国印制的外国作品（1909年仅将非英语的外国作品除外）。这项所谓的"印制条款"（规定作品必须在美国排版、印刷和装订才受美国版权法保护），一直沿用到1986年美国加入当时已经签订百年的《伯尔尼公约》之时。

美国版权法包括在合众国法典第17编中（条文原文中以"本编"而非"本法"自称）。第17编共有14章，其中第1章至第8章和第10章至第14章直接与版权有关。第9章和第13章是两个关于"设计"的章节。第9章"半导体芯片产品的保护"涉及半导体芯片的布图设计。这一章是随1984年制定《半导体芯片保护法》加进第17编的。原先准备作为对版权法本身的修订，后来才改为另外设定一种专门的保护。第 13 章是"原创设计的保护"。这一章是通过 1998 年《船体设计保护法》(《数字千年版权法》第 V 编）加进来的。就其题目，可以与版权有很大关系，但其所保护的只是与船舶有关的设计。这是因为在设计的专利保护之外，再在联邦层面制定一般保护工业设计的法律，意见不一，多次尝试未果。后来在造船业者的强力推动下，借助来自造船业重镇的议员在有关委员会主事的机会，使国会通过只涉及船舶设计的法律，并将其加进第 17 编成为其第 13 章。

美国版权法是一部混合体式的法律。其条款覆盖宽泛而又严格规定的专有权利，涉及多种具体情况的权利限制和合理使用规则，复杂而技术化的转让或许可方式，规定详细的版权使用费裁判和随市场变动调整的程序，许多与体现美国特点事物（例如投币点唱机、大货车长途运输和地域广阔情况下的乡村社区广播传输等）有关的内容。其章节不尽规则的插排，条款不尽精密的相互照应，以及用语和体例规范方面的前后出入，既显示出其不拘体系格局、强调实用的一面，也显示出其由于各种利益团体深度参与制定过程，而必须尽量照顾妥协以平衡多方利益的一面。

在应对数字化和网络化发展对版权制度的挑战方面，美国采取的主要行动是 1998 年制定了《数字千年版权法》。该法分为五编：第 Ⅰ 编是"世界知识产权组织（WIPO）条约的实施"，亦称"WIPO 版权与表演和录音制品条约实施法"（以涉及版权管理信息和版权保护技术措施的内容加入第 17 编成为第 12 章）；第 Ⅱ 编是"网上侵权责任限制"，亦称"网上版权侵权责任限制法"（以涉及限制网络服务提供者责任的内容加进第 17 编成为第 512 条）；第 Ⅲ 编是"计算机保养或修理中版权侵权的责任"，亦称"计算机维修竞争保障法"（修订了第 17 编与计算机程序相关对专有权利做出限制的第 117 条）；第 Ⅳ 编是"杂项规定"；第 Ⅴ 编是"某些原创设计的保护"，亦称"船体设计保护法"。

美国版权法最近的重大修订，是 2018 年颁布《音乐作品现代化法》。该法增加了第 14 章（涉及 1972 年之前固定的录音作品的保护）并对若干条款进行了修改，其中变动最大的是第 115 条（涉及制作和发行非戏剧音乐作品的录音制品的强制许可)。《音乐作品现代化法》的主要内容是，为网络音乐提供者规定了法定强制许可和一揽子许可，使其无须通过逐个谈判取得授权，只要支付使用费，便可以数字化传送的方式发行音乐作品的录音作品或录音制品。为使强制许可和一揽子许可的取得以及使用费支付和分配有便捷程序可循，该法对承担相关职能的集体管理组织（"机械权许可集体"）做出了详细的规定，包括其性质、指定、运作、内部监管和外部审计等方面；另外，对被许可方在享有便利的同时应尽的义务以及双方行为的最终司法制约也做出严格规定。

凡此种种，无不显示出美国版权法本土特点优先、讲究实用实效、着重解决问题、坚持市场原则、追求利益平衡、讲究规则程序、信奉权力制约、倚赖司法公正和不断与时俱变等鲜明特点。尤其是，由于对一些规定的事项有定期评估效果的要求，有根据市场情况变动不断调整使用费费率的机制，加之可以不断通过立法修改原有的章句和措辞或变动各种原定的数据和期限，美国版权法几乎成为一部流动的法律。

美国版权法与中国的著作权法相比较，有以下比较明显的不同之处。

— 美国版权法直接根据宪法制定，具有明确的公共利益目标，强调权利的实在性和有限性。（在中国是民法中与有形财产权并列的一种权利）

— 作品包括作品的某种复本，这种复本有别于复制品。

— 原始录音本身作为作品保护。原始录音的复本是录音制品（声音录制物），录音制品包括首次录音，因此有别于录音制品的复制品。录音作为一种派生作品，其版权所有者是表演者和/或将表演的声音（或非表演的声音）固定下来的人。录音的复本是录音制品，其中的利益（并未单设为一种权利）由制作者享有，通过控制对录音制品的传输来体现。

— 没有"职务作品"的提法。原文"work made for hire"意思是"为获得劳务酬金完成的作品"，既包括雇佣关系下完成的，也包括委托关系下完成的，所以没有中国版权法中的两种区分。规定的原则是，除非另有明确书面约定，为谁完成，谁就被视为作者并拥有全部权利。

—没有关于电影作品版权归属的专门规定。

电影作品的版权归属，参照集合作品，适用雇佣作品的相关规定。

——列举的版权作品中没有计算机软件，其通过"文字作品"定义的表述被涵盖。

——没有与保护民间文艺有关的规定（美国对此种保护持极为保留的态度）。

——没有"信息网络传播权"的提法，网络传播作品（录音作品除外）的表演或展示，属于"公开表演"。只有录音作品中有通过数字音频传输被"表演"的权利。

——没有版权和相关权的区分。

——广播组织的权利通过控制对初始传输进行的二次传输实现。

——作者或其继承人可以在转让版权35年后的5年内将转让终止。

——对主管部门美国版权局（1870年设立）的职能、程序、收费有具体和详细的规定。

——设立版税裁判官并规定版税裁判官裁定的程序，以解决法定许可、强制许可或集体管理情况下的使用费争议。但任何情况下，当事方自愿谈判达成的使用费协议优先，并可以作为裁判官裁定的基础。

——有交存作品的义务。作品登记和其他登记就其载明的事项有法庭初步证据的效力。登记不是保护的条件，但是登记在某些情况下是获得某些侵权救济的先决条件。

——对权利的限制，最多的是与广播电视的卫星或网络传输有关的。

——有对由于不同原因在美国处于公有领域的作品给予恢复保护的规定。

——有关于卫星二次传输地方电视节目的规定。由于美国地域广阔、社区分散，涉及对初始传输进行的二次传输，有许多法定许可的规定，这类条款在美国版权法中规定得较为详细，也较长（例如与此有关的第119条，原文一条就长达22页）。

——精神权利以"作者权利"表述，作者权利与版权并列，不是版权的一部分。作者权利（涉及作者身份、作者姓名和作品完整性）主体仅限于视觉艺术作品的作者。这样，一方面可以解决艺术作品与建筑物连体时发生毁坏引起的问题，另一方面也可以通过保护艺术作品作者的姓名权防止艺术品的假冒或伪托。

——在对专有权利的限制中，合理使用是单独一类，合理使用的确定有较为具体的标准。在任何情况下对专有权利进行任何程度的限制，都附有明确的条件以防止使用超出规定的限度。

——有详细的关于版权标记的规定。

——有详细的关于交存作品样本的规定。

——对使用费付费在不同权利人群体之间的分配以及交存的付费的投资利用有详细的规定。

——各种与版权有关的事项、主张或文件，可以在版权局做记录。例如装置有艺术作品的建筑物的所有者，可以将自己在拆除建筑物前已经按照规定采取行动的证据记录在案。

——在法内事项的定义上和操作上，与其他法律有诸多衔接。例如涉及卫星和广播电视台传输的事项，大量援引电讯法和电讯委员会的规定。

——条款不是按整体序列编排，而是每一章的条款各自按章从头编号。这样，除查找较方便，修订起来也比较灵活，增减某些条款，不会造成序列号的整个变动。

——美国版权局本身不是行政管理机关，而是版权法有关规定的执行机构。其沿袭作品登记和收存样本的传统职能，设在国会图书馆内，属于立法部门，受国会图书馆馆长领导。美国版权法中规定了版权局登记官就诸多事项与有关部门主管磋商和向国会两院报告的制度。

——对侵犯版权以及侵权救济方式和取得救济的程序有详细的规定。

——对于侵犯版权，无论在民事救济还是在刑事处罚上，程度都高于中国版权法的现行规定。

——修订频繁，方式灵活。

以上只是简单举若干例子。由于国情不同，中美两国版权法不同程度的差异几乎体现在各自法律的所有方面，而且有的还非常明显。例如，在大量的细节上，美国版权法显示出不厌其详的特点（有的一条就长达数十页)。其通篇使用的法律和技术性语言、冗长而复杂的句式(有的一句就长达 20 行)和层次错综的体例(多达 9 层),显然不是专业人士(如律师、法官和法律专家)以外的人能够容易看明白的。这与中国的版权法意在使普通人能够读懂的理念有很大不同。但是,这样的确能够尽量减少模糊性或不确定性。美国版权法将所有有关规定集中在一起,而中国版权法将有关规定分散在主法律和各种法规以及司法解释和行政文件中。即使如此,从总的体量上看,美国版权法比中国的大得多。如果再加上作为法源重要组成部分的、数量不知凡几的判例,显然成为一个极为庞大的体系。这与美国市场经济发达、法律传统深厚、社会利益关系错综复杂和行业分工细密有很大关系。

美国现行的版权法毕竟是数字信息网络时代以前的产物,所经历的多次修改,总体上都是针对具体问题的小修小补或是技术上的细微调整,缺乏全局和系统化的考虑,无法从根本上完善版权制度,使之充分适应新技术时代对于版权保护在理念和制度上提出的新要求。美国版权法目前的冗繁和局限,使美国国内有关方面和人士意识到并希望对其进行全面的改革。即使一时不可能做到,朝这个方向的探索也在进行中。例如美国成立了一个"版权原则项目组",经过数年的调查研究,提出了一个题为《版权原则项目:改革方向》的建议报告。研究美国现行的版权法,了解美国国内就其改革提出的各种建议,对中国版权制度的完善和长远改革方向的探索有重要的借鉴意义。

商业秘密刑事保护的反思与修正

齐劲沣[*]

摘　要：中美经贸协议与《刑法修正案（十一）》提高了对商业秘密的保护水平，降低了刑事处罚门槛，不再以被害人有重大损失为先决条件。实务中，司法机关应当注意《反不正当竞争法》与刑法规定的趋同化、第三人间接侵犯商业秘密的行为容易被理解为过失犯罪、商业秘密民事纠纷与刑事诉讼的管辖权不协调、中美经贸协议中举证责任的规定被误解等问题。客观上，司法机关要警惕"商业间谍"的行为，注意刑事与民事保护制度的关系；主观上，要坚持体系性思考，限制积极主义的刑法观，从而更好地保护公民的合法权益，推动商业秘密刑事保护制度的最优化适用。

关键词：商业秘密　中美经贸协议　刑法修正案

一　商业秘密法律保护的规范分析

2020年1月中美两国正式签署《中华人民共和国政府和美利坚合众国政府经济贸易协议》（以下简称《协议》），详细规定了商业秘密与保密商务信息的范围。《刑法修正案（十一）》修改了《刑法》第219条侵犯商业秘

---

[*] 齐劲沣，中国科学院大学知识产权学院2019级法学硕士研究生。本文初稿曾在第二届全国知识产权博士生论坛、第三届中国知识产权政策与管理发展论坛、第八届海峡两岸科技管理学术年会、中国海洋大学2021年秋季法学研究生学术论坛等学术会议上宣读，其间得到了多所高校专家学者的建议，特此致谢！

密罪的规定,并增设第219条之一"为境外窃取、刺探、收买、非法提供商业秘密罪",主要从商业秘密的保护范围、损害赔偿责任承担者的主体资格、侵权行为类型等多方面进行规定。同时,删除了原《刑法》中关于商业秘密的定义,降低了刑事处罚门槛。《协议》的大部分内容被《反不正当竞争法》及相关司法解释吸收,成为《刑法》的前置法。这为商业秘密提供了更加全面的法律保护,但也暴露出一定的局限性。如今,知识产权管理已经成为控制商业条件并限制风险和责任的一种手段。[①] 司法机关首先要熟悉基本规则,认真研究规范背后的立法理念,从而更加精准地维护权利人的合法权益。

(一)基本规定解读

首先,商业秘密保护范围扩大,不再是只有法人才能成为公司之间商业秘密侵权诉讼的适格主体。相反,自然人、法人和非法人组织均可以成为承担赔偿责任的主体。例如,在"张某侵害商业秘密纠纷"案中,[②] 张某将从A单位窃得的商业秘密发送给B单位,法院判决张某与B单位均应当对A单位的损失承担共同赔偿责任,B单位可以直接向A单位或张某行使损害赔偿请求权。其次,侵权行为种类增多。《协议》第1.4条规定了"禁止行为范围",列举了包括电子侵入在内的三种具体的侵权行为。[③]《协议》特别强调盗窃秘密文件应当被视为侵犯商业秘密,即侵权的方式应包括但不限于盗窃。商业秘密的载体通常价值并不大,属于没有法律保护必要性的财产。若被告人以盗窃财物为理由抗辩,几乎不会受到任何惩罚。但是,

---

① 〔美〕奥斯汀·萨拉特:《布莱克维尔法律与社会指南》,高鸿钧等译,北京大学出版社,2011年,第414页。
② 参见湖南省长沙市天心区人民法院长沙市雨花区伯明汉英语培训学校有限公司与张茜、栗某侵害商业秘密纠纷一审民事判决书,(2020)湘0103民初8216号。
③ 一是电子侵入;二是违反义务披露或诱导他人未经许可泄露商业秘密;三是有义务保护商业秘密不被披露或有义务限制使用商业秘密的情形下获得的商业秘密,未经授权予以披露或使用。参见董娟娟《中美经济贸易协议中商业秘密相关内容解读》,《保密工作》2020年第5期,第56~57页。

如果权利人能证明载体上的信息属于商业秘密，则盗窃行为应被评价为以盗窃载体的方式窃取商业秘密。此时，司法机关便不会采纳被告人自称是盗窃低价财物的抗辩理由。

《刑法修正案（十一）》将"电子侵入"作为特殊的犯罪手段加以规制，旨在禁止通过侵入计算机信息系统，或植入木马程序等方式盗取机密信息的行为。由此可见，传统与侵犯商业秘密有关的法规已体现出明显的局限性，电子侵入作为一种新兴的侵权手段已开始得到国内外越来越多的关注。基于合理合法的理由获得商业秘密的行为人，不得擅自披露权利人的商业秘密。当事人不仅包括自然人和法人，也包括具有保守商业秘密义务和责任的特定行政机关。此次修改将这些行为纳入侵犯商业秘密罪的规制范围，不仅及时回应了侵犯商业秘密犯罪的实践治理需要，而且弥合了《刑法》与《反不正当竞争法》等前置法在商业秘密保护上日趋拉大的规范断层，使侵犯商业秘密行为的规制体系更加严密、协调。[①]《刑法》（2019）删除了被害人必须有"实际损失"的先决条件，大幅降低了侵犯商业秘密罪的刑事处罚门槛，使法律规制的范围进一步扩展，提高了侵权行为入罪化的可能性。

（二）刑事处罚门槛降低

《协议》第1.7条取消了权利人产生实际损失这一刑事处罚的先决条件。通常计算经济损失的方法是权利人损失法和侵权人获利法，二者均涉及毛利和净利的问题，实务界暂时未对此形成统一认识。因此，适用民事侵权赔偿的方法计算刑事犯罪数额是否合理始终存在疑问。[②]《协议》不以实际损失为认定侵权的前置条件，巧妙回避了"重大损失"认定的困境，在很大程度上减少了立案难与审理难的问题。《协议》将"补救成本"

[①] 刘湘廉：《我国知识产权刑法的最新修正及其适用》，《重庆大学学报》（社会科学版）2021年7月20日。

[②] 陆川：《侵犯商业秘密罪办案难点及其破解》，《检察日报》2019年11月5日，第3版。

（remedial costs）也计算到侵权损失之中，包括为减轻侵权损害的开销、恢复管理流程和设备运营的成本，扩大了权利人损失的范围，显著降低了刑事入罪门槛。《刑法修正案（十一）》将第219条"给商业秘密的权利人造成重大损失"改为"情节严重"。目前"两高"对侵犯商业秘密罪中的"情节严重"问题没有出台任何的司法解释，对本罪的相关解读仅限于《最高人民检察院、公安部关于修改侵犯商业秘密刑事案件立案追诉标准的决定》。该决定的主要内容依然是围绕损失数额展开，对于"情节严重"暂未能提供其他认定标准。

本罪既遂形态调整为"情节犯"体现出刑事处罚由结果本位向行为本位发展的倾向，有利于解决被害人损失不一定与被告人行为的社会违法性呈正相关的问题，有学者认为，单纯以给商业秘密的权利人造成的损失来判断是否构成侵犯商业秘密罪，不仅难以准确把握计算标准和要素，不利于全面保护商业秘密，而且容易出现类似情况认定迥异的结果，导致实质上的不公正。[①] 实务中，司法机关不应当单以结果评价相关当事人是否构成侵犯商业秘密罪，还要考虑行为人的行为性质和危害程度。对于侵犯商业秘密的犯罪，司法机关应以"情节犯"的理论予以认定，而非仅仅考虑该行为是否真正给权利人带来了损失以及损失的大小。[②] 但是，在认定"情节严重"时，不应当随意扩大本罪的适用范围，应当特别注意多元化入罪标准的设定不能脱离该罪的保护法益。[③]

同时，《刑法修正案（十一）》提高了侵犯商业秘密罪的法定刑，将"造成特别严重后果的，处三年以上七年以下有期徒刑，并处罚金"修改为"情节特别严重的，处三年以上十年以下有期徒刑，并处罚金"。这有利于

[①] 沈玉忠：《侵犯商业秘密罪中"重大损失"的司法判定——以60个案例为样本》，《知识产权》2016年第1期，第63~68页。

[②] 上海市杨浦区人民检察院、上海市人民检察院第三分院第六检察部、上海政法学院刑事司法学院联合课题组：《域外侵犯商业秘密司法保护的比较与借鉴》，《犯罪研究》2020年第1期，第90~97页。

[③] 王志远：《侵犯商业秘密罪保护法益的秩序化界定及其教义学展开》，《政治与法律》2021年第6期，第39~53页。

提升犯罪成本,更好地保护个人与企业的商业秘密权。《协议》第1.6条规定了有效的临时性措施来阻止侵权行为,类似于民事诉讼法中的诉前财产保全。司法机关可以采用"临时性禁令"(preliminary injunction)来避免紧急情况下违法行为给权利人造成更大的损失。此时,只需申请人提出间接侵权的证据,证明商业秘密正在遭受潜在风险,达到法律规定的"紧急情况"(urgent situation),司法机关就应当采取相应措施。但是,临时性禁令应当有相应的时间限制,不能无限使用,避免损害另一方的合法权益或公共利益。正如有学者所言,禁令的时间不能超过知识产权存续期间,即所有人维持商业秘密本可以领先市场的时间等。[1]《协议》中大部分对商业秘密保护的内容均被《反不正当竞争法》吸收,显著影响了我国的商业秘密刑事保护制度,但是也产生了一些值得重视的问题。

二 商业秘密刑事保护现状的问题与反思

《协议》与《反不正当竞争法》作为《刑法》的前置法律性文件,共同为商业秘密提供了更加完善的法律保护体系。但是,与专利权、商标权不同,商业秘密本质是一种权益,而不是权利。商业秘密权本质上是一种禁止权,是一种禁止他人侵犯的权益。也有学者认为,商业秘密权益主要是一种私权,有助于商业公司追逐商业利益,实现资本增值,并不必然首要以公共利益的实现为前提。[2] 这在一定程度上代表了我国法律对商业秘密提供的是一种弱保护,而非为专利权、商标权提供的强保护。因此,实务中出现了有关商业秘密刑事保护的问题。例如,《刑法》与《反不正当竞争法》的关系还需厘清;原《刑法》第219条第2款不应当规定为过失犯罪;法院对案件的管辖权欠缺合理性;刑事诉讼仍然要坚持既往的举证规则,

---

[1] 参见黄武双《商业秘密的理论基础及其属性演变》,《知识产权》2021年第5期,第3~14页。
[2] 参见李晓辉《算法商业秘密与算法正义》,《比较法研究》2021年第3期,第105~121页。

不能受《协议》中关于举证责任倒置规定的影响。司法机关应对上述问题予以高度重视,从而在全面保护各类商业信息的同时,也保护被告人的合法权益。

(一)规范层面:《反不正当竞争法》与《刑法》的趋同化

为了更好地发挥《刑法》的震慑作用,司法机关还需要关注《刑法》与《反不正当竞争法》的关系。若不考虑危害结果,那么此类案件民事侵权与刑事犯罪在客观上的表现具有一致性。如果行为对权利人产生了严重影响,侵权人则可能涉嫌刑事犯罪。实务中,因为具有民事侵权特征的行为往往与犯罪行为具有高度相似性,公安机关无法确定被告人的行为是否涉嫌犯罪。如表1所示,2019年修订的《反不正当竞争法》第9条与《刑法》第219条的内容存在高度一致,这导致商业秘密民事侵权行为与侵犯商业秘密罪的犯罪行为在客观上没有明显区别。

表1 《反不正当竞争法》第9条第1款与《刑法》第219条第1款对比

《反不正当竞争法》第9条第1款	《刑法》第219条 第1款
经营者不得实施下列侵犯商业秘密的行为:(一)以盗窃、贿赂、欺诈、胁迫、电子侵入或者其他不正当手段获取权利人的商业秘密;(二)披露、使用或者允许他人使用以前项手段获取的权利人的商业秘密;(三)违反保密义务或者违反权利人有关保守商业秘密的要求,披露、使用或者允许他人使用其所掌握的商业秘密;(四)教唆、引诱、帮助他人违反保密义务或者违反权利人有关保守商业秘密的要求,获取、披露、使用或者允许他人使用权利人的商业秘密。	有下列侵犯商业秘密行为之一,情节严重的,处三年以下有期徒刑,并处或者单处罚金;情节特别严重的,处三年以上十年以下有期徒刑,并处罚金:(一)以盗窃、贿赂、欺诈、胁迫、电子侵入或者其他不正当手段获取权利人的商业秘密的;(二)披露、使用或者允许他人使用以前项手段获取的权利人的商业秘密的;(三)违反保密义务或者违反权利人有关保守商业秘密的要求,披露、使用或者允许他人使用其所掌握的商业秘密的。

一方面,自然人和法人在经济活动中应当认真研究商业秘密刑事犯罪与民事侵权的关系,避免出现竞争对手利用民事领域存在的矛盾纠纷,恶意向公安机关举报,使本企业高管受到强制措施的局面。司法机关要严防少数权利人恶意利用两部法律中相同的内容,故意模糊民事侵权与刑事犯罪的界限。防止少数企业以此为手段,将原本不具有较强社会危害性的行

为恶意向公安机关举报，使得处于竞争关系的企业的高管受到刑事强制措施，最终实现阻碍企业正常发展运行的目的。

同时，《刑法》（2019）第 219 条删除了《刑法》（2017）中"商业秘密"的定义，这将在一定程度上导致司法机关在确定商业秘密的刑事保护范围时受到民事法律及司法解释的影响。因此，今后有关商业秘密的刑事诉讼很可能会援引前置法对商业秘密的定义。《协议》将"商业秘密"扩展到企业运行全流程中，《最高人民法院关于审理不正当竞争民事案件应用法律若干问题的解释》（简称《不正当竞争解释》）和《最高人民法院关于审理侵犯商业秘密民事案件适用法律若干问题的规定》（简称《商业秘密规定》）均对商业秘密的法益保护范围进行了更加明确的界定。在没有出台相关刑事司法解释之前，刑法可能将相当一部分用此前规定难以保护的对象均纳入法律保护范围之中，包括很多看似与权利人利润不直接挂钩的利益。上述的趋同化趋势导致商业秘密具有实用性不再是刑法保护的必要条件，能够带来间接利益或潜在利益的商业信息一样属于刑事保护的范围。

市场竞争必然会带来企业间正常的人才流动。如果新单位从入职的雇员手中得到了原单位含金量较高的商业信息，新单位只有明知商业秘密来源存在问题，仍然故意使用才可能涉嫌犯罪。在《刑法修正案（十一）》通过之前，第三人过失（应当知道而不知道时）使用他人采用不正当手段获取的商业秘密可能构成犯罪。但是，《刑法》（2019）取消了相关规定（见表 2），司法机关对于此类行为应当及时作出罪化处理。

表 2 《刑法》（2017）第 219 条第 2 款与《刑法》（2019）第 219 条第 2 款对比

《刑法》（2017）第 219 条第 2 款	《刑法》（2019）第 219 条第 2 款
明知或者应知前款所列行为，获取、使用或者披露他人的商业秘密的，以侵犯商业秘密论。	明知前款所列行为，获取、披露、使用或允许他人使用该商业秘密的，以侵犯商业秘密论。

（二）主观层面：间接侵犯商业秘密的行为容易被理解为过失犯罪

在商业秘密刑事保护范围不断扩张的司法环境下，《刑法修正案（十一）》删除了"或者应知",即第三人不可能构成过失侵犯商业秘密罪。这体现出相关法律规范从国家公共利益的捍卫者向国家利益与私人利益双重保护者过渡的发展趋势。在商业秘密纠纷中,雇员离职后为新单位提供与原单位相关的技术信息和经营信息的现象发生频率很高。如果新单位无法以"普通技术和经验"进行抗辩,且符合其他构成要件,则利用此类信息的行为有可能涉嫌违反《刑法》第 219 条的规定。

对于《刑法》第 219 条的主观方面是否包括过失,自 1997 年《刑法》颁行以来一直广受争论。有学者认为应引入"推定故意"的概念,[①] 本罪的主观方面仅限定于故意。有学者提出反对意见,认为本罪不仅可以由故意构成,也可以由过失构成。[②] 在此前本条包含"或者应知"的规定时,本罪的主观方面应包括过失。正如学者所言:"立法者在此条款中选择了有别于常规的责任根据类型。……行为人在应当知道而不知道商业秘密来源非法(即对不知道商业秘密来源非法具有过失)的情况下,实施获取、使用或者披露他人商业秘密行为的,同样构成侵犯商业秘密罪。"[③] 这有助于保护权利人商业秘密的价值,让侵权人承担更不利的法律后果。

但是,此次《刑法》修改将在客观上终结学界关于本条款"应知"与"明知"关系的探讨。《刑法修正案(十一)》删除了本条款原有的"明知或者应知"中的"或者应知"。既往对于本罪主观方面的争议均发生在解读"应知"二字的含义上,而暂时没有学者提出本罪的"明知"二字也可以解释为过失的观点。"明知"仅能被认定为"故意",这一定程度上是目前刑法理论和司法实务界的共识。上述修改表明此前立法者希望适当降低本罪成立门槛的立法理念已经发生转变,开始平衡商业秘密权利人与侵犯商业秘密罪被告人的利益。既要通过刑事手段有效保护商业信息,又要防范商业秘密权利人滥用权利。特别是在权利人所持有的特定商业秘密中,过度

[①] 陈兴良:《"应当知道"的刑法界说》,《法学》2005 年第 7 期,第 80~84 页。
[②] 高铭暄主编《新型经济犯罪研究》,中国方正出版社,2000,第 841~842 页。
[③] 劳东燕:《功能主义的刑法解释》,中国人民大学出版社,2020,第 25 页。

保护任何一方的利益都可能造成一些不确定的影响,不应当轻易认定第三方构成过失侵犯商业秘密罪。

首先,根据自然人和法人所拥有的发展经验,将这种权益作为商业秘密保护会产生很强的模糊性。这类信息往往具有鲜明的企业个性和文化,是公司历经多年发展的成果。相关技术信息的保密性和价值性均具有很强的特殊性,无法用统一的标准一概而论,高额研发成本与信息的价值并不一定正相关。如果将本罪的主观方面扩展到过失,则更加不利于实现商业秘密刑事保护的类型化规制,无法产生对自由裁量权的积极引导。同时,商业秘密不仅包括现实的经济利益,还有潜在的经济成本。例如,中医药企业在研发配比中药药材时,失败的科研经虽然不能创造物质效益,但可以避免重复研发的损失。这些虽然不能为该公司在未来的经营中带来经济利益,但是仍具有无形价值。如上述信息被泄露给有竞争关系的公司,则会为原公司带来消极损失。竞争对手可以利用此类信息快速发展,节省大量人力物力。①

但是,如果以此为理由,指控因过失而获得秘密的单位或个人涉嫌侵犯商业罪则缺乏现实基础,也很难被大众接受。与潜在成本有关的信息往往不具有经济性和保密性的特点,更类似于普通的知识或经验。任何企业在创业过程中都会尽可能学习之前创业公司的经验并借鉴其教训,在此期间获取了相关信息,明显不能属于故意侵犯商业秘密。同时,如果援引过失犯理论,将会大大增加小微企业的创业成本,在一定程度上增加不合理的注意义务。前置法也没有对这类行为的禁止性规定,如果将其直接认定为犯罪,可能有违法秩序统一性。假如此类行为被定义为刑事犯罪,纳入《刑法》第219条第2款的规制范畴,必然为上游企业利用刑法恶意打击同行竞争对手提供强有力的"武器"。这很可能导致行业内出现纵向垄断或横向垄断,不利于实现公平的市场秩序。

---

① 《商业秘密的价值性不能与价值高低为前提》,IPCOO商业秘密与刑事保护平台网站,2019年5月22日,http://www.315dajia.cn/baohu/20190522432.html。

部分商业秘密信息可能与公有领域有一定程度的吻合，一些公司将整理的公有信息也作为商业秘密保护，则对于这些法益不宜用过失犯理论进行保护。其中最典型的是《不正当竞争解释》规定的客户名单①：两个有竞争关系的企业往往有相近甚至相同的客户群体，客户在交易习惯等方面会具有一定的相似性。客户名单属于个人数据的一种，有学者认为：如果在数据主体的合理预期范围之内，出售或者向第三方提供个人数据的行为也会被定罪，则可能导致过度犯罪化的现象出现。② 实际中很多客户也会成为本领域两个甚至更多企业长期稳定的交易客户，以实现自身利益的最大化。此时，两个企业很可能有相似的客户名单，由于商业秘密本身具有的秘密性，很难证明两类相同的客户名单背后是否存在违法犯罪行为，还是仅仅存在客观上的一致性。如果贸然将此类行为规定为犯罪，很可能将公民期待的合法行为入罪化，导致过度犯罪化的现象出现。

其次，当雇员进入新单位就职时，必然会带着已有的客户资料。例如，在"张某某侵犯商业秘密案"中，张某某离开 A 公司后，利用在 A 公司工作期间掌握的产品的生产、销售信息及客户资料，以 B 公司的名义向 A 公司的客户公司大量订购同种类型的产品。一审法院在判决中也承认客户公司的名称地址和联系方式等资料在一定程度上具有公开性。③ 本案体现出客户名单与公有领域信息相互交叉的现状，甚至有时对特定行业不了解的司法人员很难判断某项信息究竟是否属于商业秘密。

同时，离职雇员所拥有的客户数量多少和质量高低也成为该雇员与新雇主谈判的重要资本，此时很难认定新雇主对客户名单不存在过失犯意义上"应当知道而不知道"的情形。如果因此对原单位造成损失，就判定雇员或新单位构成民事侵权甚至刑事犯罪，会直接限制人才流动，对市场竞

---

① 《不正当竞争解释》第 13 条第 1 款规定："商业秘密中的客户名单，一般是指客户的名称、地址、联系方式以及交易的习惯、意向、内容等构成的区别于相关公知信息的特殊客户信息，包括汇集众多客户的客户名册，以及保持长期稳定交易关系的特定客户。"
② 劳东燕：《个人数据的刑法保护模式》，《社会科学文摘》2020 年第 12 期，第 73~75 页。
③ 劳东燕：《刑法修正案（十一）条文要义》，法律出版社，2021，第 162 页。

争产生负面影响。虽然《不正当竞争解释》第13条第2款规定了个人信赖原则可以作为特殊抗辩事由,①但是在前述关于民事诉讼和刑事诉讼孰先孰后的问题不解决之前,此类不侵权抗辩能否发挥最大限度的作用还有待考察。如果检察院指控新单位和离职员工构成侵犯商业秘密罪,对相关人员采取强制措施,而不是提出民事诉讼,那么这一抗辩事由的适用空间很可能会非常有限。因此,离职后进入同行企业入职的专业技术人员,被指控涉嫌侵犯商业秘密罪的概率更大。雇员需要提高对相关问题的重视程度,才能在市场竞争中占据更有优势的地位。

排除过失犯罪成立的情况,在一定程度上制约了情节犯规定所引起的刑法扩张适用。在取消了以结果犯作成立犯罪必要条件的规定后,侵犯商业秘密罪的适用范围将进一步扩大。《刑法》第219条规定的间接侵权的行为本身就具有较强的不确定性与模糊性,如果承认过失犯罪成立,则很难准确限定本款的适用边界。因此,在援引情节犯规定的基础上,取消了间接侵权中"应知"的规定,使得刑法不仅能为商业秘密提供更加全面的保护,还能保证刑法的谦抑性,更好贯彻罪刑法定原则。

《刑法》第219条第1款对规定的三种侵权类型并没有主观方面的限制,应认定为过失犯的规定可以适用于直接侵犯商业秘密的情形。因此,《刑法修正案(十一)》与《关于执行〈中华人民共和国刑法〉确定罪名的补充规定(七)》生效后,刑法对侵犯商业秘密采用的是一种双轨制的保护模式,即按照《刑法》第219条的规定,主观上故意和过失均可构成直接侵犯商业秘密的刑事犯罪。然而,间接侵犯商业秘密构成刑事犯罪的,第三人的主观方面仅限于故意,不包括过失。商业秘密刑事保护制度除了在实体上存在上述两点局限性外,在程序上也有可完善的空间,最明显不妥之处是刑事案件管辖权不合理。

---

① 《不正当竞争解释》第13条第2款规定:"客户基于对职工个人的信赖而与职工所在单位进行市场交易,该职工离职后,能够证明客户自愿选择与自己或者其新单位进行市场交易的,应当认定没有采用不正当手段,但职工与原单位另有约定的除外。"

（三）管辖层面：商业秘密刑事案件管辖权不合理

在大量被告人构成民事侵权且涉嫌侵犯商业秘密罪的案件中，民事诉讼和刑事审判孰先孰后是理论界和实务界长期争执不休的热点问题，这对法律主体在制定诉讼策略时产生了重大影响。美国商业秘密刑事诉讼会按照案件发生地确定案件是由州法院还是联邦法院管辖，[①] 同一个商业秘密纠纷中涉及的民事和刑事问题均会由相同的法院管辖。但是我国在管辖问题上则有所不同，对这一现象要坚持具体问题具体分析的原则，不同的案件不能一概而论。究其根源，现行的诉讼体制是重要原因。

目前，基层法院有权力管辖一审被告人涉嫌侵犯商业秘密罪的案件，此类案件不属于《刑事诉讼法》第21条规定的需要由中级人民法院管辖的一审刑事案件。但是，商业秘密民事侵权诉讼却只有中级以上法院的知识产权法庭才有管辖权。《不正当竞争解释》第18条第1款规定："反不正当竞争法第五条、第九条、第十条、第十四条规定的不正当竞争民事第一审案件，一般由中级人民法院管辖。"其中即包括商业秘密民事侵权纠纷。虽然此类民事案件的管辖范围现在已经扩大到了最高人民法院认可的基层法院，但是大量的基层法院仍然面临着有权审理商业秘密刑事犯罪案件却无权审理民事侵权案件的现状。

我国商业秘密民事司法保护门槛相对较高，但是刑事司法保护门槛相对较低。这样"一高一低"的并存，直接造成我国当前商业秘密法律保护的"先刑后民""能刑不民"等现象出现，并最终使得我国商业秘密法律保护过度刑事化。[②] 商业秘密案件的专业性很强，基层法院的专业水平较中级人民法院普遍有一定差距，这导致了一些被告人先被判决构成刑事犯罪，而后又被认定为不构成民事侵权。例如，在"顺德华通户外家具有限公司

[①] 侯仰坤：《美国〈1996经济间谍法〉及配套法律中英文解析》，知识产权出版社，2019，第31页。

[②] 宋建宝：《美国商业秘密的法律保护》，法律出版社，2019。

等与甘桂玲侵犯商业秘密纠纷案"①等案件中,被告人先被判定为侵犯商业秘密罪,之后在民事诉讼中又被法院认为不完全构成侵权。基于此有学者呼吁,在涉及商业秘密的案件中展开刑事诉讼与民事诉讼的"两审合一",坚决维护法秩序统一性,更好地保护公众利益和司法公信力。

但是,解决商业秘密刑事案件管辖权存在的问题重点并不应当是推进"两审合一"还是"三审合一",而应是解决同一案件中民事纠纷的解决结果是否对刑事诉讼具有约束力。质言之,商业秘密案件管辖权的问题不在于刑事案件、民事案件究竟是应当合并审理还是分别审理,而是应当考虑二者的审理顺序,以及在前的生效判决是否对在后的审判有约束力。因此,"两审合一"无法解决商业秘密刑民管辖权冲突的最根本问题。如果能厘清商业秘密刑事审判效力与民事审判效力的关系,即使是没有实现"两审合一",也可以有效解决缓解这一突出问题。立法应当考虑公民的诉求,法律主体在面对商业秘密民事与刑事案件管辖权冲突之时,应当呼吁司法机关对商业秘密侵权人进行公平公正的惩罚。与国民直接要求政府法外处罚行为人、国民以私刑处罚行为人相比,呼吁通过立法制裁危害行为是国民法治观念增强的体现,也是社会进步与社会成熟的表现。②

同时,民事诉讼面临着取证难的问题,而刑事诉讼中公安机关可以分担商业秘密持有人的一部分举证责任。因此,司法机关要确定"商业秘密点",即精准判断构成商业秘密的内容和范围。针对不同的技术信息和经营信息匹配适格的保护措施,能在众多有关信息中准确区分商业秘密与一般的经营信息。市场主体要善用证据规则,在雇主和雇员使用秘密信息时均应及时固定证据,做到可以处处留痕迹,在发生刑事诉讼时可以提供更有力的证据证明权利人的主张。在商业秘密利益受损时,可以从刑事与民事诉讼具有的特殊性出发,考虑如何尽快弥补自己的损失。法律主体可以从

---

① 参见《知识产权分散审判体制下的诉讼乱象与反思》,企红网,2020年1月28日,http://m.tmhong.com/main/article/11491。
② [日]井田良《刑事立法的激活及其理想》,《法律时报》2003年第75卷第2号,第4页,转引自张明楷《刑事立法的发展方向》,《中国法学》2006年第4期。

利益最大化的角度选择提起民事诉讼还是向公安机关报案，使侵权人受到更为严厉的刑事处罚。换言之，商业秘密案件民刑审理究竟应按照何种顺序，这虽然是一个现实问题，但也提供了一个有效的维权策略。公民不仅可以按照法律规范维护自身权益，也可以发挥刑事诉讼的威慑作用，让侵权人尽快履行赔偿责任。虽然刑法接受了《协议》中关于商业秘密刑事保护的规范，但是刑事诉讼的举证责任并未改变。司法机关不能以《协议》调整民事诉讼的举证责任为由，改变刑事诉讼的举证责任。

（四）举证层面：举证责任倒置的规定被误读

《协议》对商业秘密民事诉讼的举证责任进行了重新划分，核心内容是举证责任倒置，解决了原告承担几乎全部的举证责任带来的举证难的问题。只要权利人能提交初步证据，举证责任即由被告方承担。只要原告能证明法定的三种情形存在，被告方就对未侵犯商业秘密负举证责任。[①] 同时，被控侵权方要承担认定争议信息不属于商业秘密的义务。《协议》对原告要证明某项技术构成商业秘密，调整为被告应当说明相应技术已不是商业秘密，否则相关技术就应当以商业秘密进行保护。

例如，在"山东省某公司与马某庆案"中，[②] 法院认为，应当首先将马某庆的工作经验从商业秘密的范围内排除，除非用人单位能够举证证明有关知识或经验是公司的法定权益或约定权益。基于此有学者提出，在刑事司法审判中，对于举证问题应当采用与民事审判程序相似的举证规则。[③] 但是，此观点明显欠缺合理性，一旦付诸实践可能会动摇整个刑事诉讼体制，

[①] 《协议》第1.5条规定，当商业秘密权利人提供以下证据，未侵犯商业秘密的举证责任或提供证据的责任转移至被告方：（1）被告方曾有渠道或机会获取商业秘密的证据且该信息在实质上与商业秘密相同；（2）商业秘密已被或存在遭被告方披露或使用的风险；（3）其他侵犯商业秘密的证据的情形。

[②] 参见张黎《〈中华全国律师协会律师办理商业秘密法律业务操作指引〉释解》，北京大学出版社，2017，第41~44页。

[③] 王文华：《中美贸易谈判中侵犯商业秘密的刑事责任问题研究》，《经贸法律评论》2020年第4期，第43~55页。

应当予以高度警惕。司法机关应当坚决杜绝将刑事民事二者的举证规则混为一谈，在刑事诉讼中还应坚持举证责任由公诉机关承担。

《协议》规定的"普遍知悉"（generally known）和"容易获得"（readily accessible）两个要件，不是刑法明文规定的侵犯商业秘密罪的构成要件要素，上述两个法益目前也没有在刑法中予以特殊保护。《刑法》第219条保护的是权利人的商业秘密权，而对于某项信息是否具有保密性，是否达到了公知程度，则需要《刑法》这一前置法的介入，不应当过分扩大《刑法》的适用范围。民事诉讼的举证责任调整，虽然在一定程度上有助于解决公民立案难的问题，但是这也导致被告方的前员工难以获得优质的法律服务，也较难完成法律上的举证。[①] 例如，在湖南A餐饮公司与青山湖区B烤肉店侵害商业秘密纠纷案中，法院几乎直接认定涉案信息的烤肉调料包不为公众所知悉，具有商业价值，且A公司提供的与生产商和加盟商签订的合同足以证明其采取了相应的保密措施，故涉案的调料包应当属于A公司的商业秘密。[②] 因此，在刑事案件中，如果公安机关在收到侵犯商业秘密罪的举报时，就直接默认标的物中的技术信息或者经营信息属于商业秘密，不考虑相关技术信息或经营信息的技术含量高低，必然会导致行为人涉嫌犯罪的底线过低，不利于维护经济秩序的稳定。

刑事侦查取证能力高于普通的民事诉讼，这是知识产权民事纠纷中双方平等的法律关系主体所不具备的。[③] 如果要求刑事诉讼的被告人承担上述举证责任，明显不利于保护被告人合法权利。例如前述的"山东省某公司与马某庆案"，马某庆在工作中能够接触到本单位的生产经营方式与海带出口贸易。从该公司离职进入具有竞争关系的公司后，后者短时间内也开始

[①] 林威：《论商业秘密的秘密性要件——以中美贸易争端为背景》，《福建农林大学学报》（哲学社会科学版）2021年第3期，第93~105页。

[②] 参见江西省南昌市中级人民法院湖南卜食记餐饮管理有限公司、青山湖区仁伍烤肉店侵害商业秘密纠纷二审民事判决书，（2020）赣01民终1529号。

[③] 夏朝羡、贾文超：《民刑交叉视域下的商业秘密刑法保护——从〈中华人民共和国刑法修正案（十一）〉对侵犯商业秘密罪的修改切入》，《广西警察学院学报》2021年第1期，第28~34页。

启动同样的工作流程。如果在民事纠纷中要求马某庆承担相应举证责任，确实有助于保护原单位的经济利益。但是，在刑事诉讼中需要公诉机关证明马某庆确实窃取了该生产经营方案，而且达到了刑法意义上的"情节严重"，才能认为马某庆涉嫌侵犯商业秘密罪。然而，如果检察机关或山东省某公司证明了马某庆新入职的公司采用相近经营方式的时间，与马某庆辞职和入职的时间在客观上具有耦合性之后，则需要马某庆自行证明没有涉嫌侵犯商业秘密罪。否则马某庆很可能被推定为构成刑事犯罪。那么，这不仅大幅度增加了被告人的责任，让被告人在刑事诉讼中处于更加不利的地位，更是违背罪刑法定原则，严重破坏了被告人不应当自证无罪这一刑事诉讼法最为基本的原则和底线。

通过各种不法手段窃取商业秘密的行为人，通常会与用此秘密进行营利的另一方进行恶意串通。检察机关和司法机关形成完整的证据链以侵犯商业秘密罪给被告人定罪量刑的难度较大。但是，这不能成为在刑事审判中适用民事诉讼举证责任规则的理由，侵犯商业秘密罪的被告人也没有与获得违法利益的第三方不进行恶意串通的期待可能性。根据举轻以明重的当然解释原理，如果认为侵犯商业秘密罪需要由被告人自证无罪，那么具备更大社会危害性的危害国家安全犯罪或是侵犯公民生命权或健康权的犯罪则更不需要公诉机关承担证明证据确实、充分的责任，这显然不合理。《协议》并没有对刑事诉讼中的举证责任进行调整，《刑法修正案（十一）》也只是规定了实体内容。刑法应当恪守谦抑性的底线，不应当直接援引民事诉讼的举证责任以打击犯罪。因此，侵犯商业秘密罪的诉讼中，公诉机关依然要承担举证责任，做到证据确实、充分。不能让被告人承担"没有侵犯被害人商业秘密"或"某项技术不属于商业秘密"的举证责任，从而可以更好地贯彻刑法罪刑法定原则。

三　商业秘密刑事保护的完善与展望

面对我国商业秘密刑事保护制度存在的不足，公民在参与市场经济过程中要尽量避免陷入相关问题引起的诉讼，避免造成损失。《刑法修正案（十一）》增设的新罪将对法律主体的跨国贸易产生显著影响。客观上，司法机关要注意商业间谍的行为和由此产生的"概念相对化"的现象，实现"以刑制罪"。同时，谨慎处理《刑法》与《反不正当竞争法》的关系。主观上，检察机关和司法机关要坚持体系性思考，限制积极主义刑法观的无限扩张，努力实现商业秘密刑事立法的规范保护目的。

（一）注意"商业间谍"行为和概念相对化

《刑法修正案（十一）》在《刑法》（2017）第219条后增设第219条之一"为境外窃取、刺探、收买、非法提供商业秘密罪"："为境外的机构、组织、人员窃取、刺探、收买、非法提供商业秘密的，处五年以下有期徒刑，并处或者单处罚金；情节严重的，处五年以上有期徒刑，并处罚金。"这与美国法中的"经济间谍罪"[①]的规定基本一致，实际上是增设了我国的"商业间谍罪"。这提升了对商业间谍行为的法律规制力度，为维护国家安全、进一步提高法律主体的国际竞争力提供保障。[②] 以"力拓间谍案"为例，经济间谍行为对我国经济安全和钢铁产业造成巨大损失。本罪的增设可以有效避免经济间谍行为对我国国家利益和产业利益造成的严重损害，避免大量的外国经济间谍行为对我国国家、行业和企业具有核心竞争力的知识产权等无形资产进行的严重侵犯。[③]

一方面，法律主体在与境外企业或机构进行商业往来期间，务必严格约束管理人员的涉密行为，增强保密意识，以防出现向外国组织泄露商业秘密，甚至构成刑事犯罪的情况。另一方面，因为本罪为新增设的罪名，还没有相关的典型案例可供参照。一些保密信息的研发者或持有者本身既

---

① 参见 18 U.S.C. §1831。
② 商浩文：《最新刑法修正案关于企业产权保护的亮点解读》，《中华工商时报》2020年7月9日，第3版。
③ 参见魏明《美国加强涉华经济间谍法律规制的研究》，《哈尔滨师范大学社会科学学报》2020年第1期，第78~85页。

是私营企业,又有着国家和政府的大力支持。这使得相关的信息究竟属于商业秘密还是国家秘密,无法轻易地划分界限。例如,有学者将特定的政府数据与商业秘密相联系,主张政府数据开放中的商业秘密数据保护是建立健全政府数据开放体系的重要内容,[①]但是,在这种紧密联系之下,政府数据与商业信息的界限必将出现模糊,在交叉处的信息究竟应该按照国家秘密还是商业秘密进行保护则存在疑问。司法机关应当谨慎处理此类问题,通过个案分析的方法确定存在争议的信息究竟属于商业秘密还是国家秘密,是否会对国家安全造成威胁。坚决杜绝司法人员业务水平有限导致将本罪与危害国家安全的犯罪相混淆的情况出现,避免对被告人轻罪重罚。

侵犯商业秘密罪和为境外窃取、刺探、收买、非法提供商业秘密罪两个罪名更加全面地保护商业秘密对国家和公民的价值。这体现出吸收借鉴域外法来完善现行法律体系,并且与国际商业秘密刑事保护制度相接轨的趋势。在法律移植与法律全球化不断加深的大背景下,法律主体还需要学习美国、德国和日本等域外法中关于"商业间谍"行为的规定,以便在国际贸易中更好地占据主动地位。但是,有学者认为,美国法未能对"经济间谍"的概念进行标准化和规范化的定义。[②]司法机关应注意刑法意义上的经济间谍与市场竞争中合法的"竞争情报搜集者"(Competitive Intelligence)二者的界限。

司法机关还应当注意,行为人单纯通过网络等媒体公开商业秘密后,相关商业信息被境外机构或个人获取的,不应当认定为"为境外窃取、刺探、收买、非法提供商业秘密罪"。虽然有学者在研究以人类遗传资源为对象的犯罪时表示,在网络时代,只要在境内公开信息,就必然会被境外组织、个人使用,[③]但是,互联网属于共有领域,如果行为人主观上没有给境

[①] 参见陈吉利、郑海山《我国政府数据开放中的商业秘密数据保护路径探讨》,《电子政务》2021年第7期,第91~100页。

[②] Hou Tie, Wang Victoria, Industrial espionage—A systematic literature review (SLR), Computers & Security, 2020, p.98.

[③] 参见张明楷《增设新罪的原则——对〈刑法修正案十一(草案)〉的修改意见》,《政法论丛》2020年第6期,第3~16页。

外披露的故意，那么在网上公开发布商业秘密的行为与侵犯商业秘密罪中的披露行为并无任何区别，不能因为商业秘密获得者的身份不同而对被告人处以更重的刑罚。否则，本罪的行为与侵犯商业秘密罪中的"披露"行为二者的界限无法划分。同时，根据罪刑法定的原则，立法者并未做明确规定，则在网络上公布商业秘密的行为不应当被纳入本罪规制的范围之中。正如有学者所言，既然立法者没有将通过网络在境内公开商业秘密而客观上被境外机构、组织利用的行为纳入刑法调整范围，本身就说明该种行为不具有刑罚处罚的必要性，或者该种行为的社会危害性尚未达到新增"商业间谍犯罪"的程度。①

司法机关应当注意"境外的机构、组织、人员"这一概念在不同条文中存在的"概念相对化"的问题，真正实现"以刑制罪"。所谓"以刑制罪"，指法定刑的严厉程度反过来会制约与影响构成要件的解释，这是罪刑相适应原则在解释论中予以应用的体现。②《刑法修正案（十一）》中被告人泄露商业秘密的对象是"境外的机构、组织、人员"，这与《刑法》第111条为境外窃取、刺探、收买、非法提供国家秘密、情报罪中的"境外的机构、组织、人员"应当做不同界定。因为对"为境外窃取、刺探、收买、非法提供商业秘密罪"的处罚是"五年以下有期徒刑，并处或者单处罚金；情节严重的，处五年以上有期徒刑，并处罚金"。相反，《刑法》第111条规定的是"五年以上十年以下有期徒刑；情节特别严重的，处十年以上有期徒刑或者无期徒刑"，二者形成了鲜明对比。从罪刑关系均衡性的角度思考，前罪中的"机构、组织、人员"多应指企业法人或是没有任何身份特征的普通自然人，而《刑法》第111条的犯罪主体应限于涉及"国家安全"等特定背景。

正如美国刑法中经济间谍罪的犯罪故意仅限于明知犯罪行为将有益于外国政府、外国机构或外国代理人。我国司法机关在解释构成要件时，除了受

---

① 张建、俞小海：《侵犯知识产权犯罪最新刑法修正的基本类型与司法适用》，《上海政法学院学报》（法治论丛）2021年第5期，第37~53页。
② 劳东燕：《刑事政策与刑法解释中的价值判断——兼论解释论上的"以刑制罪"现象》，《政法论坛》2012年第4期，第30~42页。

法益的指导之外，还必须考虑运用以刑制罪的原理。司法人员对"机构、组织、人员"在不同法条中做不同解读不仅有利于更好地贯彻"以刑制罪"的理念，更能在发生争议时，通过区分商业秘密接受者的不同身份，对被告人进行精准的定罪量刑。如果司法机关能够确定境外的有关人员涉及"国家安全"的性质，同时被告人泄露的具有争议性的商业信息有部分内容或者全部涉及国家秘密，即相应公司企业的技术信息或经营信息属于"关系国家安全和利益，依照法定程序确定，在一定时间内只限一定范围的人员知悉的事项"[1]，那么，被告人实施侵犯商业秘密的行为则同时触犯了为境外窃取、刺探、收买、非法提供国家秘密、情报罪，属于想象竞合犯，应当从一重罪处罚。

为了保证国家和个人的商业秘密权益不受侵犯，各国都制定了规制商业间谍行为的规定。例如，美国《经济间谍法》根据犯罪主体不同分别规定个人商业间谍罪和经济组织商业间谍罪。企业法人或内部高级管理人员如果实施了违法犯罪行为，相同行为的刑事处罚会因为主体不同产生实质性差别。个人实施经济间谍罪的处50万美元或15年以下有期徒刑，或二者并处；经济组织实施上述行为的，则处1000万美元以下的罚款。[2] 但是，对比各国刑法中对商业间谍行为的规定可知，不同国家对"商业间谍"的解释不尽相同，对于"间谍"大多解释为市场经济主体之间的刺探秘密者或向境外传递秘密者。

《刑法修正案（十一）》借鉴了美国的立法内容和德国的立法模式，为了专门限制商业间谍行为，增设本罪。当事人实行行为如果既破坏了国内公民的利益，又为境外机构谋取了利益，则属于侵犯商业秘密罪与为境外窃取、刺探、收买、非法提供商业秘密罪的想象竞合犯，司法机关应从一重罪处罚。对"商业间谍"行为的规制通常体现于刑法层面，但是审判人员不仅要关注刑法的规定，更要注意民事法律作为前置法对刑法产生的影响，特别是注意《刑法》与《反不正当竞争法》的关系。

---

[1] 张明楷：《刑法学》（第五版）下册，法律出版社，2016，第684页。
[2] 参见 18 U.S.C. §1831。

(二) 厘清《刑法》与《反不正当竞争法》的关系

2019年修订的《反不正当竞争法》中对商业秘密保护的条款符合《协议》《反不正当竞争法》的要求。第9条完善了责任主体制度，增加了"经营者以外的其他自然人、法人和非法人组织实施前款所列违法行为的，视为侵犯商业秘密"。同时，增加了电子侵入和违反保密义务以及教唆、引诱、帮助他人违反保密义务或者违反权利人有关保守商业秘密的要求。这表明第三方通过间接渠道非法获取商业秘密的行为也可能构成侵权。但是，如前所述此类行为不应当被规定为犯罪。侵犯商业秘密罪的"民事违法与刑事犯罪的关系大体上相当于财物与汽车的关系"[1]，但是二者的边界就在于是否构成刑法意义上的"情节严重"。《反不正当竞争法》与《刑法》内容规定的一致性恰恰表现出二者所保护的法益本质是一样的，只是在情节认定方面存在着明显不同。

在刑民交叉的案件中，司法机关确定《反不正当竞争法》与《刑法》的边界更有意义，对于解决商业秘密民事与刑事"两审合一"也有一定的促进作用。一般认为，刑事诉讼程序优先于民事诉讼。[2] 对于侵犯知识产权的案件而言，先刑后民的保护模式确实可以提升诉讼效率，更好地保护商业秘密所带来的经济利益。但是司法机关在维护公民权利的过程中，必须意识到刑法的谦抑性，不能任意践踏同行业内竞争对手的合法权利。《协议》减轻了民事诉讼原告的举证责任，仅提出初步证据即可。2019年修正的《反不正当竞争法》第32条[3]几乎完全接受了《协议》的规定，如前文

---

[1] 张明楷：《刑法学》（第五版）下册，法律出版社，2016，第661页。
[2] 张明楷：《程序上的刑民关系》，《人民法院报》2006年5月24日，第B1版。
[3] 《反不正当竞争法》第32条规定："在侵犯商业秘密的民事审判程序中，商业秘密权利人提供初步证据，证明其已经对所主张的商业秘密采取保密措施，且合理表明商业秘密被侵犯，涉嫌侵权人应当证明权利人所主张的商业秘密不属于本法规定的商业秘密。商业秘密权利人提供初步证据合理表明商业秘密被侵犯，且提供以下证据之一的，涉嫌侵权人应当证明其不存在侵犯商业秘密的行为：（一）有证据表明涉嫌侵权人有渠道或者机会获取商业秘密，且其使用的信息与该商业秘密实质上相同；（二）有证据表明商业秘密已经被涉嫌侵权人披露、使用或者有被披露、使用的风险；（三）有其他证据表明商业秘密被涉嫌侵权人侵犯。"

所述，此规定仅限于民事范围，不应当类推至刑事诉讼。法院在审理商业秘密一般侵权的案件中，如果发现被告涉嫌侵犯商业秘密罪，应中止审理并移送公安机关。在刑事审判的过程中，被告人也应该继续坚持既往的举证规则，要求公诉机关承担举证责任，不能要求被告人自证无罪。目前刑事诉讼法并未调整侵犯商业秘密罪的举证责任，因此应当坚持存疑时有利于被告人的原则，不能将《中美经贸协议》和《反不正当竞争法》规定的举证责任内容直接用于刑事审判之中。

《反不正当竞争法》第9条第1款第4项中关于教唆、引诱、帮助他人违反保密义务或者违反权利人有关保守商业秘密的要求，获取、披露、使用或者允许他人使用权利人的商业秘密的有关规定，目前暂时不能被《刑法》第219条直接规制，但是并不意味着法律主体如果在未来的市场竞争中实施了上述行为，必然不会被追究刑事责任。首先，司法机关可以援引《刑法》第29条，用《刑法》总则中关于教唆犯的规定追究被告人刑事责任。根据被教唆人实行犯罪与否和引起损害后果的大小，对教唆者施加刑事处罚。其次，立法机关暂时未将《反不正当竞争法》第9条第4款直接在《刑法》中加以规定，表明了刑事立法和《刑法》所持有的谨慎态度。如果在《刑法》第219条中加入对教唆行为的规制，相当于将帮助行为正犯化或成为独立预备罪，一定程度上会导致商业秘密刑事保护范围进一步扩大。

目前，出现教唆侵犯商业秘密并构成刑事犯罪的情况相对较少，对本罪进行帮助行为或预备行为正犯化的必要性和紧迫性有所不足。但是，随着我国对商业秘密保护程度的不断提高，以及互联网犯罪和风险社会的显著影响，是否不再援引刑法总论的规定，而是运用法律拟制的方法直接将帮助侵犯商业秘密的行为单独定罪尚未可知。相比跨国公司而言，中小企业研发成本更高，商业秘密权益更为脆弱，发生纠纷后取证的难度更大。因此，中小企业更需要防患于未然，不仅要打消利用他人获取其他公司商业秘密的想法，而且要防止本企业被他人利用，成为其他企业实施侵犯商业秘密行为的工具。

处理好《刑法》与《反不正当竞争法》关系的基础是确定当事人侵犯商业秘密的行为属于刑事犯罪还是民事侵权的边界。目前，侵犯商业秘密的刑事犯罪与民事侵权的客观行为具有高度一致性，甚至有学者认为二者几乎没有区别，这使得《刑法》第 219 条的适用范围不断扩张。在市场竞争中，公安机关和司法机关应当对这一趋势保持高度的敏感性，谨慎分析当事人的行为是否涉嫌犯罪，是否具有足以进行羁押逮捕的社会危害性和预防必要性。如果能严格限制刑事保护规范扩张适用的趋势，划清刑事与民事的界限，《反不正当竞争法》的适用范围也能更加精确。在分析不同部门法规范的过程中，司法机关应坚持体系性思考，有效协调相关法律和规范性文件的关系。

（三）坚持体系性思考

《协议》与《刑法修正案（十一）》关于商业秘密的规定，从概念定义到民事诉讼举证责任，从侵犯商业秘密罪的定罪量刑到增设"商业间谍罪"，均对公众在市场竞争中的经济活动产生了很大影响。司法机关在解释全新的商业秘密刑事保护法律规范时，要坚持体系解释的方法，处理好《刑法》第 219 条与刑法内部和外部之间的关系，禁止少数权利人肆意混淆刑法与民法的边界，不得随意践踏他人的合法权利。体系性思考的要求是融贯性，[①] 不同法条要逻辑自洽。各个法律部门之间实质评价保持一致，且契合法条背后的道德理念。

首先，《刑法》（2019）删除了《刑法》（2017）第 219 条第 3 款关于商业秘密概念的规定。在目前没有新出台的刑事司法解释之前，司法机关对权利人商业秘密权法益保护范围可以在法秩序统一性的前提下，一定程度地借鉴前置法的规定。《反不正当竞争法》、《不正当竞争解释》[②] 和《商

[①] 劳东燕：《功能主义刑法解释的体系性控制》，《清华法学》2020 年第 2 期，第 22~49 页。
[②] 《不正当竞争解释》第 13 条第 1 款规定："商业秘密中的客户名单，一般是指客户的名称、地址、联系方式以及交易的习惯、意向、内容等构成的区别于相关公知信息的特殊客户信息，包括汇集众多客户的客户名册，以及保持长期稳定交易关系的特定客户。"

业秘密规定》①采用定义加列举的方法将《协议》规定的"保密商务信息"（Confidential Business Information）确定为商业秘密。当事人权益的保护范围不仅包括狭义的商业秘密，还包括类似于美国《侵权法重述》第759条规定的"商务信息"。例如企业运行流程、作品风格、产品性能、交易与物流状况、客户名单等公司从科技研发到市场营销等各流程的信息。但是，根据法秩序统一性的要求，对不在上述范围内的商业信息，不应当纳入刑法的保护范围。应坚决防止将前置法中不具有违法性的行为，在刑法上认定为犯罪。②

在此基础上，司法机关要注意"商业秘密"在不同的法律规定中应当如何定义，不同的法条保护的法益是否有所不同。"为境外窃取、刺探、收买、非法提供商业秘密罪"中的"商业秘密"应当与《刑法》第219条侵犯商业秘密罪中的"商业秘密"做相同定义。两个罪名均是同属于侵犯商业秘密的犯罪，两个条文也有着相同的规范保护目的，只有商业秘密的接受者有所不同，因此刑罚上有一定差别。此种解释可以更好地契合本条的立法理念，体现出美国法上的"经济间谍"行为在我国仍可以受到刑法的规制，从而更好地与中美经贸协议相衔接。但是，此处的"秘密"应当尚未达到《刑法》规定的"国家秘密"的保密程度。如果相关信息涉及国家利益与公共安全，例如与国防、军工、航空航天等国家重点建设领域单位有关的秘密信息，被告人可能涉嫌危害国家安全罪或危害公共安全罪。《刑法》第219条则是着重为更多民营企业营造公平竞争的环境，维护企业的经济利益。"商业秘密"主要包括市场竞争中私营企业关于产品运营、管理流程、设计方案等内容的智力成果。这两个法律规范应当有不同的规范保护目的，审判人

---

① 《商业秘密规定》第1条规定："与技术有关的结构、原料、组分、配方、材料、样品、样式、植物新品种繁殖材料、工艺、方法或其步骤、算法、数据、计算机程序及其有关文档等信息，人民法院可以认定构成反不正当竞争法第九条第四款所称的技术信息。与经营活动有关的创意、管理、销售、财务、计划、样本、招投标材料、客户信息、数据等信息，人民法院可以认定构成反不正当竞争法第九条第四款所称的经营信息。前款所称的客户信息，包括客户的名称、地址、联系方式以及交易习惯、意向、内容等信息。"

② 周光权：《处理刑民交叉案件需要关注前置法》，《法治日报》2021年4月7日，第9版。

员可以在不同的条文中对"商业秘密"进行不同的解读，以便在发生纠纷时最大限度地维护雇主和雇员的利益，保障企业的合法权益。

司法机关在贯彻对侵犯商业秘密罪体系解释的理念时，不仅要考虑刑法体系内部的协调一致，也要注重刑法法条与其他部门法、行政法规或部门规章的融贯性，仔细考量不同文件中"商业秘密"的不同定义。例如，国务院国有资产监督管理委员会在2010年发布的《中央企业商业秘密保护暂行规定》第2条规定："本规定所称的商业秘密，是指不为公众所知悉、能为中央企业带来经济利益、具有实用性并经中央企业采取保密措施的经营信息和技术信息。"这一规定对"商业秘密"予以不同定义，明显侧重对中央企业的保护，将商业秘密的范围限定于能为央企带来经济利益的相关信息，而非其他部门法中有关企业经营的商业信息。司法机关在处理涉及一般主体与中央企业商业秘密的纠纷时，则要注意这一特殊规定中的"商业秘密"与刑法保护法益的不同，在适用相关规范时要考虑其是否与刑事司法解释相协调一致。

《协议》对"商业秘密"通过概括加列举的方法进行定义，《刑法修正案（十一）》也在一定程度上体现了这一特点。立法机关应当尽快调整相关规范性文件，行政机关也应确定不同特定领域中商业秘密保护范围的差异，从而更好地使各部门法之间商业秘密的保护范围相互协调。同时，司法机关应对法人和自然人侵犯商业秘密的罚金有所区分。跨国公司或大型企业有更强的经济实力和更大的社会影响力，同样的侵犯商业秘密的行为会产生更大的负面影响，所以对跨国公司或大型企业实施的行为应当处以更严厉的处罚，使得刑罚产生更好的社会效果。这样可以更好地保证法律的权威性与公信力，维护司法系统的形象。[1]司法机关定罪量刑精准化体现出积极主义刑法观在司法实务中的应用，但是，如果过度强调积极主义刑法观，可能会无法限制商业秘密的刑事保护范围。在刑事处罚门槛降低的背景下，

---

[1] 梁凌：《论我国侵犯商业秘密罪相关法律的完善——兼与美国和德国相关制度比较》，《山东工商学院学报》2011年第5期，第115~119页。

适当限制积极主义刑法观在商业秘密刑事保护中的适用，有利于推动商业秘密刑事保护制度的最优化适用。

（四）限制积极主义刑法观

如前文所述，《刑法》（2019）删除了"或者应知"的规定并非与积极主义刑法观相冲突，亦不与国家对整体刑事政策规范的落实相矛盾。对商业秘密的刑事保护力度的增强，并非意味着司法机关可以漫无边际地援引刑事法规保护相关的商业信息。德国刑法学家罗克信（Roxin）教授将法益保护表述为"补充性的法益保护"[①]，法益保护原则是指"谦抑的法益保护原则"[②]。通过司法机关适当限制积极主义刑法观，有利于实现扩张商业秘密刑事保护范围与保护被告人合法权利的平衡。所谓"积极主义刑法观"，是指刑法积极主动介入社会生活。在风险社会之下，刑法主动发挥预防犯罪的功能，培育刑法权威。积极主义刑法观既与现代社会发展的情势变化相关联，也部分地得到了立法实践的印证。[③] 本次修法将侵犯商业秘密罪的既遂形态由造成"重大损失"的规定调整为"情节严重"，本质上是《刑法》第219条从法益侵害法到预防刑法的功能转变，反映出积极主义刑法观在商业秘密刑事保护制度中的应用。

但是，司法机关在案件审理过程中，要限制积极主义刑法观的应用，不能漫无边际地扩大商业秘密的刑事保护范围。正如日本刑法学家前田雅英教授所言："必须具体地、实质地探求为保全国民利益所必须的必要最先限度的刑罚。"[④] 司法实务部门在适用修正后的《刑法》第219条时，应当

[①] Claus Roxin, *Strafrecht Allgemeiner Teil*, Band I, 4. Aufl., C. H. Beck, 2006, S. 14, 转引自张明楷《增设新罪的观念——对积极刑法观的支持》，《现代法学》2020年第5期，第150~166页。

[②] 〔日〕山中敬一：《刑法总论》，成文堂，2015，第54页，转引自张明楷《增设新罪的观念——对积极刑法观的支持》，《现代法学》2020年第5期，第150~166页。

[③] 付立庆：《论积极主义刑法观》，《政法论坛》2019年第1期，第99~111页。

[④] 〔日〕前田雅英：《刑法总论讲义》，东京大学出版会，2011，第5页，转引自张明楷《增设新罪的观念——对积极刑法观的支持》，《现代法学》2020年第5期，第150~166页。

努力实现积极主义刑法观与刑法体系自主性的平衡。在给予自然人和法人的商业秘密权更多保护时，也必须进行自我限制，抑制自身的过度扩张，[①]从而同时保护被告人的合法权益。对本条的适用范围进行一定程度的限制，并没有降低对商业秘密的刑事保护水平，相反，这是在转型社会背景下，更好地贯彻积极的刑法立法观。同时，及时通过修正案立法模式增设新罪，也是当代中国社会治理的刚性需求。[②]

首先，法律主体指控竞争对手涉嫌犯罪的成本较修法前显著降低，但是刑法不应当最大限度参与社会治理，而是应当实现"刑法参与社会治理的最优化"。降低入罪门槛后，法律主体应牢记不滥用法律规范压制同行业的对手的原则。司法机关与公安机关要出台严格的规定，认真审查刑法意义上"商业秘密"的构成范围，防止侵犯商业秘密罪的规定被滥用。严禁少数企业，特别是处于产业链上游拥有优势地位的公司，故意模糊商业秘密刑事犯罪与民事侵权的界限。严防少数企业恶意利用《刑法》第219条及有关规定，打击行业竞争对手，破坏市场自由竞争。反垄断执法机构要谨慎处理涉及侵犯商业秘密罪的纠纷，谨防相关企业借此机会实施市场垄断行为。通过公民、司法机关、行政机关等各部门的全方位努力保护真正的商业秘密，更好地维护市场秩序。

其次，法律主体应当对商业秘密刑事保护规范适用范围的扩大做好准备。我国刑法坚持"严而不厉"[③]的立法模式：刑法规制"严"，但是刑事处罚"不厉"。这种法网严密兼去重刑化的思想成为积极主义刑法观的重要的理论渊源。侵犯商业秘密罪不再以"重大损失"为成立要件，自然人的入罪范围较之前有明显扩大。适当限制积极主义刑法观，有助于降低不法行为对应的刑罚标准，更有助于推动多元诉讼纠纷解决机制的应用。雇主

[①] 劳东燕：《网络时代刑法体系的功能化走向》，《中国法律评论》2020年第2期，第101~114页。

[②] 参见周光权《刑事立法进展与司法展望：〈刑法修正案（十一）〉总置评》，《法学》2021年第1期，第18~35页。

[③] 储槐植：《刑事一体化论要》，北京大学出版社，2007，第53~67页。

应当与雇员及时签订有关保密协议,力争做到处处留痕迹,完善既有的商业秘密监督管理体制,避免陷入刑事诉讼。《刑法》修正后,对犯罪情节较轻的,司法机关更多考虑从轻或减轻处罚。这样一方面可以保障商业秘密持有者的合法权益,维护市场公平公正的竞争环境;另一方面有助于增强被告人的社会意识。针对部分主要为了获得经济利益或商业优势而窃取他人商业秘密的行为,司法机关应根据犯罪主体的不同进行精准量刑。对于个人与经济组织实施的侵犯商业秘密罪,应当有不同的处罚标准。企业间窃取商业秘密的行为构成刑事犯罪的,要结合不同企业在市场中的不同的经济地位、相关技术信息或经营信息在不同企业之中可能发挥作用的大小进行综合判断。司法机关审理商业秘密案件时要结合个案特点,力争做到具体问题具体分析,准确确定被害人损失数额和侵权人获利数额。

鉴于商业秘密案件的特殊性,司法机关在计算损失时应当具体问题具体分析。要坚持个案判断的原则,根据行为不同类型进行区分。比如,根据侵权人获取商业秘密后使用的不同途径,可以分为以下四种情况:(1)当事人在非法获取商业秘密后自行进行产品生产和销售;(2)将非法获取的商业秘密转让给第三人;(3)通过非法手段或者合同关系获取商业秘密后进行公开;(4)单纯非法获取他人商业秘密未作进一步使用。[①] 同时,司法机关要考虑行为的期待可能性,被告人是否具备意识到相应的经营信息或保密商务信息能够纳入商业秘密的保护范畴的可能。司法机关还需分析商业秘密指向的是实体经济利益还是虚拟财产,准确判断财产损失是否具备可恢复性。

司法机关需要结合当事人的认罪认罚情节,尽可能实现精准化的定罪量刑,避免因为对损失数额进行重复计算而加重被告人刑罚的情况。我国还可以借鉴日本刑法,在现阶段不出台针对企业商业秘密保护专门法的情况下,根据违法行为的不同阶段和不同的主观方面,在《刑法》中制定多

---

① 刘秀:《侵犯商业秘密罪中"重大损失"的认定》,《中国刑事法杂志》2010年第2期,第60页。

个罪名，实现定罪量刑精准化、最优化。也有学者认为，德国反不正当竞争中涉及侵犯商业秘密罪规定的亮点在于，结合不同行为主体、不同行为对象设置有差别的构成要件。这对侵犯商业秘密罪相关规定的完善有很强的借鉴意义，我国可以针对刑法所规定的不法行为类型，设置有差别的入罪门槛。①

最后，公检法部门要恪守刑法的谦抑性原则，谦抑性并不要求刑法无所不为。单纯或片面基于谦抑精神主张慎重处罚，使刑法无法作为、不能作为或完全消极应对的观念，在本质上与刑法作为社会制度的功能本性背道而驰。② 在扩大侵犯商业秘密罪的适用范围的同时，限制积极主义刑法观的应用，是在适当条件下适度地、理性地将一些行为犯罪化，并不违背谦抑性原则。③ 积极主义刑法观以刑法谦抑性为原则和底线，约束刑法干预社会生活的程度。司法机关要严格禁止当事人以"流氓诉讼"为手段，采用不合理方法维护商业秘密的现实利益和潜在价值。坚决杜绝行为人以保护商业秘密为借口，恶意指控竞争对手公司高管涉嫌侵犯商业秘密罪，进而阻碍公司正常运营的现象出现。企业在经济活动中要建立完善的防止商业秘密泄露的方案，同时做好规避涉嫌刑事犯罪的风险防控工作，促进不同法律规范相互协调，对立统一，推动《刑法》第219条更充分地保障公民合法权益。

刑事立法应以结果犯为原则，行为犯为例外犯（情节犯包括行为犯④）。行为犯规定的扩张容易导致构成要件限缩，一定程度上对保障人权提出了更高要求。⑤ 将侵犯商业秘密罪从结果犯调整为情节犯体现了本条的结构

---

① 参见唐稷尧《扩张与限缩：论我国商业秘密刑法保护的基本立场与实现路径》，《政治与法律》2020年第7期，第42~55页。
② 高铭暄、孙道萃：《预防性刑法观及其教义学思考》，《中国法学》2018年第1期，第166~189页。
③ 卢建平、刘传稿：《法治语境下犯罪化的未来趋势》，《政治与法律》2017年第4期，第36~53页。
④ 刘宪权、陆一敏：《〈刑法修正案（十一）〉的解读与反思》，《苏州大学学报》（哲学社会科学版）2021年第1期，第32~41页。
⑤ 参见林东茂《危险犯与经济刑法》，台湾五南图书出版公司，1985。

性改变,标志着商业秘密刑事保护的法律规范正在从传统的法益侵害法向社会管理法逐步过渡。侵犯商业秘密罪保护的法益并非一成不变,而是随着时代的变迁和市场经济的发展不断变化。正如罗克信教授所言:"法益没有自然法的永恒效力,而是跟随宪法基础和社会关系的变迁和变化。"①但是,若不限制积极主义刑法观不断扩大的适用范围,刑事立法在回应经济社会中法益发展需求的同时,必然会导致诉求增加等问题,也可能会对法律解释产生一定程度的影响。如何在积极主义刑法观之下寻找商业秘密犯罪合适的解释路径是未来很大的挑战。虽然网络时代具有很强的虚拟性,传统刑法中商业秘密犯罪的规定必须进行修正才能解决网络时代的问题,但是,相关规定必须谨慎适用,刑事保护制度也应当长期坚持积极审慎的立场。

四 结论

信息时代下刑法结构性改变的根本原因在于网络去中心化与国家治理中心化之间的矛盾。② 商业秘密在不同环境下的不同界定,是多中心化的趋势在经济系统中的体现。《刑法修正案(十一)》与《协议》充分体现出去中心化的法治环境对市场经济活动产生的影响。刑法在大幅提升对企业商业秘密的法律保护水平的同时,也在引导公民合理合法地维护自身利益,不滥用法律规范主张权益,实现保护商业秘密权利人的经济利益和推动大众创新与人才流动的平衡。同时,《协议》中关于举证责任倒置等部分的内容,还需要在未来通过修改民事诉讼法来加以落实,且要与刑事诉讼举证责任加以区分。只有实体法和程序法共同发挥作用,企业的商业秘密才能更好得以保护,才能真正实现惩戒商业秘密侵权的刑事政策的效果。

---

① 〔德〕克劳斯·罗克信:《刑法的任务不是法益保护吗?》,樊文译,《刑事法评论》2006年第2期,第146~165页。
② 何荣功:《信息网络时代的刑事立法与犯罪治理》,2020年南开大学第五届刑法公益暑期研讨班第四讲。

随着法律全球化的深入，域外法对于商业秘密的保护对我国法律体系的影响愈发显著。商业秘密保护制度从"义务原则"逐步向"财产权原则"过渡，财产法理论逐渐发挥主导作用。① 商业秘密刑法保护范围的扩大，赋予了公民更多的选择自由，但是行使自己的行为自由，就必须为该行为自由所产生的结果负责。②《协议》在影响我国法律制度的同时，也要求美国提供对等的商业秘密保护措施。个人与企业均要结合自身发展情况认真分析市场环境，特别是跨国企业在中美间进行贸易往来时，要仔细研究商业秘密规定调整带来的影响。法律主体不能随意侵犯他人权利，但也要学会如何用国际条约与国内法律保护自身的合法权益。正如德国刑法学家雅各布斯（Jakobs）教授所言：商业秘密刑事保护规范的接受者和他人要去"建设一个共同的世界"。立法与司法的目的是使他人变得更好，而不只是弥补自己造成的损失。在这个"共同的世界"中，他们被强制要求和他人团结在一起。③

最后，自然人和法人还需认真学习《刑法》第 219 条及相关法律规范，分析法条修正背后立法目的的变化，从而准确制定本单位内部关于商业秘密的规章制度。企业在遇到有关商业秘密的纠纷时，也要合理规划诉讼策略。雇主在维护本企业利益的同时，也不得滥用法律规范打击竞争对手，推动建立公平公正的市场秩序。得克萨斯州最高法院曾做出宣告："商业秘密法不容置疑的旨趣是认可和实施商业活动中的较为高尚的商业道德准则。"④ 冯晓青教授也曾表示，新时代我国知识产权文化建设应着重解决的问题之一，即是不断增强公众保护知识产权的意识，培养良好的保护和尊

---

① 参见李明德《美国知识产权法》（第二版），法律出版社，2014，第 218 页。
② 何庆仁：《义务犯研究》，中国人民大学出版社，2010，第 26 页。
③ 参见京特·雅各布斯（Günther Jakobs）（1993 年）《支配犯及义务犯的干预》，阿部纯二、绿川邦夫合译，载《法学》1993 年 3 号，第 41~43 页，转引自何庆仁《义务犯研究》，中国人民大学出版社，2010，第 28 页。
④ *Hyde Corporation v. Huffined*, 314 S. W. 2d 763 (Dexas Supreme Court, 1958)，转引自李明德《美国知识产权法》（第二版），法律出版社，2014，第 211 页。

重知识产权的理念。[①] 当未来所有法律主体都能树立自觉保护商业秘密的意识，不随意侵犯他人的技术信息和经营信息时，商业秘密也就不再需要法律和强制性规范等强制力的保护。当侵犯商业秘密罪在现实的经济活动和市场竞争中没有适用空间时，方才真正实现商业秘密刑事立法的规范保护目的。

[①] 冯晓青：《新时代中国特色知识产权法理思考》，《知识产权》2020年第4期，第3～15页。

研究生论坛

独创性的客观主义判断标准反思

——以人工智能生成内容为模型

李亚兰[*]

摘　要： 在著作权法中，独创性的客观主义判断标准强调摆脱"创作过程"等主体性要素，而着眼于作品的形式符号本身。可版权论者试图借助客观标准证成人工智能生成内容的独创性。然而通过对客观标准的历史演进逻辑以及当前国内学界的认识进行分析，可以发现客观标准无法绝对摒弃主观要素，进而无法适用于对人工智能生成内容之独创性的判断。人工智能生成内容可版权性问题的关键也不在于主体问题，而在于选择更为公平的利益分配机制。基于"最小利益分配单元"这一视角，著作权法应当坚持将自然人作为利益分配的固定起点，充分考虑"创作可能性"，以更好地实现法的正义价值。

关键词： 人工智能　独创性　客观标准　创作过程　利益分配

一　问题的提出

在著作权法中，具备独创性是成为作品的必要条件。那么，人工智能生成内容究竟是否具有独创性呢？[①] 该问题极具争议。否定说认为人工智能

---

[*] 李亚兰，山东大学（威海）法学院2019级硕士研究生。

[①] 关于"人工智能生成内容究竟是否真实存在"的问题存在争议，因为目前的人工智能还无法完全脱离人力操作，强人工智能时代尚未到来。但尽管如此，人力操作极为微弱情状下人工智能生成的内容确实存在。若给予人力操作极为微弱的人工智能生成内容与人类作品同等的保护，会打破现有著作权法的利益平衡机制。故人工智能生成内容的著作权法问题并非一个伪命题，值得探讨。

生成内容的过程难以体现自然人的智力选择，不具有独创性。而肯定说则认为在判断独创性时，应剔除"创作过程""创作意图"等主观性要素，仅以作品的形式符号为准，只要人工智能生成内容在形式上与已有作品存在可区别的变化，即可满足独创性的要求。肯定说与否定说得出不同结论的原因在于两者采信了不同的独创性判断标准。否定说所坚持的主观主义标准，一来生发于欧洲大陆作者权体系的作品哲学观，认为作品反映思想、反映个性、反映人格，只有体现主体意志的内容才能符合作品的规范要件；二来生发于洛克式的"劳动财产说"，该说认为作品是劳动的产物，作为劳动过程的创作过程具有独特意义，该说也为版权体系所采信。而肯定说据以遵从的客观主义标准，则试图打破原有理论，将主体与作品内容完全剥离开来。

作品独创性的客观主义判断标准（以下简称"客观标准"）在规范层面上有其特殊含义。该标准也称形式主义标准、结果主义标准，"它将作品独创性的判断着眼于作品本身，即创作行为之结果，作品的存在形式，而不考虑创作主体和创作过程"[①]。与此相反，作品独创性的主观主义判断标准（以下简称"主观标准"）则强调从创作过程中寻找作者的个人印记。仔细对比，可以发现两者的分歧并不关乎独创性作为一项判断标准本身是主观的还是客观的。有学者指出，在抽象意义上，作为标准的独创性不同于作为概念的独创性，它是客观的，因为标准必然是客观的，否则就不称其为标准。[②] 客观标准以"客观"为名，但并不代表其在实际操作上就能做到完全客观，因为即便是仅仅将诉争作品的客观符号形式与现有作品进行比对，以察觉出"可区别的变化"，但"区别"与"变化"本身便是非常主观的概念，使用客观判断标准认定作品的独创性同样会掺杂法官的主观倾向。同样，主观标准也"不是指主观任意性，也不是指在独创性判断上的随意

[①] 杨述兴：《作品独创性判断之客观主义标准》，《电子知识产权》2007 年第 8 期。

[②] 参见金渝林《论作品的独创性》，《法学研究》1995 年第 4 期。

性"①。客观标准中的"客观"特指以作品的形式符号为判断对象，主观标准中的"主观"特指以作品的创作过程为判断对象，两者的含义皆与一般用法有异。尽管"客观主义"与"主观主义"的冠名方式容易引起误解，但出于便利交流的需求，本文仍旧采用旧称。

从历史的角度来看，否定说所采纳的主观标准基于较为悠久的历史以及更为普遍的司法经验，更加符合先前著作权法的理论预设。而肯定说所采用的客观标准被提出于晚近，故应对其进行更为严格的检验，以免破坏著作权法原有的体系化框架。本文将对客观标准的产生历史进行爬梳，以人工智能生成内容的独创性问题为模型，明晰客观标准的真实内涵，最后从利益分配的视角，对客观标准进行总体性反思，以期为立法及司法提供参考。

二 客观标准的源起

客观标准的规范意义有其历史形成过程，那么它产生于何处，经历了怎样的历史积淀，发展逻辑又是怎样的呢？要对这些问题做出回答，需要追溯到著作权法发展史的早期。著作权体系的制度构建采用"作品体现人格"的哲学观，其在独创性的判断上更偏向于主观标准。故对于客观标准来说，版权体系的法律经验更具代表性。本部分将以美国为例，对客观标准的历史发展脉络进行梳理。在此基础之上，再对我国的情况进行分析，以期透视客观标准的真实含义。

（一）客观标准在美国的发展历程

美国版权学者多将与独创性有关的最早判例追溯至1839年马萨诸塞州巡回法庭审理的 *Gary Et Al. v. Russell Et Al.* 案，并且认为该案确立了一些较

---

① 杨述兴：《作品独创性判断之主观主义标准》，《电子知识产权》2007年第7期。

为权威的观点。在本案中，存在一部已有的作品《亚当拉丁文语法》①，原告享有版权的版本在该作品的基础上对音标、词性变化、前缀、格律、缩写等方面做了大量的添加与删改。被告的作品是《亚当拉丁文语法》的另一改编版本。原告诉称被告的改编版本与其改编版本基本相似，侵犯了其版权，最终判决认为被告构成侵权。②尽管此案没有对独创性理论做出明确的规定，但已使其部分内涵浮出水面。例如，法官基于"在各种资源中准备与收集笔记是一项会耗费不少劳动与精力的工作"③的理由而认定原告对其改编版本享有版权，而对"为什么耗费一定劳动与智力就可受到保护"则没有详细论述，这至少意味着在当时享有版权的作品必须耗费创作人的部分劳动与智力，且人们对这一观点已达成共识。但与此同时，本案法官面临着一个重要的问题，即原告的改编版本虽然耗费了当事人大量的劳动与智力，但其内容全部来自对已有资料的汇编，并没有什么"新的"东西。④于是在此案中，对从多途径获取的材料进行安排、整理、删减与汇合而成的成果是否具有可版权性，成为一个需要专门解决的问题。法官为此做了较大篇幅的论证，甚至运用了类比的手法，以证明如果原告的改编版本不构成作品，那么绝大多数天文、数学、化学、自然哲学等领域的科技论文以及百科全书都将得不到保护。这已不是简单的法条适用推理，而属于学理论证的范畴。可见，在当时，人们对汇编作品是否具有"独创性"还尚未达成共识，这是一个需要法官在判决书中另作说明的问题。但另一方面，也反映了当时的司法实务中已经认识到要构成作品，其内容不一定要是全新的，对已有内容进行与以往不同的形式上的位置安排，也是"新"的一种表现，也即对"独创性是否是一个很高的要求"之问题在不经意间

---

① 关于被原告与被告改编的《亚当拉丁文语法》是否构成作品，本案没有产生争议。
② *Gary Et Al. v. Russell Et Al*, 10 Fed. Cas. Page 1035, No. 5728（Circuit Court, D. Massachusetts. 1839）.
③ 原文为"Now, certainly, the preparation and collection of these notes from these various sources, must have been a work of no small labor, and intellectual exertion"。
④ 原文为"The argument proceeds mainly upon this ground, that there is nothing substantially new in Mr. Gould's notes to his edition of Adam's Latin Grammar"。

做了否定的回答。此案已能让人隐约感受到"主观"与"客观"路径的不同。原告的改编版本之所以在作品性上遇到障碍，就是因为如果仅仅观察客观表现形式，它并不能完美地符合"新"的要求。尽管当代理论多认为对他人作品进行调序、添附、省略、重组的行为可以体现独创性，但在当时这并不是一个理所当然的结论，因为毕竟没有新的内容，只有新的形式。正是因为在客观路径（即仅看作品的形式符号本身）上走不通，法官才不得不转而进入主观层面，对原告改编作品的创作行为与创作过程进行描述，借用"劳动""智力付出""技能""品味""天资""判断"[1] 这类主观性较强的概念来证成汇编作品的独创性。

Gary Et Al. v. *Russell Et Al.* 案中斯托里（Story）法官所确立的独创性判断思路，此后一直为美国版权司法实践所采纳，其影响力一直延续到今天。到1879年，最高法院审理了 Baker v. Selden 一案，[2] 本案涉及教授记账方法的书籍是否享有版权的问题。法官最终否认了涉案书籍具有版权的主张，但原因并不在于作者关于记账方法的描述缺乏独创性，而是因为发生了思想与表达的混同：如果在使用该书所教授的内容时，不能不使用与该书一样或类似的描述、图表，则该描述与图表应当属于公众领域。相反，法官指出只要一项作品不是直接抄袭于他人，那么就可以成为版权保护的客体。此案继承了1839年 *Gary Et Al.* v. *Russell Et Al.* 案所展现的思路。不同的是，*Gary Et Al.* v. *Russell Et Al.* 案从正面强调作品应当来源于作者自己的劳动（labor）与技能（skill），而本案则从反面强调作品不应当来自抄袭。"并非抄袭"是一种较为清晰的独创性鉴别方法，不过亦属于对创作过程的描述，强调创作者应自主实施创作行为。

1884年最高法院审理的 *Sarony v. Burrow-Giles Lithographic Co.* 案[3]成为后来美国版权理论界就独创性问题所最为关注的判例之一。此案面临的一

---

[1] 例如 "… since never before were the same materials so admirably combined, and exquisitely wrought out, with a judgment, skill, and taste absolutely unrivalled"。
[2] Baker v. Selden, 101 U. S. 99, 107 (Supreme Court . 1880).
[3] Sarony v. Burrow-Giles Lithographic Co., 17 F. 591 (Circuit Court, S. D. New York. 1883).

个问题是：照片仅仅是对物体的物理特征及轮廓所进行的机械复制，它不涉及思想的原创性，摄影的过程也仅仅是简单的手动操作，没有新奇、创意或独创的地方。如果是在这一意义上，照片不能够成为版权的客体。然而，最高法院同时指出，版权体系不同于专利体系。在专利法中，发明的创造性需要事先经过专门机构的审查并且在获得保护之后也要一直接受创造性的检验，而作品获得版权保护却不以专门机构事先对原创性做出审查为前提，作者要做的，仅仅是提交两份副本以及注明作者与标题。同时，作者在拍摄过程中对光影、对象、服装、配件等的选择与安排足以使照片成为具有原创性的作品。由此照片的独创性问题在此案中得到讨论，但本案的意义不仅在于此，还在于：（1）本案隐含着的一对矛盾，即如何调解版权上的权利与客观事实的公众性之间的矛盾。对作为公共资源的客观事实的拍摄，如何才能转换为一种私人权利？法官借用的媒介，恰恰就是主观的创作行为与创作过程。是因为拍摄过程中存在着拍摄者自身的选择、安排、构思、设计，照片才得以体现原创性，进而才具备获得版权保护的可能性。（2）正因为是从创作过程中寻觅到了拍摄者的原创之处，故与以往的判例相比，法官亦很强调照片中的创造性要素，认为照相机只是表达意念的媒介。

  此后一直到 20 世纪初叶，对于作品独创性的判断都偏重从创作过程入手进行分析，如果创作过程能够体现作者的劳动、选择与安排，几乎都会被认为能够满足独创性的要求。但这种思路在后来的理论研究中被认为是一种较为主观的鉴别方式。原因在于它不知不觉地给司法施加了一种并不纯粹客观的标准，奠定了一种高度主观的基调。[1] 直接导致众多司法裁决[2]认为受版权保护的作品应当具有艺术与审美价值，进而排斥对商业性作品进行保护，坚信版权的目标在于促进学习（learning）而非工业（industry），

---

[1] Dale P. Olson, "Copyright Originality," 48 *MO. L. REV.* 29 (1983). ALWD 6th ed. p. 38.
[2] *Clayton v. Stone*, 5F. Cas. 999. No. 2872 (Circuit Court, S. D. New York. 1829); *Courier Lithographing Co. v. Donaldson Lithographing Co.*, 104 F. 993 (6th Cir. 1900).

体现了对传统文学与艺术领域以外的作品的歧视与偏见。而事实上，后来美国版权史的发展，确实体现了一种对于较为客观的独创性判断标准的追求与渴望。这种倾向集中体现于下述案件当中。

在1903年的 *Bleistein v. Donaldson Lithographing Company* 案①中，关于版权保护的对象是否一定要具有审美价值的问题有了定论。尽管持反对意见的法官仍旧坚持认为作品必须具备艺术价值，但最终的判决否定了这种看法，并明确地指出让只接受过法律训练的法官来评判绘画表达的最终价值是十分危险的做法，法官不应该对作品进行审美判断，由此树立了后来著名的版权法理论——不问作品艺术价值原则。该案被我国学者认为是美国版权史上第一次对独创性理论做出明确规定的案例，② 并成为后来美国版权界研究独创性问题的论文所援引最多的判例。然而不得不指出的是，尽管将审美意趣剥离出版权法的做法使得独创性的判断标准在客观化的道路上有了重大进步，但本案并未流露出丝毫对"创作过程"这一主观要素的排斥情绪，反而明确地规定只要作品是作者独立完成的，就具有独创性。也正是经由此案，"独立创作"成为判定作品是否具有独创性的两大要素之一，而"独立创作"恰是对创作过程的一种描述与肯定。

到1951年，美国版权实务界发生了一个为国内客观标准支持者所最愿引用的判例——*Alfred Bell & Co. Ltd. v. Catalda Fine Arts, Inc. et al.* 案③。被告提出涉案版画需要达到和专利一样的创造性才能获得版权保护，法院否定了这种主张，再次强调版权法中的独创性标准无须达到专利法中创造性的高度。并进一步指出，只要作品与现有作品存在"可区别的变化"（distinguishable variations），即便这种"可区别的变化"是在作者无意识的情况下创作出来的，也可以获得版权保护。"可区别的变化"概念的提出是独创性判断标准客观化的又一次重大进步，其直接导致对于作品独创性的判断

---

① *Bleistein v. Donaldson Lithographing Company*, 188 U. S. 239, 253 (Supreme Court . 1903).
② 参见金渝林《论作品的独创性》，《法学研究》1995年第4期。
③ *Alfred Bell & Co. Ltd. v. Catalda Fine Arts, Inc.* et al., 191 F. 2d 99 (United States Court of Appeals, Second Circuit. 1951).

从对创作过程的考察，转变为对涉案作品与已存作品在符号、线条、色彩等客观形式方面的比对。这一概念后来成为独创性判断标准之客观主义者的神圣教条。然而本案中法官之所以会提出"可区别的变化"这一概念，所遵循的依据恰恰是这些"可区别的变化"可能体现作者的个人印记。也就是说，"可区别的变化"并不能直接等同于独创性，而仅仅是司法活动为了简化思维过程而设置的一种假定，即假定在大多数情况下，这些"可区别的变化"能够体现创作者的个性，再进而认定其具有独创性，以便快速做出裁决，提高司法效率。

（二）客观标准在我国的发展历程

美国版权的早期历史已经折射出独创性判断主观与客观路径的不同，那么客观标准说在我国经历了怎样的发展过程呢？我国由于制度移植的时间较晚，缺乏长时期的历史性司法积淀过程，故是否一开始便已意识到独创性判断之主客观的问题，尚且存疑。1990年新中国第一部《著作权法》颁布时甚至缺乏作品定义条款，亦未对独创性做出规定。司法实践虽然引入了"独立创作"与"最低限度的创造性"的判断要素，但彼时客观标准尚未成型。但尽管如此，客观标准在我国也经历了自身的发展过程，只是该过程更多地生发于理论研讨中，而非司法实践中，其形成与以下几种情况紧密相关。

其一，对作品本质之传统学说的批判。前现代知识产权法借用"智力成果"这一概念表达知识产权的本质，"智力"一词描述了财产的产生方式与形成过程，强调知识产权的对象应该来源于主体的智力活动。该学说以洛克的劳动财产论为哲学依据，认为智力劳动与体力劳动一样都可以作为财产权的产生依据，以求证成知识产权法律制度得以存在的正当性。[①] 其具体运用于著作权法制度中则表现为对作品创作过程的重视，在作品性的判断上倾向于从创作过程入手，检验创作过程是否含有创作者的智力成分，

---

① 参见李琛《法的第二性原理与知识产权概念》，《中国人民大学学报》2004年第1期。

如是否具备智力含量,则再继续认定是否具有可版权性。然而千禧年伊始,我国学者对"智力成果说"这一历史范畴进行了反思,指出这一为我国学界所称赞的主流学说其实存在严重缺陷。一来如果将"智力"一词理解为指财产本身要具有智力性,以将非智力性的无体财产排除出知识产权的范围,则无法对商业标记及数据库等已然成为知识产权客体的事实做出合理的解释;二来如果将"智力"一词理解为是对财产来源与形成过程的描述,则完全忽视了法的第二性原理。法是第二性的,它无须在第一性上对事物的本质做苦苦追问,只需从规范的目的出发对负有法律意义的要素进行抓取。具体到财产法上,法律的设计只关心财产的形态以及由此决定的行为方式,而财产的形成过程则没有必要被引入概念之中。① 而这也暗含了西方学者的权威研究结论:自19世纪下半叶以来,知识产权法就已经将其注意力从智力劳动和创造性上转移到了其对象本身。② 由此我国著作权法理论研究开始逐渐认为相较于创作过程,作品本身才更具规范价值。

其二,对著作人格权的反思。著作人格权的存在是毋庸置疑的事实,我国现行《著作权法》第10条规定,著作权包括人身权与财产权,具体表现为发表权、署名权、修改权与保护作品完整权,在著作权体系国家则还存在追续权与收回权。著作人格权立基于这样一种设想:作品是作者人格的反映。若从产生背景来看,著作人格权理论发端于文艺复兴时期欧洲大陆的浪漫主义思潮。随着人文主义的兴起,人们追求自由平等,作者的自主意识觉醒,其注重在作品中彰显个性,以实现自我价值。进入18世纪以后,在一批哲学家的推动下,作品与人格的关系被正式建立起来。例如康德在1785年发表《论假冒书籍的非正义性》一文,认为作者权利是内在的人格权利。费希特在1793年发表《论复印的非法性:推理与说教》一文,把作品称为"思想的形式"。而在黑格尔那里,作品则更是个人意志的体

---

① 参见李琛《论知识产权法的体系化》,北京大学出版社,2005,第52~61页。
② 参见〔澳〕布拉德·谢尔曼、〔英〕莱昂内尔·本特利《现代知识产权法的演进:英国的历程(1760—1911)》,金海军译,北京大学出版社,2006,第206页。

现，是个人独特性的施展。到 1878 年，法国学者莫里洛明确提出了具备法律意义的"著作人身权"概念，并认为著作权兼具人身与经济的双重属性。[①] 然而"著作人格权"这一概念的正当性在我国著作权法理论研究中却遭到了严厉的批判，理由十分明确：人格权与财产权的本质区分标准在于对象是否能够永久地外在于主体。如果不能永久地外在于主体，则具有人身专属性，属于人格权；如果可以永久地外在于主体，则不具有人身专属性，当属于财产权。[②] 显然作品的存在并不依附于作者人身，它可以永久地外在于创作者。作品自其创作完成之时即已脱离作者人身而成为符号化表达。[③] 况且并非所有的作品都是作者人格的反映，例如计算机软件、数据库、功能性图形作品等很难通过人格理论得到解释。由此，著作人格权在理论上成为被反思与批评的对象，"作品反映人格"理论的解释力与规范效力被大大减弱。也正因如此，试图经由创作过程以寻找到创作者的人格印记，进而认定作品具有独创性的做法也从此黯然失色。

其三，后现代主义哲学"作者之死"的影响。在中世纪文艺复兴及前现代浪漫主义思潮的影响下，个人意志觉醒，个体的思考能力被极大地肯定。与此相应，哲学层面的人类中心主义树立。具体到著作权法中，则反映为对作者中心主义的认同，即完全以作者为原点出发思考著作权法的相关问题。然而在后现代哲学思潮的影响下，事情发生了变化。1968 年，后现代主义代表人物罗兰·巴特在《作者之死》一文中提出了后现代主义经典论断"读者的诞生应以作者的死亡为代价来换取"[④]，宣称作者已死。而后现代主义的另一代表人物福柯则更是认为："人"只是一个被历史所建构起来的概念，"作者"这一概念也不是从来就有的，而是"只有当作品的作者需要被施以惩罚、或者作品被认为是违法之时，作者才从神话人物或重

---

① 参见杨延超《精神权利的困境——两大法系版权立法比较分析》，《现代法学》2007 年第 4 期。
② 参见李琛《质疑知识产权之"人格财产一体性"》，《中国社会科学》2004 年第 2 期。
③ 参见熊文聪《作者人格权：内在本质与功能构建的法理抉择》，《法制与社会发展》2012 年第 6 期。
④ 〔法〕罗兰·巴特：《罗兰·巴特随笔选》，怀宇译，百花文艺出版社，2005，第 307 页。

要的宗教人物恢复到现实中的人身上"①。受此影响,在版权理论界,作者的身份也面临着巨大的争议。② 人们认为"作者之死"的口号从精神上切断了作者与作品的一体性,作品并不必然体现作者的人格,"作者"只是一个事后的概念。③ 在"主体哲学衰退的情况下,主体要受客体的制约,作品只是借助于作者而产生,与作者个性没有内在关联"④。而在作者与作品的关系发生断裂的情况之下,作者已并非作品意义的唯一根源,对于作品的解读不应当仅以作者为准,而应当将读者纳入。由此一种在著作权法领域内建立与"作者中心主义"相对的"读者中心主义"的呼声日益高涨。这自然对独创性的判断标准理论产生了实质性的影响。"法律要求作品必备的条件——独创性,不是由作者,而是由作者以外的人来判断的,而对独创性的判断显然无法脱离作品的意义,即作品的意义如何,是由读者来决定的。"⑤ 而在独创性的判断问题上如何做到"去作者中心主义"呢?自然同样是不再在乎作品的创作过程是否反映创作者的个人意志,而是着眼于作品本身,假定一个存在的读者群体并考察作品是否能为读者带来意义,如果能,则符合独创性标准。

三 客观标准的内涵厘清

人工智能生成内容的独创性问题是厘清客观标准真实含义的一个理想模型。由于人工智能生成内容在创作过程上并不满足传统著作权法的理论

---

① [法]福柯:《什么是作者》,载赵毅衡编选《符号学文学论文集》,百花文艺出版社,2004,第517页。
② 参见何炼红《从Copyright到Copyleft:作者观念的反思与超越》,《甘肃社会科学》2005年第5期。
③ 参见任俊琳、王晓玲《后现代主义对著作权法的冲击及理论新读》,《知识产权》2014年第1期。
④ 林秀芹、刘文献:《作者中心主义及其合法性危机——基于作者权体系的哲学考察》,《云南师范大学学报》(哲学社会科学版)2015年第2期。
⑤ 张玉敏、易健雄:《主观与客观之间——知识产权"信息说"的重新审视》,《现代法学》2009年第1期。

预设,故可版权论者证成其可版权性的中心思路在于祛除主体性要素的阻挠,而独创性判断标准之客观主义正好满足了这一欲求。在剔除了创作过程的情况之下,对独创性的判断不再考虑作者的主体意志,而是以文本为中心,将其与现有作品进行比对。而此时恰又可以借助西方著作权司法实践中发展起来的"可区别的变化"标准对作品的独创性进行判断。具体来讲,肯定说的论证思路如下:首先,为剔除智力要求的干扰,可版权论者借用智力成果说及著作人格权说的缺陷,指出作品不一定体现作者的人格与个性,[①]对独创性的判断不应顾虑思想、精神等主观因素。抱着对将主观要素作为客观要素判断的标准,实际上容易造成思想与表达的混同的恐惧,提出"应从作者权体系的主观判断标准向版权体系的客观标准转移"[②]。再者,从后现代"作者之死"中得到启发,着力于批判作者中心主义,主张从"依读者反应理论来界定作品的创作要件"[③],强调"不再探讨人工智能生成物产生的过程,而直接以人工智能生成物本身作为判断的依据"[④]。最后,在具体操作上,则借用"可区别的变化"理论,认为只要人工智能生成内容与既有表达间存在一定差异,即可满足独创性要求。[⑤] 至此,可版权论者顺利地完成了人工智能生成内容具有独创性的论证,然而这一思路看似清晰流畅,却存在着一定的缺陷。

其一,实际上在2016年以前,客观标准在我国并未经过系统化的研究,即便是在前文所提及的几种情况中,也只是被零星地提到。客观标准更多地作为其他问题的衍生结论而存在,其正当性并未经过充分论证。然而进入2016年,当人工智能生成内容的可版权性问题在我国成为显学之后,客

[①] 参见孙建丽《人工智能生成物著作权法保护研究》,《电子知识产权》2018年第9期。
[②] 易玲、王静:《论人工智能生成内容著作权法保护》,《湘潭大学学报》(哲学社会科学版)2019年第6期。
[③] 梁志文:《论人工智能创造物的法律保护》,《法律科学》(西北政法学院学报)2017年第5期。
[④] 郑远民、贺栩溪:《结果视角下人工智能生成物的保护路径检讨》,《科技与法律》2020年第3期。
[⑤] 参见孙山《人工智能生成内容著作权法保护的困境与出路》,《知识产权》2018年第11期。

观标准却似乎成为一个确定无疑的结论而被引用。例如，在对知识产权"智力成果说"的批判过程中，研究附带性地指出创作过程不具备法律上的规范效力。然而概念被排除在范式之外的原因可能仅仅是因为现实还没有提出足够困难的题目。问题越多，越需要增添新的范式来为法律活动提供服务的倾向也符合科学发展的必然规律。"智力"与"劳动"的概念之所以被认为没有法律意义，根本原因在于原有的所有为著作权法所保护的作品我们都能够确定其是人类智力及劳动的直接产物。在人工智能作为创作工具日渐普及的情况之下，或许正是"智力"概念之规范效力凸显的时候。事实也确实如此，当前人类参与度过小的人工智能生成内容之所以被排除在著作权法的保护范围之外，仰仗的正是"智力"这一概念，其第二性上的法律规范效力足以显现。况且"创作行为"这一概念的规范意义在我国现行立法上已经得到认可，例如必须实施了创作行为，才有可能被认定为合作作者。"创作行为"不仅起到描述性作用，还有界定作品与非作品的作用，具有规范效力，这常为研究所忽视。[①]

其二，有观点试图通过"作品不一定体现人格理论"来证立人工智能生成内容的可版权性。然而即便著作人格权与智力成果说存在缺陷，作品是否一定体现人格值得质疑，但"作品是否体现人格"与"作品的创作是否一定要有自然人的足量参与"是两个根本不同的问题，前者并不能直接推导出后者。美国版权法的历史发展虽然呈现出一种对于独创性判断之客观化的追求，但自始至终都未曾摈弃对创作过程、劳动、技能、个性等主观要素的坚持。即便是"可区别的变化"这一被认为符合客观要求的思路，其立基也是"创作过程反映作者的个人特性"。其提出只是为了简化思维过程，提高司法效率，假定在大多数情况下，这些"可区别的变化"能够体现创作者的个性，从而认定其满足了独创性的要求。客观标准说并不能直

[①] 在游戏实时操作画面的著作权归属问题之上，亦有许多研究犯了同样的错误，即将玩家操作的画面直接归为游戏开发商的创作行为，实际上很多情形下游戏开发商并没有参与到画面的创作过程中来，故没有实施创作行为。

接适用于人工智能的场域。"当结果论者指出独创性的判断只能针对表达本身、'思想'或'人格'不具有规范意义时,忽略了'表达'一词本身就隐含了主体的意向。"① "客观标准说"之所以能在一定程度上得到认可,乃是因为过去的著作权法所言之作品都毫无争议地蕴含了一定量的自然人贡献。如果适用纯粹的客观标准,不限定主体的创作参与度,又如何解释植物作品与动物作品呢?植物作品与动物作品同样在符号形式层面上与人类作品没有区分可能性。

其三,对于"作者之死"理论的理解,我国著作权法学界一直存在偏差。关于罗兰·巴特是否真的认为作者死了(即作者与文本的关系彻底消失了)的问题,其学生朱莉娅·克里斯蒂娃——西方互文理论的开创者——曾有过正面的回复:"罗兰·巴特有句名言,常常遭到误解,这就是'作者死了'。很多人认为它的意思就是说作者不存在了。其实并不能这么简单地去理解它。巴特只是强调不能把作品外的作者和作品内的叙事者混为一谈。当然这层意思有点微妙,没有被人们体悟得很清楚。"② 我国文艺理论界也同样认为:"传统的作者中心论给文学带来了诸多的束缚,但对它的颠覆和瓦解并不意味着要把作者彻底赶出文学殿堂,因为作者始终是作为文学活动的主体而存在的,它不仅是文学活动的起点,还是文学活动的基点。"③ "究其实质,宣判'作者之死'在巴特那甚至只是策略。其立意都不在作者。"④ 如果说作为主体的作者已经死亡,那为何同为主体的读者可以继续存在?作者之死必定意味着读者之死。直接引用"作者之死"口号,借以呼吁著作权法抛弃作者中心主义,构建读者中心主义的做法是站不住脚。实际上,后现代主义哲学强调文本没有统一的意涵,这种对文本解读的开放精神更适宜作为应然层面的呼唤,表明每个人对文本都可以

---

① 李琛:《论人工智能的法学分析方法——以著作权为例》,《知识产权》2019 年第 7 期。
② 〔法〕朱莉娅·克里斯蒂娃:《主体·互文·精神分析:克里斯蒂娃复旦大学演讲集》,祝克懿、黄蓓编译,生活·读书·新知三联书店,2016,第 70 页。
③ 孟凡生:《论作为文学主体的作者》,《文艺评论》2015 年第 3 期。
④ 周泉根:《主体的命运——论"作者之死"的背景、过程与实质》,《文艺评论》2008 年第 6 期。

做出不同于他人的解读，但这并不意味着在实然层面每个人对于文本的解读就真能做到大相径庭。法律恰恰试图从各种解读（无论是作者自己的还是读者的解读）中提炼出一些共性，如果文本确真没有统一的意思，则独创性根本无法判断。因为不能既说文本没有统一的意思，又同时说按照读者群体的一般看法来判断独创性。假设一个读者群体及其一般看法的存在，就是在假设一种统一性。假设一个读者群体及其一般看法的存在，难道不是"读者中心主义"所强调的吗？因此，"读者中心主义"在著作权法中是无法建立的。"读者中心主义"与"作者中心主义"同样极端，真正的独创性判断应该是不区分作者与读者的。

至此可以得出两个结论：（1）不能将客观标准理解为"只看符号，不看创作过程"，这样的独创性判断标准是根本不能成立的。实际上，所谓的客观标准可能根本就不存在。[①]（2）客观标准本身的不合理性导致其无法被用以证成人工智能生成内容的独创性。言独创性判定的客观标准存在问题并不是暗示独创性标准本身是主观的，而是意在强调判断独创性不能片面地仅从外在形式入手而不考虑创作过程与创作意图等因素。只有既参考创作过程，又参考作品本身，才能对其是否具有独创性做出正确的判断。在我国司法实践中，思想也被认为对判断独创性具有重要的补充作用。[②] 人工智能生成内容可版权论者对客观标准的错误借用，导致其得出了并不符合历史与逻辑的结论。

四 对客观标准的总体性反思

客观标准与主观标准的最大区别在于前者舍弃了"创作过程"这一概念。"创作过程"在著作权法上特指自然人的作品创作过程，因此尚需要对

[①] 应当区别此处的"客观标准"与"更为客观的判断独创性"。
[②] 参见关晓海《思想对判断美术作品独创性具有补充作用》，《中国知识产权报》2012年10月12日，第10版。

"创作过程"这一概念再做一番探讨。

（一）人工智能问题的关键并不在于主体障碍

在探讨人工智能生成内容的可版权性问题时，有一种具有代表性的观点认为："在讨论人工智能生成内容的定性时，如果一开始就纳入主体因素，势必会造成逻辑循环，即'因为主体不是人，所以相关内容不是作品；因为相关内容不是作品，所以它没有作者，无需认定作者和著作权归属'。"[①] 这其实并不是一个循环论证的问题，作为前提的"作者是人"（A）与作为结论的"构成作品"（B）并不存在必须相互论证的关系。如果两者属于循环论证，则需要满足"不仅要通过前提证明结论，而且要依靠结论证明前提"。其中，B 的成立需要以 A 为前提，但 A 的成立却不需要以 B 为前提，因为作者是人还是动物抑或是植物，是一个事实问题，根据事实来判断即可。其错误在于混淆了作为规范概念的"作者"与事实概念的"作者"。在规范层面，先前的理论认为只有自然人可以成为作者，这的确是真的。但在事实层面，植物可以是"作者"，动物也可以是作者，例如在"父母创造了孩子这件伟大的作品"这个比喻中，人甚至可以成为人的作者。因此，假如上述"作者"与"作品"都是规范概念，那么确实两者存在相互论证的关系，主体问题会使人工智能问题陷入循环论证。但问题是，如果讨论全部基于规范概念，而每个人对规范概念的具体含义的认识又或多或少存在差异，则所有的问题都将无法讨论。在法律适用上，确实应当选择规范概念，但在讨论中，要使讨论得以开始及继续，就必须以事实概念为起点，本文倾向于认为这里的"作者"概念是一个事实概念而非规范概念，故"作者"与"作品"两个概念在人工智能问题上不存在循环论证的问题。更为重要的是，它正好反映出人们的第一直觉，即认为人工智能生成内容可版权性问题中最棘手的一环是人的问题，主体的问题，要不要坚

[①] 王迁：《论人工智能生成的内容在著作权法中的定性》，《法律科学》（西北政法大学学报）2017 年第 5 期。

持"创作者必须为人"的问题,以至于假如不暂且搁置该问题,交流便无法继续。正如有观点认为,"人是否放弃作为创造者的唯一性,同样不是事实判断,而是我们又一次面临的价值选择"①。

那么这种观点是否完全正确呢?是否人工智能生成内容的独创性问题终将困顿在主体的迷雾中无法得到解决呢?答案可能并非如此。强人工智能时代还尚未到来,完全不需要人力控制的人工智能还并不存在,纯粹意义上的人工智能生成内容没有进行规范研讨的必要。也就是说,完全与主体相割裂的人工智能尚未出现。在当前的科技水平之下,人类在人工智能生成内容的过程中至少需要扮演"开关启动者"的角色,只要存在主体的参与,哪怕是微量,主体就依旧存在,就有将相关内容解释为主体创作内容的空间。主体问题并不是将人工智能生成内容纳入著作权法保护范围的致命障碍。人工智能生成内容独创性问题的关键,在于主体对创作的贡献被逐渐稀释,以过于微弱的人力付出换取独占性权利,可能会造成利益失衡。也就是说,难以在人工智能的生成过程中寻见到足够的作为主体的自然人的直接参与,且该主体参与度足以盖过机器的参与度。

(二)核心问题在于利益分配机制

法乃利益之器,著作权法需要就作品之上可能产生的利益在社会主体之间进行合理的分配。要合理地分配利益,需要确立合理的分配标准。先前学界对作品属性的解释表面上是对作品本质的探讨,但其实也蕴含了法律对分配规则的选择。不同的法哲学采用不同的分配标准,例如劳动财产理论以劳动作为分配的依据,康德的人类主体理论以人格作为分配的依据,黑格尔的自由意志理论则将意志作为分配的依据。

而近年来科技发展所引发的一系列著作权难题的出现,促成了将资本作为分配著作权的标准的观点的形成。② 例如,在探讨人工智能生成内容的

---

① 李琛:《版权闲话之二:创造观的历史性与人文意义》,《中国版权》2018年第2期。
② 参见曹新明《合作作品法律规定的完善》,《中国法学》2012年第3期。

著作权问题时,大量的研究引用"投资回报"理论论证道:人工智能的生产商为开发产品投入了资金,因此人工智能生成内容的著作权应当归属于生产商。又如在探讨游戏直播画面的著作权问题时,大量研究认为:游戏软件的开发商为开发程序投入了大量资金,因此游戏画面的作者是游戏开发商。这些观点都主张在著作权法中树立一种"谁投资,谁享受权利"的赋权理念。这种思路虽然在一定程度上体现了公平理念,但背后隐含的逻辑却是将法律利益给予前期投入资金最多的一方,而现实中的资金投入者绝大多数都以集体(公司、合伙等)的面目出现,而非个人。

不同的分配标准产生不同的分配效果。无论是劳动财产论、人格论还是意志论,从主体到权利之间的媒介都是人的行为。在劳动财产权理论之下,只有通过劳动,个体才有可能获得权利;在人格论以及意志论之下,也只有通过行为,才能将人格或者意志注入作品之中,进而才可能享有著作权等知识产权。这也是为什么"创作过程"这个概念非常重要的原因,因为只有通过"创作过程"这个概念,才能保证每个社会主体(自然人)都有可能与作品相联系起来,从而参与这场利益分配。而在资本分配标准之下,个体的行为将丧失其应有的媒介作用,创作行为将不再成为作者或著作权人的必要条件。或许有研究者会反驳道:按照现有著作权法理论,成为著作权人本来便无须权利人自己实施创作行为。但即便成为著作权人无须自己实施创作行为,但一定存在某个或多个其他自然人的创作行为。而在人工智能生成内容的著作权问题中,这种自然人的创作行为可能并不存在。

(三)将分配的基本单元固定在个人

放弃创作过程的规范效力,就是抛弃创作行为的规范效力,必然引导投资保护倾向。如此在著作权法的利益分配中,法律利益所必然到达的最小分配单元将不再是作为个体的自然人,而是投资主体。个体就算是真正的创作者,也很可能会因为投资标准的存在而无法参与经济利益分配。如此个体便会被淹没在集体之中,自然人的尊严将有可能在法律中处于失语状态。如果允许著作权法的利益分配径直以投资者为起点，那么也就意味着将"创作者—投资者"这对利益关系置于较为自治的状态之中，而现实中创作者与投资者往往并不处于同等的谈判地位，投资者的话语权更大，故很可能导致创作者利益被压缩。大量的资金投入确实可以成为作品产出的"催生婆"，因为现代化的大规模资金投入可以提供个体所无法企及的创作所需要的诸多优势条件：时间、人力、资料、创作动力等等。但是资金永远都只是影响创作的众多因素中的一个因素而已。保障创作者地位对于著作权法来说至关重要。因为如果要鼓励创作，为何不直接鼓励创作者，而是要先鼓励投资者，再让投资者去间接鼓励创作者呢？这很难讲得过去，除非不加反思地认可"资本决"在著作权理论中的意义。仅仅基于其对作品传播的贡献，基于其经济付出，投资者就可以成为利益收割者吗？这虽然在经验上得到了遵循，但在理论上还需要大量的研究、论证与反思。在现实生活中，是否拥有人工智能产品以辅助"生产"作品，在很大程度上又取决于社会主体的经济实力。经济实力雄厚的商业巨擘，可能拥有数以万计的人工智能工具，这些人工智能工具可以昼夜不停地运转与产出，夜以继日地抢夺人类的智力表达，进行"符号圈地运动"，这就会造成隐性的不公，并不符合法的正义价值。给予人类贡献微弱的人工智能生成内容以作品地位，常以"促进产业与经济发展"为名义，然而背后所隐含的逻辑却是商业巨擘对社会个体的残忍压迫。这体现的是一种经济一元论。

著作权法之所以公正，是因为每个自然人都有同等的机会创作出作品，自然人的创作能力的差异仅仅来源于生理，而非人为。尽管每个自然人的天资亦存在不同，但至少在可能性上，每个社会个体在一生中所能大致创作出的作品在数量或者质量上并没有过大的差别（暂且不考虑基因改造的前提之下），因此每个人都被著作权法所平等地对待。而给予人工智能生成内容以作品地位之所以会造成不公，是因为至少在数量上，人类无法与之匹敌，这种创作能力的悬殊，来源于人为干预。假如人力贡献微弱的人工智能生成内容可以获得和人类作品同等的保护，则不可避免地会使法律沦为强化贫富差距的工具。因为给予其保护，根据"最密切联系原则"，创作者将是人工智能的操作者,而人工智能的操作者通常是人工智能的所有者。

那么这是否意味着人工智能生成内容永远都不应该受到著作权法的保护呢?或者说是否可以给予人工智能生成内容低于人类作品的强度的保护呢?基于利益分配单元、创作可能性、公正等要素的考量,本文认为:有可能但并不是现在。只有当人工智能进一步民用化,普及到对于一般普通人来说借用人工智能进行创作不必大费周章,人类个体的创作能力并不因为人工智能的有无而悬殊,才是给予人工智能生成内容以与人类作品相同程度的保护的最佳时刻。只有那时,著作权法保护的才是每个人,而不是部分人。

现代社会最易犯的错误就是用符号代替价值。人们原本追求之物是金钱这一符号所能带来的幸福生活,却渐渐以为金钱本身就是幸福生活。这在著作权法中亦有体现,人们原本追求之物是文字、线条、色彩、声音等符号所代表的高质量作品以及由此带来的精神享受,却渐渐演变为对符号本身的崇拜。于是大规模、工厂化的作品产出机制成为被称赞的对象。人工智能生成内容可版权论者以为鼓励人工智能企业流水线一般地不断制造文本、线条、色彩与声音,就是在实现著作权法所欲追求的"促进文化进步"的目标,却忽略了从"形式符号"到"进步文化"之间相隔的千万里距离。先进文化产生的本质原因,从来都不在于大规模资金投入,而在于创作文化的个体——作为创作者的自然人。著作权法的利益分配机制,必须保证每个个体都可以成为一个分配单元。只有这样,个体的重要性才能得以彰显。直接越过个人不仅在著作权法理论上面临挑战,还需要经受伦理、道德与哲学等众多考验,这并不是一个可以草率做出的决定。

如果大批量昼夜不停生产出来的人工智能生成内容真的可以不加筛选地获得著作权法如此强度的保护,恐怕信息封建主义时代真的即将到来。创作者将不再热心于创作,而将努力的重心放在获取设备之上。那时,人类作者创作水平的竞争,将不再是智力、天赋、知识储备、个性等主体要素的竞争,而是资本的竞争,因为资本越多,意味着越能购买到更高质量的人工智能产品,进而"创作"更好的"作品",通过著作权法垄断更多的知识、信息与符号。然而，即便是利用人工智能创作出来的作品，就真的是可以成为经典的作品吗？答案显然是不确定的。

五 结论

独创性判断之客观标准是人工智能生成内容可版权论者赖以引用的神圣教条，然而经由对美国早期司法实践中独创性理论发展历史的梳理，本文展现了客观标准的产生原因与背景，指出客观标准的出现并不意味着对创作过程、智力劳动、个人特性等独创性判断之主观要素的抛弃。客观标准所衍生出来的"可区别的变化"标准，也仅仅是司法活动为了简化思维过程而预设的一种假定，即假定在大多数情况下，"可区别的变化"能够体现创作者的个性，再进而认定其具有独创性，以便快速做出裁决，提高司法效率。就我国而言，客观标准并未经过系统的研究与论证，而仅仅是在"智力成果说之批判""作品体现人格之批判""作者之死与作者中心主义批判"等问题中被零星提及，且这些认识并不完全准确。客观标准无法证成人工智能生成内容的独创性。人工智能生成内容的可版权性问题的核心也不在于著作权法理论是否应当继续坚持自然人作为创作主体的唯一性，而在于应当选择何种利益分配机制。基于利益分配的视角，著作权法存在的最大的意义就在于对于人类作者地位的尊重与保护，将自然人作为经济利益分配的绝对单位是著作权法必须坚持的底线。一旦理论及司法实践认可人工智能生成内容的可版权性，人工智能开发公司便可对大量的信息主张垄断性的权利，著作权法全然沦为对资本的调整，这是对著作权法正当性之基的背离。

日本法视野下互联网服务器数据灭失的侵权责任

——以东京地方法院平成21年5月20日判决为例

任我行[*]

摘　要：数据灭失的侵权责任在实体法构造上面临多重挑战。首先，作为权益侵害及损害评价之客体的数据可以作为绝对权承载的客体，以权利侵害的救济路径予以保护；并且在财产损害的算定上，应以差额说为准，以数据寻回所需费用作为赔偿的范围。其次，在过错的判断及注意义务的识别上，应注意IDC服务中免责条款、责任限制条款对于行为人注意义务的影响，没有理由使行为人负担超过责任限制条款程度的注意义务。此外，在数据侵权案件中应将当事人在诉讼上能力不对等的问题纳入考量范畴，以过错推定、表面证据规则或举证责任的缓和与转换等实现证明责任的公平分配。

关键词：数据　权利客体　注意义务　侵权责任　证明责任

一　问题的提出

在云计算、大数据技术快速发展和广泛应用的背景下，越来越多的商

---

[*] 任我行，清华大学法学院2021级博士研究生。

业活动得以依托于互联网和大数据提供的便利条件顺利开展。对于诸多从事B2C、C2C、C2B平台业务的商品、服务供应商而言，一方面，他们需要将自身商业供给搭载于既有的互联网平台，以实现互联网基础设施的互通有无；另一方面，他们需要搜集、存储庞大的客户数据信息，并在此基础上进行量化分析，便于精准化的商品和广告投放，以期为客户提供最为个性化的服务体验。易言之，对于网络零售服务从业者而言，最为基础的商业要素有二：其一，互联网基础平台服务；其二，大数据搜集、存储和分析服务。① 然而，实践中较为突出的现象是，众多网络零售商并不具有自行开发、设置并保有互联网数据中心（Internet Data Center，简称IDC）的能力，他们往往通过第三方提供的互联网带宽接入及服务器托管、租赁等服务实现基于互联网和大数据的商业运作。② 这恰好为IDC服务，即互联网服务器租赁和托管服务的发展创造了宝贵的土壤。简而言之，IDC业务的目的就在于满足不具有自行接入互联网能力及大数据分析能力的互联网服务提供者的需要，以IDC供应商保有的互联网服务器设施、网络环境和带宽资源作为客户带宽接入、数据存储、分析的基础，客户可以租借IDC提供商的网络设备（服务器、交换机等）并将之置于IDC供应商的机房中，享受专业的互联网基础平台服务，大数据的搜集、存储也得以在其中完成。③

IDC服务在降低互联网商业准入门槛、促进市场要素自由流动的同时，也带来了法学上的追问：如果IDC供应商提供的互联网服务器发生故障，导致客户存储于其中的数据灭失，前者是否应当承担侵权责任？这一问题关乎民法上权利客体之建构、注意义务之识别及损害范围的算定等诸多难点，必须回归民法基本原理予以解释。尽管由IDC服务引起的争议在我国

---

① 参见 Kenneth C. Laudon，*E-commerce：Business，Technology，Society*，New York，Pearson，2017，p.308。
② 在实践中，网络搭建最为常见的三种方式分别为服务器托管、租赁和虚拟主机。关于网络搭建方式与法律的互动，参见 Manoj Kumar Sinha, Vandana Mahalwar eds.，*Copyright Law in the Digital World：Challenges and Opportunities*，Singapore，Springer Singapore，2017，p.112。
③ 参见 Vincent Mosco，*Becoming Digital：Toward a Post-Internet Society*，Bingley，Emerald Publishing Limited，2017，p.32。

司法实践中并不罕见，①但上述侵权责任的问题似乎尚因实践材料的缺乏而未引人注目。即便如此，我们仍有必要站在司法实践的前沿对这一问题给予充分关注。对此，比较法上殊值关注的是日本东京地方法院平成21年5月20日判决。在该案中，东京地方法院就IDC供应商是否应就服务器故障导致的数据灭失承担侵权责任作出了回应。该案可作为鲜活的司法材料，实有必要对其深入分析。因此，下文首先对该案的案件事实及法院判决进行介绍，在此基础上对其中涉及的若干抽象问题进行评价，并探讨作出妥当解释方案的可能性，以期对我国的司法实践有所助益。

二 案件事实与法院判决

（一）案件事实

本案②事实概况如下：甲系一家经营网络零售业务的公司，为开展商业活动的需要，委托互联网企业乙公司开发了一款沟通买家与卖家的B2C平台软件（以下简称"A软件"）。为确保A软件能够依托互联网实现有效运行，乙公司与丙公司签订了公共互联网服务器租赁、托管合同（以下简称"服务合同1"），由此，A软件得以依托于丙公司提供的互联网服务器实现有效的数据交换。经查，丙公司系IDC供应商，专门为客户提供互联网基础平台服务（主要为有需要的中小型互联网企业提供互联网服务器租赁、托管等业务）。在软件开发完成且实现基于互联网服务器的有效搭载后，甲公司为达成控制并使用A软件的目的，与乙公司签订了另外一份互联网服务器使用合同（以下简称"服务合同2"），间接取得了对丙公司提供的互

---

① 参见北京市第二中级人民法院"（2018）京02民初372号民事判决"、广东省深圳市中级人民法院"（2014）深中法商终字第1820号民事判决"、深圳市福田区人民法院"（2013）深福法民二初字第7124号"民事判决、四川天府新区成都片区人民法院"（2019）川0192民初5580号"民事判决。

② 東京地方裁判所平成21年5月20日判決，判例タイムズ1308号260頁。

联网服务器的使用权。

嗣后，由于丙公司的互联网服务器出现故障，甲公司通过 A 软件获取的一切数据（包含甲公司与客户沟通的信息、数据分析结果、客户购物历史、客户情报等）灭失。

关于该互联网服务器故障的原因，丙公司声称：据修理人员的汇报，IDC 机房的一台内置硬盘与磁头（header）接触，导致产生了严重的物理障害，同时，另一台内置硬盘发生了逻辑故障。由于丙公司采取了独立磁盘冗余阵列（Redundant Array of Independent Disks，简称 RAID）[1] 技术，"由于两台中枢内置硬盘同时发生故障，导致 RAID 系统无法继续运作，实际安装的四台内置硬盘无法进行数据读取，系统故障最终导致了内存数据的全部清空"。

需要注意的是，乙公司与丙公司签订的服务合同 1 对丙公司的赔偿责任进行了限制，该合同记载的"服务规约"规定，"仅在与丙公司订立合同者连续 24 小时内完全无法使用 IDC 服务之时，丙公司方负损害赔偿责任，且赔偿数额以故障发生当月的服务费用为限"，而且，"丙公司不对乙公司或其他任何第三方承担责任"。此外，甲公司与乙公司订立的服务合同 2 设置了免责条款，约定乙公司对于互联网服务器数据灭失导致的损害等事由一概不承担责任。

甲公司认为，丙公司作为 IDC 供应商，明知其互联网服务器的使用者并不限于与其有直接合同关系之人，因此其不仅对于合同相对人应当负担注意义务，对于使用其服务器的第三人同样应当负担注意义务。此注意义务的内容具体而言包括：第一，防止数据灭失的义务；第二，防止损害扩大的义务以及损害发生后寻回数据的义务。甲公司表示，就上述注意义务

---

[1] 独立磁盘冗余阵列是一种将多个硬盘予以组合，作为一个记忆装置予以使用的电子技术。虽然 RAID 有若干种不同的类型，且特征和功能各异，但多个硬盘的同时运作，能够实现高速化的数据读取，即便其中一个硬盘发生了故障，也可以通过其他硬盘实现数据寻回，各种优点使得 RAID 技术在实践中得以广泛运用。本案中丙公司使用的是 RAID5 系统，这种系统的特征是，即便一台内置硬盘发生了故障，也可以寻回数据，但是两台内置硬盘同时发生故障则会导致数据寻回无法实现。

的第一点而言，因可归责于丙公司之事由导致数据灭失的可能性非常大，丙公司违反该注意义务是不难认定的。就上述注意义务的第二点而言，在丙公司得知内置硬盘不适状时，本应立即停止RAID系统的运行避免损害的继续扩大，却怠于为之；同时，丙公司在损害发生后并未就数据寻回是否可能进行确认。上述两者共同表明丙公司具有违反注意义务的不争事实。因此，甲公司得以依侵权行为请求丙公司承担数据灭失的损害赔偿责任。

丙公司则认为其并不负担上述注意义务。且就上述注意义务的第一点而言，丙公司认为其所提供的互联网服务器的内置硬盘等装置不仅在市面上广受好评，亦在耐用年限范围之内，加之定期维修也妥善进行，即便真的负担注意义务，也并无违反义务的行为。

（二）法院判决

东京地方法院审理认为，丙公司不负有甲公司主张的防止数据灭失、防止损害扩大以及损害发生后寻回数据的义务，故驳回了甲公司的诉讼请求。[①]

关于上述注意义务的第一点，法院指出，服务合同1中不仅存在限制丙公司赔偿责任的约定，该合同记载的"服务规约"还规定"当事人仅在第三人同意本服务规约内容的基础上，才可以让第三人使用本服务（IDC服务）"[②]。本案中，甲公司使用丙公司提供的IDC服务的条件是，同意遵守服务合同1记载的"服务规约"，因此，"服务规约"的责任限制条款当然可以约束作为第三人使用IDC服务的甲公司。此外，记载于服务合同1之中的"服务规约"亦刊登于丙公司的官方网站，内容也与其他IDC供应商的服务规约大致相当，加之服务合同2中也存在免责条款，因此，法院认为可以推定甲公司这一使用丙公司IDC服务的第三人知道有关责任限制的规定。既然甲公司是在知道责任限制条款的基础上使用丙公司的IDC服务的，即便

---

① 東京地方裁判所平成21年5月20日判決，判例タイムズ1308号260頁。
② 東京地方裁判所平成21年5月20日判決，判例タイムズ1308号260頁。

甲公司与丙公司并没有建立合同关系,也没有理由判令丙公司承担超过责任限制条款程度的责任,由此可知,丙公司并不负有防止数据灭失的义务。①

法院还在判决书说理部分补充道:"就问题的实质而言,被告丙公司是以"服务规约"中存在责任限制条款为前提而开展 IDC 服务的。"② 另外,法院还指出,存储于互联网服务器的数据易于复制,作为防止数据灭失的手段之一,甲公司可以自行复制保存,"就此而言,在比较原被告双方利益状况的基础上,没有必要赋予被告防止数据灭失的义务"③。

关于上述注意义务的第二点,法院认为,既然没有理由判令丙公司承担超过责任限制条款程度的责任,那么就不能认为丙公司负有防止损害扩大的义务以及损害发生后寻回数据的义务。

(三) 问题的所在

在上述判决中,东京地方法院处理了 IDC 供应商关于存储于互联网服务器之数据灭失所带来的侵权责任的问题。

存储于计算机、互联网服务器等记录装置中的电子化数据灭失,毫无疑问会给利用这些数据从事活动之人带来损害。即便我们假设这些数据是可以通过技术手段寻回的,亦会导致受害者支出相当的费用及时间。如果上述事态是由可归责之人,尤其是记录装置的提供者造成的,我们在判断上似乎无法否认侵权责任成立的可能性。

当我们初步认可了侵权责任构成之可能而转向具体侵权责任构成要件之探寻时,便会遭遇挑战:在这类案件中,侵权责任构成要件之判断基准难以从既有的理论体系中寻找现成的解释材料,这使得法律适用作业遇到困难。

---

① 東京地方裁判所平成 21 年 5 月 20 日判決,判例タイムズ1308 号 260 頁。
② 東京地方裁判所平成 21 年 5 月 20 日判決,判例タイムズ1308 号 261 頁。
③ 東京地方裁判所平成 21 年 5 月 20 日判決,判例タイムズ1308 号 261 頁。

具体而言，首先面临的问题是，在此类数据灭失案件中，什么是损害？就算存储于互联网服务器的数据灭失了，也不同于有体物灭失之情形，不能将数据灭失与民法上"物"的灭失在侵权责任构成要件上作相同对待。加之，数据的一大特征便是可复制性，即便系争数据从某一特定的记录装置中灭失，也有可能通过技术手段寻回，这一特征决定了数据与物具有完全不同的物理属性，从而影响到其在民法体系中的位置。那么，侵害数据的救济进路向何处追寻？不难发现，数据灭失的案件似乎无法归入任何一种既有的权益侵害的类型之中，这也为注意义务的标准，即过失的判断标准带来了挑战。

其次，在IDC服务的商业实践中，数据灭失的免责条款、责任限制条款被广泛使用，这一现象对于法律解释，尤其是对于侵权责任的构成是否会产生影响，殊值讨论。虽然东京地方法院在本案中以此为论理之核心得出了丙公司并不负担上述注意义务的结论，但其详细的理论构成却付之阙如。

三　数据灭失与损害评价

本案中，作为事实呈现的结果是，甲公司存储于丙公司提供的互联网服务器中的各种数据灭失，但是"数据灭失"在侵权责任构成要件的"损害"评价上，应该如何进行妥当的法律判断呢？

（一）信息与数据的区分

甲公司丧失的"数据"，其实记载了各种"信息"。数据即便从服务器中被完全抹去，信息本身作为纯粹的精神产物，如果以其他形态继续存在（如被保存于纸质文件，甚至存在于人的记忆之中），也不会随同数据的灭失而一同从物理世界中消失，反而具有以其他形态被再构成的可能性。[①] 上

[①] 参见 Bennet B. Murdock, Jr., *Human Memory: Theory and Data*, Mahwah, Lawrence Erlbaum Associates, 1974, p. 133.

述观点在数据完成备份的场合当然不存在任何疑问，即便没有完成备份，信息自身亦不会消灭。例如，就客户信息中的姓名住所等信息而言，即便从记录装置中灭失，也不会完全消灭。易言之，关于本案中灭失之客体，更为精确的表达应该是：灭失的不是包含特定内容的"信息"本身，而是作为信息载体之"数据"。[1]

数据是信息的一种体现形式，而且必须搭载于某种物理载体（如计算机）才能存在。[2] 经由信息转化而成的数据以电磁的方式存在于物理载体之中，具体而言，是通过磁头以电磁流改变极性的方式被电磁流写入储存介质的。[3] 由此可见，数据虽然作为一种物理存在，但无法观察实物，而只能通过物理载体实现传输、保存及使用，这也决定了其与民法上的物存在根本区别。实际上，随着科技的发展，传统民法上的物也经历了概念范围的扩张：从限于能够为人所感知的有体物发展到涵盖自然力（水力、电力）在内，不再拘泥于形体上的固定态样。[4] 由此是否可以得出数据亦得被纳入民法上物之范畴的结论？关于此，学界多采否定见解，[5] 其核心理由在于，即便数据与自然力都不具备特定的物理形态，较难为人类所感知，但数据与自然力在经济上的地位截然不同：数据得以无限复制，具有非竞争性，即需求之增加不会导致供给的增加，最终的结果是使用者的边际成本为零。鉴于二者经济上的趋异性，数据应与具备竞争性的自然力在法律上予以区别对待。

---

[1] 参见 Bennet B. Murdock, Jr., *Human Memory: Theory and Data*, Mahwah, Lawrence Erlbaum Associates, 1974, p. 135。
[2] 参见 David Salomon, Giovanni Motta, *Handbook of Data Compression*, New York, Springer, 2010, p. 32。
[3] 参见 David Salomon, Giovanni Motta, *Handbook of Data Compression*, New York, Springer, 2010, p. 45。
[4] 参见郑玉波《民法总则》，中国政法大学出版社，2003，第265页。
[5] 福冈真之介・松村英寿『データの法律と契約』（商事法务，2019年）112页参照。中文文献参见梅夏英《数据的法律属性及其民法定位》，《中国社会科学》2016年第9期；纪海龙《数据的私法定位与保护》，《法学研究》2018年第6期。

（二）信息与数据的法律属性

将数据统一于民法上物之范围的尝试目的在于为数据提供一种绝对权的保护。值得关注的是，由于数据日益成为互联网经济的增长极，在比较法上出现了越来越多在数据上设置绝对权的呼吁。[①] 但我们需要注意到，这种在数据上设置绝对权的呼吁并没有回答是否有必要对信息进行设权的问题。既然有学者认为数据可以成为绝对权的客体，那么信息是否亦可以被相同对待？

就信息的法律属性而言，对于具有原创性的智慧成果适用知识产权法提供的绝对权保护并无疑问，在构成商业秘密或得以竞争法予以调整的场合适用相关法律对信息进行保护也不存在任何问题，但是这并不能推导出在上述场合以外有必要在信息上设置绝对权，因为这有碍于信息的平行开发及传播，不利于社会整体福利的实现。但是这一结论是否会导致公共产品激励缺失问题在数据创造领域的出现呢？[②] 一方面，信息与数据相同，具有非竞争性，已如上述；另一方面，激励缺失的问题还需要对"是否具有排他性"进行考察。信息如果具有非排他性，则必定导致激励的缺失。但是，信息的非排他性却可以通过数据的技术区隔予以克服，即数据的实际控制人可以通过技术手段阻断他人侵入并适用数据，从而实现事实上的排他性。[③] 易言之，即便不在信息层面设权，在数据层面设权就可以避免激励缺失带来的诸多问题。

至于在数据层面设定的权利究竟应当如何定位，理论上的确存在多种可能。笔者认为，在数据上设置绝对权在理论上是可行的。一方面，数据作为民法上权利的客体，能够被识别、区分，且能够通过技术手段实现控制；另一方面，数据要想成为绝对权，还必须满足排他性的要求，如前所

[①] 参见纪海龙《数据的私法定位与保护》，《法学研究》2018年第6期。
[②] 参见 Stefan Voigt, *Institutional Economics: An Introduction*, Cambridge, Cambridge University Press, 2019, p. 85.
[③] 参见纪海龙《数据的私法定位与保护》，《法学研究》2018年第6期。

述,此排他性亦可在事实上达成。就此而言,在数据上成立绝对权不失为一种在民法既有体系内可以达致的解释结论,[①] 若更辅以规范上的排他性(即通过实证法予以明确),这一结论会面临更小的论证负担。

为论述方便,下文在数据与主体的归属关系上使用"数据所有权"一语,区别于严格意义上的"所有权"。

(三) 损害的识别及算定

在前述论证的基础上再回到本案的第一个核心问题,即"甲公司存储于丙公司提供的互联网服务器中的各种数据灭失使得甲公司遭受了何种损害"?我们可以给出一个较为肯定的结论:甲公司丧失的数据所有权系其遭受的损害(以下简称"数据所有权受侵害说")。

关于此问题,日本学者池田秀敏教授提出了不同观点:互联网服务器中灭失的并不单纯是平平无奇的数据,只记载了客户的姓名住所等信息的数据可能并不具有多大的价值,然而,一旦这些信息与客户的购物历史等其他信息相结合就会产生巨大的商业价值。在此基础上,甲公司通过 A 软件实现的大数据分析结果等贵重资料亦为其开展个性化服务不可或缺的手段。[②] 易言之,在原始数据分析的基础上产生的新数据与原始数据一道构成了对甲公司的业务运作举足轻重的数据集合。因此,与其说"数据灭失",不如更精确地表述为"数据集合的灭失",而附着于该数据集合之上的"利用数据开展业务运作的利益"属于为法律所认可的利益。[③] 就池田秀敏教授的结论而言,甲公司受有纯粹经济损失(以下简称"数据利用利益受侵害说")。

值得注意的是,在日本的司法实践中,将数据灭失解释为某种利益取得状态的丧失系多数说。例如,在广岛地方法院平成 11 年 2 月 24 日判决所涉案

---

① 程啸:《论大数据时代的个人数据权利》,《中国社会科学》2018 年第 3 期。
② 池田秀敏「サーバ上のデータ消失による不法行為責任」信州大学法学論集 18 号(2012)115 頁以下頁参照。
③ 池田秀敏「サーバ上のデータ消失による不法行為責任」信州大学法学論集 18 号(2012)115 頁以下頁参照。

件中，某计算机商店从业员因过失导致受害人存储于其计算机中的数据灭失，法院认为："存储于计算机中的数据本身属于值得为法律所保护的利益，因此，在一方当事人因故意或过失致数据灭失的场合成立侵权责任应无疑义。"①

但是，以上述数据利用利益受侵害说作为损害识别的标准必定在逻辑上、价值选择上需要作出一项前置判断：系争数据利用利益本身是否属于法律保护的利益。诚如池田秀敏教授所言，案涉灭失数据的特殊性可以在法价值衡量上被纳入需要保护的范畴。然而，在其他场合，即便数据主体采取了技术手段对某种普通信息进行了区隔，而依交易习惯及社会通念并不认为该数据系属重要，是否得以径行认为利用此种数据的利益不受法律保护？显而易见答案是否定的。既然数据主体已经通过技术手段使得某种被数据化的信息具有了事实上的排他性，在法律上就必须赋予与之相当的保护手段，而至少在前揭场合，赋予该数据以绝对权的保护是无可厚非的。换言之，以技术手段实现了排他控制的数据无论在观念上是否"重要"，都不影响其在受到侵害时以权利保护的路径寻求救济。由此可见，数据利用利益受侵害说在逻辑上并不周延，解释力较弱。

无论是采纳数据所有权受侵害说还是采纳数据利用利益受侵害说，都无法回避一个较为棘手的问题：损害的数额如何计算？在上述广岛地方法院审理的案件中，法院直言，"至于财产上损害之额度，就本案所涉损害的性质而言，极难认定"。这是因为，与有体物损害能够计算市场价值不同，在多数场合，数据灭失仍然具有寻回之可能，因此在物理上，难以认为受害人受有财产上的损害，故法院在将损害数额认定为零的基础上，应斟酌双方利益状况，课以加害人精神损害赔偿义务，以扭转损害数额为零的尴尬局面。②

数据灭失场合的损害在计算上确有其特殊之处，但并未脱离既有的损害赔偿法基本原理。数据灭失后，在无法寻回的场合，与有体物灭失并无二致，此时应以丧失的数据所有权作为损害的算定范围。在数据灭失而能

---

① 広島地方裁判所平成 11 年 2 月 24 日判决，判例タイムズ 1023 号 212 页。
② 広島地方裁判所平成 11 年 2 月 24 日判决，判例タイムズ 1023 号 212 页。

够寻回的场合，亦得在差额说的指引下探寻损害的范围，即计算受害人遭受损害事件情况下的现有财产状态与未遭受损害事件情况下的应有财产状态的差额，并以此作为损害赔偿数额。[1] 准此以言，应以数据寻回所需费用作为赔偿的范围。[2] 这就类似于在人身损害的情形中，若受损人体可以通过积极治疗或自然恢复实现康复，是否也可以认为不存在损害呢？结论当然是否定的，因为受害人在遭受损害的"现有状态"与其"应有状态"存在差别，应以这种差额作为损害赔偿的范围。[3]

四　IDC 供应商的注意义务：过失的判断标准

（一）过失的客观化

对于本案涉及损害的评价问题，采纳数据所有权受侵害说与采纳数据利用利益受侵害说的论者，在侵权责任构成理论中的过失要件该当性的判断上会有不同结论。具体而言，数据所有权受侵害说提供的救济路径是权利侵害进路，加害人若因一般过失（轻过失）致数据灭失就足以成立侵权责任；相反，数据利用利益受侵害说提供的救济路径则是权益侵害进路，加害人需故意或因重大过失致数据灭失方才成立侵权责任。[4]

现代侵权法的一大特征就是在过失的判断上采纳了客观化的立场，即不以加害人主观心理状态作为过失的来源，而是以客观上是否存在注意义务违反作为过失的判断标准。行为人的注意义务，应以善良管理人的注意为准，对侵害结果的预见性及可避免性，构成了注意的必要条件。[5] 就此而

---

[1] 〔德〕克雷斯蒂安·冯·巴尔：《欧洲比较侵权行为法》（下卷），焦美华译，法律出版社，2004，第189页。
[2] 池田秀敏「サーバ上のデータ消失による不法行為責任」信州大学法学論集18号（2012）115頁以下参照。
[3] 旭川地方裁判所平成11年6月11日判決，交通事故民事裁判例集32巻3号975頁。
[4] 潮見佳男『債権各論2 不法行為法』（新世社，2017）87頁参照；陈聪富：《侵权归责原则与损害赔偿》，北京大学出版社，2005，第72页。
[5] 王泽鉴：《侵权行为》，北京大学出版社，2016，第298~299页。

言，无论采纳上述哪一种学说，都必须首先对行为人丙公司是否负有注意义务、负有何种注意义务进行考察。

（二）注意义务的识别

大陆法系侵权法理论对于注意义务的来源采取了善良管理人的注意标准，在个案判断中，主要的考虑因素有三：第一，危险或侵害的严重性；第二，行为的效益；第三，防范避免的负担。① 无论如何，注意义务的识别需要依据个案情事进行判断。在英美法系的侵权法理论中，运用经济分析方法进行注意义务识别的汉德公式（Learned Hand Formula of Negligence）得到了广泛的运用，要言之，当预防损害发生的成本（Burden）小于事故发生后造成的实际损害（Loss）与损害发生盖然性（Probability）之乘积时，加害人具有过失（注意义务违反）。② 易言之，当且仅当 Burden < Probability × Loss（B < PL）时，加害人负有积极行为的注意义务，其怠于为之即构成过失。

不难发现，东京地方法院在判决中一再强调双方的"实质利益状况"，实际上是以经济分析的方法作为衡量当事人之间利益配置的工具。在此类于道德上否定评价较弱的财产损害案件中，③汉德公式可以在注意义务的识别上提供较为明确的指引，下文以此作为基础展开分析。

首先，对损害发生的盖然性（避免事故的成本）进行考察。一方面，网络服务器使用的内置硬盘发生故障在生活中并不罕见，毋宁说内置硬盘具有较高的故障盖然性是一种常识；另一方面，即便服务器设备没有发生物理上的故障，人为操作失误、计算机病毒、黑客攻击都有可能带来存储于内置硬盘中数据灭失的后果。但是，在电子数据的语境下，上述服务器故障的高度盖然性并不会直接推导出损害的发生具有高度盖然性这一结论。

---

① 王泽鉴：《侵权行为》，北京大学出版社，2016，第300页。
② William M. Landes, Richard A. Posner, *The Economic Structure of Tort Law*, Cambridge, Harvard University Press, 1987, p. 85.
③ 关于汉德公式的批判，参见王泽鉴《侵权行为》，北京大学出版社，2016，第300页。英文文献参见 Peter Z. Grossman, Reed W. Cearley, Daniel H. Cole, "Uncertainty, Insurance and the Learned Hand Formula", *Law, Probability and Risk* 5, 2006, pp. 1–18.

在有体物的场合，一旦某种可预见的"灭失"会导致有体物的物理形态消灭或无法修复，则灭失的盖然性必定与注意义务的程度正相关。但数据不同，数据可以经由备份实现便捷保存，而且备份在云计算的背景下变得越来越简易。若经过备份的存储于特定记录装置的数据因某种原因灭失，也可以通过若干技术手段寻回，就此而言，该数据并未消灭，而仅仅是完整的存在状态受到了侵扰。① 而且，正如判决书所言，如果数据灭失的盖然性较高是一种常识，那么数据主体也会产生"应当进行数据备份"的常识。这实际上意味着，原被告双方的"实质利益状况"中包含了"甲公司拥有通过备份防止数据灭失的机会"这一减轻丙公司义务的衡量指标。由此可见，即便数据灭失的盖然性较高，但防止数据灭失的选择同样简单易行，因此，我们无法得出损害发生的盖然性较高这一结论。

其次，对事故发生后造成的实际损害（事故本身的成本）进行考察。互联网服务器中的数据千差万别，其重要性无法等量齐观。但是，本案中甲公司使用的是丙公司提供的公共互联网服务器，其性质决定了不宜存储贵重数据。公共互联网服务器必须交由提供者丙公司管理，甲公司若有自己管理的需要，可以选择私人服务器或自己搭建服务器进行数据保管。因此，甲公司本可以通过其他选择避免贵重数据灭失却怠于为之，其数据所有权丧失的损害后果无法在规范上被认定为重大损害。

最后，对预防损害发生的成本（事故的预期成本）进行考察。丙公司可以采取如下手段避免因机器故障导致数据灭失：第一，采用信赖程度更高的设备；第二，采用耐障碍性更强的 RAID 系统；第三，定期进行数据备份。然而，上述方法的可适用性是存在疑问的：首先，信赖程度更高的设备必定对丙公司的财产支出提出了更高的要求；其次，采用耐障碍性更强

---

① 在这种情形下，可以通过类似于"排除妨害、消除危险"的方式恢复数据权利的圆满状态，在因他人过错导致完整的数据权利遭受侵扰，且完整数据状态的回复需要财产支出的，可以通过"赔偿损失"的责任承担方式实现权利保护。

· 235 ·

的RAID系统必定要求增加内置硬盘的台数；① 最后，定期备份也要求丙公司增加新的记录装置。无可否认，丙公司在一定程度上负有防止数据灭失的善管义务，这从前述责任限制条款的表述即可得知，但此处成为问题的是，这些避免数据灭失的方法须用意至何种程度？

根据IDC服务的性质，IDC提供商的行为义务会随之变化，在大量用户同时使用一个（公共）服务器的场合，数据备份往往是不被期待的。加之，甲公司在案涉服务器中存储了大量本应自行保管的贵重数据，实际上是在明知风险的基础上的行为，构成自甘冒险，就该部分数据灭失的后果而言，应自行负担。② 本案中，数据灭失是由于正常运行的服务器发生了故障，而非其他具有明显可归责性之事由——如硬盘搬运作业、设备维修作业等明显带有高度危险性的活动——所导致的。如非上述特殊情形，应认为丙公司在此类IDC服务中并不负有数据备份的义务。③ 至于更换设备及采纳高级RAID系统应予否定的理由，请容后述。

东京地方法院否认了丙公司负有防止数据灭失的义务，并不准确，毋宁说，丙公司在其善管义务的范围内负有数据保护的义务，例如定期对设备进行维护、网络条件的维护、特殊情形下的数据备份等，但并不负担超出这一标准的义务。

（三）责任限制条款的意义

若仔细阅读前述判决书的内容，不难发现东京地方法院驳回原告诉讼请求的主要理由来源于本案服务合同1中的责任限制条款："就问题的实质而言，被告丙公司是以'服务规约'中存在责任限制条款为前提而开展IDC服务的。"④

---

① 本案中丙公司使用的RAID5系统可以同时记录符号与数据，但无法进行数据的二重记录。为了实现数据的二重记录必定要求更高等级的RAID系统及更多的内置硬盘数量。
② 潮见佳男『債権各論2 不法行為法』（新世社，2017年）207頁参照。
③ 「平成27年版ITを利活用した新サービスを巡る制度の論点・これまでの議論の整理」による。
④ 東京地方裁判所平成21年5月20日判決，判例タイムズ1308号261頁。

吊诡的是，建立在乙公司与丙公司之间的服务合同1如何能够约束合同之外的第三人甲公司呢？本案中，甲公司通过与乙公司订立服务合同2间接取得了对互联网服务器的使用权，之所以为"间接"，是因为甲公司之使用权系基于乙公司之使用权而得以成立，与之类似的是承租人通过转租在出租人—承租人—次承租人之间形成的合同连锁关系。易言之，甲公司与互联网服务器的提供者丙公司并没有建立涉及使用利益让渡的合同关系。

本案中一个关键事实为，合同记载的"服务规约"规定，"当事人仅在第三人同意本服务规约内容的基础上，才可以让第三人使用本服务（IDC服务）"[①]。加之，法院认为，甲公司在明知或可得推知责任限制条款的情形下同意使用互联网服务器，则应受之约束。如果以此作为解释前提对上文提出的合同关系之诘问再行考察，似乎可以得出如下结论：甲公司虽与乙公司订立服务合同2取得了服务器使用权，在使用利益让渡的关系上仅与乙公司建立了合同关系，但在责任减免方面，通过默示的意思表示与丙公司建立了内容上与服务合同1之责任限制条款相同的责任限制合同。此处应予说明者为，意思表示的作出不以明示为限，若某种行为结合交易习惯、社会通念，具备外部表示之价值，且该表示价值之形成可归责于表意人，构成意思表示，到达相对人时生效。[②] 甲公司使用互联网服务器，其行为具备外部表示价值，且该表示系有意识而为之，自可构成意思表示，在丙公司为其提供服务之时（通常由服务器预设系统实现客户接入），既构成意思表示达到的时点，又可被解释为丙公司承诺之作出时点，该责任限制合同的成立应无疑义。[③]

[①] 東京地方裁判所平成21年5月20日判決，判例タイムズ1308号260頁。
[②] 参见杨代雄《意思表示中的意思与意义——重新认识意思表示概念》，《中外法学》2017年第1期；杨代雄《意思表示解释的原则》，《法学》2020年第7期。
[③] 应予说明的是，在第三人并不明知责任限制条款的情形中，上述结论应予修正。在有相对人的意思表示之解释中，若相对人并不明知表意人之真意，原则上应以规范解释探讨处于相同情形中理性之人会如何理解意思表示之含义。在第三人并不明知责任限制条款的情形下，其使用服务器之行为在外部虽具备表示意义可构成意思表示，但由于不具备与丙公司建立责任限制合同的真意，可基于重大误解（错误）撤销其意思表示。

甲公司与丙公司之间建立的责任限制合同才是责任限制条款的内容能够约束甲公司的法理依据。那么，责任限制合同对于丙公司注意义务的判断会产生何种影响？所谓"被告丙公司是以'服务规约'中存在责任限制条款为前提而开展 IDC 服务的"[1]，实际上表达了两方面的意义：第一，就 IDC 服务的提供者丙公司而言，因为责任限制条款的存在，其得以设定与其服务水准相应的价格；第二，就使用 IDC 服务的甲公司而言，因为责任限制条款的存在，其得以以较为低廉的价格获取使用该种服务的机会。不难发现，责任限制条款的规范意义对于原被告双方的法律地位皆有影响。就此而言，无论是更换设备还是采用高级 RAID 系统，皆要求甲公司支付更多的服务费用——在责任限制合同（条款）存在的前提下，不应认为丙公司负有超过服务标准提供服务的义务。

假使丙公司在本案中并未设置责任限制条款，不难想象，其必定需要购入信赖程度更高的设备、采用数据二重化记录技术、为数据备份支出更多费用——这无一例外会导致服务费用的增加。东京地方法院在本案中还指出，"鉴于丙公司另外提供了付费备份服务，如果甲公司的主张是有理由的，则无异于强迫丙公司免费提供付费服务"[2]。诚如前述，法院的核心观点是没有理由使丙公司负担超过责任限制条款程度的注意义务。具体而言，鉴于丙公司在正常的 IDC 业务提供活动中已经尽到了必要的善管义务，就不能苛求其在此之上采用高级 RAID 系统、更换更为优质的设备、进行数据备份。

在请求权相互影响说之下，既然甲公司不能依据合同对丙公司有所请求（因为不存在债务不履行的情事），则其依侵权行为向丙公司请求承担责任之时，就必须在法律后果上作相同对待，以符合实质法安定性之要求。[3]

---

[1] 東京地方裁判所平成 21 年 5 月 20 日判决，判例タイムズ1308 号 261 頁。
[2] 東京地方裁判所平成 21 年 5 月 20 日判决，判例タイムズ1308 号 261 頁。
[3] 平野裕之「契約責任と不法行為責任の競合論について」法律論叢第 68 巻第 3・4 合併号（1996）295 頁以下参照。中文文献参见傅鼎生《赔偿责任竞合研究》，《政治与法律》2008 年第 11 期。

此处，合同上请求权（责任限制合同）对于侵权责任请求权的影响就在于，前者的存在会导致后者在过错要件上无法被证成。

五 代结语：数据侵权的程序法因应

认定数据侵权除了在实体法上颇费周章，在程序法上亦困难重重，最为突出的问题表现在受害人通常难以证明加害人具有过错。在一般侵权行为所涉案件中，原告负担加害人具有过错的证明责任，但在数据侵权这一特殊领域，加害人是否有注意义务违反之行为通常难以为受害人所知，加之两造在技术问题上可能的知识鸿沟，更让过错的证明在诉讼上举步维艰。这就意味着，数据侵权案件中作为损害结果呈现的数据灭失，既有可能是由可归责于加害人的行为所造成的，又有可能与本案相同，是在服务器正常运行中因故障造成的。即便本案中受害人甲公司在后一种情形中无法获得侵权法上的救济，但在前种情形成立侵权责任却是无可厚非的，但这恰好面临证明责任上的挑战。

与数据侵权面临的窘境类似，在个人信息保护领域同样具有上述问题。在比较法上，针对个人信息领域中当事人事实上的不平等地位，部分立法例已明确规定过错推定责任。例如，《德国联邦数据保护法》第7条规定了非公务机关处理个人数据致害时的过错推定责任。[1] 相同地，我国台湾地区"个人资料保护法"第28条和第29条规定，公务机关采无过错归责，因天灾、事变或其他不可抗力而免责；非公务机关采过错推定归责，通过证明其无故意或过失而免责。此外，《韩国个人信息保护法》第39条规定："信息主体因信息处理者违反本法的行为遭受损害，有权要求其承担责任，但信息处理者能证明其不存在过错的除外。"同样课以信息处理者以过错推定责任。

与上文论述逻辑相同，在数据侵权领域，过错推定同样具有适用空间。

---

[1] 参见李爱君、苏桂梅主编《国际数据保护规则概览》，法律出版社，2018，第12页。

就我国法律而言，通过《民法典》第 127 条对数据的原则性保护规定参引具体的"保护性法规"，①可以作为过错推定的基础。就日本法而言，虽然《日本民法典》第 709 条效仿法国法设计了"大的一般侵权条款"，但在解释上，通说以违法性学说的运用已经使得日本法转向了德国法模式的"权益—权利"区分保护之进路，"违反保护他人之法律"在司法实践中也被广泛运用，以便减轻原告的证明责任。②即便在过错推定需要"法律规定"的立法例下，在受害人主张的事实具备较大可能性时，法官可以进行职权调查并适用举证责任的缓和与转换规则。③

以东京地方法院平成 21 年 5 月 20 日判决为代表的，涉及数据侵权的案件类型纷繁复杂，其论证方法、裁判结论的选择不仅是对行业样态的预判与形塑，更关乎实证法及其解释论面对技术变革所带来的新型社会关系的涵摄张力。无论如何，我们必须从既有的知识体系中依据一定的论证方法寻找妥当的解释结论。就此而言，前述东京地方法院平成 21 年 5 月 20 日判决在行为人注意义务的考察、侵害客体的识别等问题上的理论尝试，对于我国学理与实践的发展也具有相当的参考意义，实值重视。

---

① 我国《消费者权益保护法》《刑法》《网络安全法》《测绘法》《公共图书馆法》《电子商务法》等多项立法均对各自领域中的个人信息保护进行了规定。其中，除了宣示性和引致性的内容外，这些规定具备保护他人的目的，同时也明确界定了相对人所负的行为义务及其标准。根据侵权法的一般原理，为他人确立相应行为或注意义务的"保护性法规"经公布已经为人们共知，行为人过错的认定又往往取决于其是否违反对他人的义务。在这种规范被违反时，可以通过表见证明或证据规则推定行为人存在过错，来减轻受害人的举证责任。参见朱虎《规制性规范违反与过错判定》，《中外法学》2011 年第 6 期。
② 潮見佳男『債権各論 2 不法行為法』（新世社，2017 年）144 頁参照。
③ 田村陽子「民事訴訟における証明度論再考——客観的な事実認定をめぐって」立命館法学 327・328 号（2009）517 頁以下頁参照。

论规避著作权技术措施与帮助犯正犯化

——对《刑法修正案(十一)》相关规定的分析

郭力瑄*

摘 要：规避技术措施在侵犯著作权活动中不直接损害著作权，而主要起帮助作用，故《刑法修正案（十一）》将规避技术措施规定为侵犯著作权罪的不法行为类型涉及帮助犯正犯化。通过考察规避技术措施的出现背景、技术特征和现实危害，能够肯定这类帮助行为具有实质的正犯化根据，但是，在部分具体案件中也存在欠缺正犯化根据的情况。所以，准确地讲，《刑法修正案（十一）》关于规避技术措施的规定属于"帮助犯相对正犯化"。

关键词：《刑法修正案（十一）》 侵犯著作权罪 规避技术措施 帮助犯正犯化

"未经著作权人或者与著作权有关的权利人许可，故意避开或者破坏权利人为其作品、录音录像制品等采取的保护著作权或者与著作权有关的权利的技术措施"，是《刑法修正案（十一）》在侵犯著作权罪中新设的不法行为类型。[1] 理论上称之为"规避技术措施"[2]。为了叙述简洁，下文将此规定中的"著作权""与著作权有关的权利"统称为"著作权"，将"著作

---

* 郭力瑄，北京师范大学刑事法律科学研究院 2019 级硕士研究生。
[1]《刑法修正案（十一）》第 20 条。
[2] 参见杨彩霞《规避著作权技术措施行为刑法规制的比较与思考》，《政治与法律》2012 年第 12 期。

权人""与著作权有关的权利人"统称为"著作权人",将"作品""录音录像制品等"统称为"作品"。

将规避技术措施明文规定于刑法分则虽然有利于《刑法》与《著作权法》相衔接,[①] 但是从刑法教义学的角度来看造成了疑问——此举是否属于帮助犯正犯化？这既是学理上的困惑,也关系到司法实务中侵犯著作权罪的认定,故必须予以澄清。

一 问题的由来

虽然规避技术措施早已被《著作权法》规定为违法行为,[②] 但是当这类行为较为严重时,能否以及如何追究其刑事责任,长期以来并未得到明确的解答。

一般认为,侵犯著作权罪保护的法益是他人的著作权（广义）。[③] 修改前的《刑法》第217条侵犯著作权罪所规定的四种不法行为类型[④],也都属于直接侵害他人著作权的行为。但是,规避技术措施与著作权受损之间却没有直接联系。所谓"技术措施",是指著作权人为防止、限制他人未经许可接触、复制或者传播其作品所采取的某些技术手段,如"用户名/密码"技术、序列号技术、网页防复制技术等。著作权的本质是一种专有权利,而技术措施的功能表明,其本质是著作权这种专有权利的保护手段而非专有权利本身。[⑤]《著作权法》的最近一次修改也印证了这一点。[⑥] 所以,规避技术措施只是相当于破坏了他人的著作权"门锁",于著作权受损而言,

---

[①] 全国人大常委会法制工作委员会副主任李宁在第十三届全国人民代表大会常务委员会第二十次会议上所作的《关于〈中华人民共和国刑法修正案（十一）（草案）〉的说明》谈到了这一点。

[②] 《著作权法》第49条。

[③] 参见周光权《刑法各论》,中国人民大学出版社,2016,第306页。

[④] 这四种不法行为类型包括：未经许可复制发行他人作品、出版他人享有专有出版权的图书、未经许可复制发行他人制作的录音录像、制作出售假冒他人署名的美术作品。

[⑤] 参见姚鹤徽《数字网络时代著作权保护模式研究》,法律出版社,2018,第70~74页。

[⑥] 2020年修改后的《著作权法》不再将规避技术措施规定为著作权侵权的行为类型,而是单列为一种"违法行为"。这进一步说明规避技术措施不等于直接侵害著作权。

这类行为实际上主要起帮助作用。故以侵犯著作权罪的帮助犯追究行为人刑事责任，是规避技术措施刑事规制的重要路径。

但是，这种规制路径的处罚范围相对有限。按照修改前的侵犯著作权罪，一些起帮助作用的规避技术措施行为并不构成侵犯著作权罪。例如，甲欲经营视频网站，但又不愿向影视作品著作权人购买授权，于是雇懂技术的乙为其破解了某知名视频网站的防"盗链"措施；之后甲又通过"深度链接"将该知名视频网站的影视资源链接至自己的网站，使他人能在自己的网站上观看这些影视作品。本案中，若以"服务器标准"判断，则甲的"深度链接"行为属于"扩大第三方网站作品传播"，并不涉及复制或者传播他人作品。[①] 因此，如果以侵犯著作权罪追究二人刑事责任，由于不存在正犯行为（复制传播他人作品），对乙就不能以该罪的帮助犯论处。

不过，《刑法修正案（十一）》将规避技术措施明确规定为刑法分则中的不法行为类型，即《刑法》第217条新增第6项，使这类行为的刑法规制有了"帮助犯正犯化"的可能。通常认为，刑法分则不对帮助行为作类型化规定，其所规定的犯罪行为均是正犯行为；因此，当立法将正犯行为的帮助行为也明确规定在刑法分则并配置以刑罚时，就可能具有帮助犯正犯化的法律效果，即将原帮助行为提升为新的正犯行为，不再适用共犯规则。[②] 从条文特征来看，《刑法》第217条新增第6项确有帮助犯正犯化的解释空间。如果以这种思路解释该项规定，上述案例中乙的行为就可能构成侵犯著作权罪。因为"正犯化"表明乙破解防"盗链"措施的行为在可罚性上具有独立性，即使欠缺相关复制传播行为，或者与复制传播者没有共同的犯罪故意，也不影响犯罪成立。

然而要特别注意的是，立法将某种犯罪的帮助行为明确纳入刑法分则

[①] 需要说明的是，理论界及实务界关于"深度链接"是否属于复制传播行为尚有争议。按照"用户感知标准"判断，这类行为属于复制传播行为；按照"服务器标准"判断，这类行为不是复制传播行为。本文所举案例，采纳"服务器标准"。相关论述可参见（2016）京73民终143号民事判决书。

[②] 参见皮勇、杜嘉雯《帮助行为正犯化理论与立法探究》，《齐鲁学刊》2021年第1期。

并配置以刑罚,只是帮助犯正犯化的"形式特征",据此不足以得出确切的结论。例如有学者指出,这类条文既可能是帮助犯正犯化,但也可能只是针对帮助行为量刑所作的特殊规定,亦即"帮助犯的量刑规则"。[①] 在后一种情况下,帮助行为可罚与否依然受正犯行为影响。所以,《刑法修正案(十一)》关于规避技术措施的规定是否真的属于帮助犯正犯化,还需从实质上加以把握。

二 帮助犯正犯化的根据与类型

梳理相关文献后发现,理论上主张某类帮助犯理应正犯化的实质根据主要有以下三点。

一是帮助行为对应的正犯行为危害性大,预防必要性强。帮助行为对正犯行为起创造条件、促进实施等作用,不对其加以规制,会导致正犯的着手可能性升高或者损害结果加重。所以,对正犯行为危害性极大的犯罪,即便正犯尚未着手,放任相关帮助犯也非常"危险"。为了预防重大损害现实发生,刑法有必要在正犯尚未着手时,就对帮助犯予以惩处,即帮助犯正犯化。例如,恐怖活动危害性极大,理论界普遍认为立法增设帮助恐怖活动罪属于帮助犯正犯化,即使被帮助者没有着手实施恐怖活动,为了预防恐怖事件发生,也可以追究帮助者的刑事责任。[②]

二是帮助行为具有相当程度的独立法益侵害性。帮助犯正犯化的另一个重要理由是,帮助行为除了加剧正犯行为的法益侵害外,自身也具备较大的法益侵害性。例如,理论上主张协助组织卖淫罪属于帮助犯正犯化的重要理由就是,即使行为人招募的人员最终没有从事卖淫活动,但如果行为人是通过公开招募等方式提供帮助,这类帮助方式本身就已经侵害了社

[①] 参见张明楷《论帮助信息网络犯罪活动罪》,《政治与法律》2016年第2期。
[②] 参见舒洪水、刘左鑫惠《帮助恐怖活动罪的理解与适用》,《四川警察学院学报》2020年第1期。

会管理秩序，因而有正犯化的必要。①

三是帮助行为演化出不能为共犯规则所评价的新类型。社会发展导致帮助行为演化出新类型，当沿用共犯规则无法合理评价其危害时，就有正犯化之必要。例如，介绍贿赂原本是行贿罪、受贿罪的帮助行为，但是由于实践中出现了不少以介绍贿赂为业的掮客，导致介绍贿赂演化出"一帮多"的新类型。具体而言，行为人在一定时间内多次帮助他人行贿受贿，虽然每次贿赂数额可能只达到违纪程度，但是多次介绍贿赂的总数额已经远超行贿、受贿罪标准。对此若以行贿罪或者受贿罪的帮助犯论处，则会出现各正犯仅成立违纪而介绍贿赂者也因正犯无罪而无罪的尴尬局面。所以，有学者认为刑法增设介绍贿赂罪的目的就在于通过帮助犯正犯化合理评价这类现象——即使行贿、受贿行为未达到犯罪标准，也可以追究介绍贿赂者的刑事责任。②

当某类帮助犯具备上述某方面的根据（或者说特征）时，就有理由认为这类帮助犯蕴含"实质正犯性"。若立法又将其类型化地规定于刑法分则并配置以刑罚，则能够肯定该规定属于"帮助犯正犯化"。但是，不能认为这种正犯地位都是绝对的，因为实践中不乏某类帮助犯在一些案件中具备正犯化根据，而在另一些案件中又欠缺正犯化根据的情况。所以，按照帮助犯在各类具体案件中是否始终具有正犯化根据，理论上又将帮助犯正犯化分为"绝对正犯化"和"相对正犯化"。

所谓绝对正犯化，是指某类帮助犯在各种具体案件中始终蕴含正犯化根据，因而可以全部按照正犯处理的情况。例如上文提到的帮助恐怖活动罪。由于恐怖活动危害极其严重，因此帮助恐怖活动行为在各类具体案件中，始终具有"正犯行为危害性大，预防必要性强"的特征，都有理由使之正犯化。故理论上认为帮助恐怖活动罪属于"帮助犯绝对正犯化"。③

---

① 参见张明楷《论帮助信息网络犯罪活动罪》，《政治与法律》2016年第2期。
② 参见于冲《帮助行为正犯化的类型研究与入罪化思路》，《政法论坛》2016年第4期。
③ 参见胡森《论帮助信息网络犯罪活动罪的适用及限制》，载江溯主编《刑事法评论：刑法的科技化》，北京大学出版社，2020。

所谓相对正犯化，则是指某类帮助犯在各种具体案件中未必都有正犯化根据，因而只能部分按照正犯处理的情况。例如，在上文所举的协助组织卖淫案中，行为人因公开招募卖淫人员而具有扰乱社会秩序的独立法益侵害性是该帮助行为正犯化的根据。但是，实践中也存在行为人以隐秘方式（如向特定妇女发送短信介绍宾馆服务工作等）招募卖淫人员的案件。这时该帮助行为不存在扰乱社会秩序的独立法益侵害性，欠缺正犯化的实质理由，只能仍以帮助犯评价。故理论上认为协助组织卖淫罪属于"帮助犯相对正犯化"。[①]

所以，《刑法》第 217 条新增第 6 项是否属于帮助犯正犯化这一问题，确切地讲包含两个子问题：一是该项是否具备实质的正犯化根据；二是如果具备，是在任何案件中都具备，还是在部分案件中具备。

三 规避技术措施的正犯化根据

通过考察规避技术措施的出现背景、技术特征和现实危害，能够肯定这类帮助行为在大部分场合具有实质的正犯化根据。具体而言包括以下三点。

第一，规避技术措施所帮助的正犯行为危害性大，有必要加强预防。

规避技术措施所帮助的正犯行为，大多数是数字网络背景下的著作权犯罪。随着数字网络技术的发展，人类社会中的信息大量以数字化形式记录、保存和复制，并经由互联网广泛传播。由于数字化后的信息在保存、复制、传播时，拥有数量、速度、成本等方面的巨大优势，著作权领域也广泛放弃了纸张、胶片、磁带等传统媒介，转而以数字形式记录、保存各类作品，并通过互联网发行销售，即"作品数字网络化"。与此同时，为了防止数字化后的作品被他人盗版，著作权人又普遍采取"序列号""加密锁"等技术措施限制他人未经许可接触、复制或者传播其作品。[②] 所以，目

[①] 参见张明楷《论帮助信息网络犯罪活动罪》，《政治与法律》2016 年第 2 期。
[②] 参见王迁《版权法对技术措施的保护与规制研究》，中国人民大学出版社，2018，第 1~2 页。

前大量的著作权犯罪发生在数字网络背景下,且实施这类犯罪通常以规避著作权人所设的技术措施为前提。

更重要的是,这类数字网络背景下的著作权犯罪危害性极大。因为"作品数字网络化"在给著作权人以便利的同时,也让著作权人以外的组织和个人拥有了短时间内大量、准确、低成本地复制传播他人作品的能力。这意味着一旦作品的著作权技术措施被突破,接踵而来的可能就是海量的盗版行为。例如,实践中行为人成功规避视频网站的著作权技术措施后,盗版他人数字化影视作品达十万余部。[1] 这样的危害程度,远甚于胶卷时代的影视作品侵权。所以,规避技术措施指向的正犯行为,即数字网络背景下的著作权犯罪危害性极大。为了预防海量盗版作品的出现,刑法有必要在正犯着手前,就对规避技术措施这类关键的帮助行为予以惩处,亦即将其"正犯化"。

第二,规避技术措施具有相当程度的独立法益侵害性。

我国2007年加入的《世界知识产权组织版权条约》与《世界知识产权组织表演和录音制品条约》规定,缔约国要为作者采取的权利保护技术措施提供法律保护。现行《著作权法》也规定,未经著作权人许可不得规避其为保护著作权而设置的技术措施。这些规定说明,虽然技术措施不是著作权客体,但是也受法律保护。换言之,即便是仅规避技术措施而不复制传播他人作品,也具有法益侵害性。

该法益侵害性的具体内容表现为两点。一是于具体著作权人而言,这类行为会严重损害其经济利益。在目前的作品市场中,不少作品获利的关键已经不是销售复制件,而是向消费者出售解除技术措施的密钥。例如,许多计算机软件已经可以通过销售者网站免费下载,而消费者购买的只是作为合法解除技术措施的序列号。在这种商业模式下,行为人单纯破解序列号的行为也会对著作权人的经济利益造成重大损害。[2] 二是于整个作品市

---

[1] 参见(2020)皖11刑初12号刑事判决书。
[2] 参见王迁《论出售软件序列号和破解程序的行为定性》,《法学》2019年第5期。

场而言，这类行为还会引起资源浪费，干扰市场正常发展。面对各类规避行为，著作权人需要采取更高级的技术手段才能实现防御目的，这意味着一旦规避技术升级，著作权人就不得不升级防护技术。但是，长此以往必然会导致著作权人过多的精力、资源等被投入到这种无谓的技术竞争中。这既浪费社会资源，也阻碍作品市场发展。所以，规避技术措施除了可能引起著作权法益受损外，本身还具有损害权利人经济利益、阻碍作品市场正常发展等法益侵害性。当自身的法益侵害较重时，即便正犯没有着手，也有必要惩处该帮助行为。

第三，规避技术措施发展出"匿名性""一帮多"等类型特征，适用共犯规则不能合理评价。

与上述作品数字化相同，技术措施以及相应的规避手段也呈现出数字化趋势。例如，目前广泛使用的"用户名/密码"技术、序列号技术、网页防复制技术等，在具体运行过程大都表现为一系列计算机程序，而相关规避手段也大多属于计算机代码或程序，如能够截获密码的木马病毒、能够算出序列号的"补丁"、能够避开网页复制限制的特殊代码等。规避手段"数字化"使行为人能够通过互联网，在短时间内跨时空大量实施规避行为。这意味着规避技术措施具有"匿名性"和"一帮多"的特征。例如，行为人将能够规避他人软件著作权技术措施的"补丁"上传至网络论坛后，大量网民下载并利用该"补丁"绕过了正版软件的购买授权环节，复制并传播了大量破解版软件。[①] 本案中，一方面帮助犯与正犯相互匿名而无直接联系，另一方面仅行为人一人就为海量正犯提供了规避帮助。这两点导致以共犯规则评价规避技术措施存在问题。

首先，"匿名性"表明帮助犯与正犯欠缺明确的犯意联络，换言之，无法肯定双方具有共同的故意。这让按共犯评价存在障碍。其次，即便不考虑共同故意认定上的困难，以共犯评价也无法得出合理结论。网民之间基本独立，他们各自与规避技术措施者构成独立的案件；而在每个独立的案

---

① 本例为改编案例，原型参见（2016）京73民初371号民事判决书。

件中，作为正犯的单个网民均未达到刑事违法的程度，这意味着按照共犯从属性原则，作为帮助犯的规避技术措施者也不可罚，故总体上就会得出规避技术措施者不可罚的结论。但是，这样的结论显然没有正确反映"一帮多"模式下网民行为聚合所造成的巨大危害。所以，数字网络环境中某些规避技术措施行为虽然只是帮助行为，但是已经无法以帮助犯合理评价。

通过上述三点根据可以看出，规避技术措施作为侵犯著作权罪一项新的不法行为类型，除了形式上符合帮助犯正犯化的条文特征外，实质上也具有帮助犯正犯化的内在根据。

四 规避技术措施相对正犯化

在明确了规避技术措施的正犯化根据后，需要进一步讨论这类帮助犯在各种具体案件中是否始终保有上述正犯化根据。梳理相关案件后发现，实践中也存在欠缺正犯化根据的情况。

例如，在破解网页游戏源代码密码并架设"私服"类侵犯著作权活动中，行为人破解游戏源代码密码后通常会将他人的正版游戏程序全部或者部分修改后复制到自行架设的服务器中，以招揽玩家并通过经营盗版游戏获利。[1] 值得注意的是，相比盗版单机类游戏，行为人破解网页游戏源代码密码的主要目的是给非法经营他人游戏创造条件，而不是大量复制销售该游戏程序；网页游戏程序只需要在服务器中存储，而无须在大量玩家终端设备中长期保存。因此，这类犯罪中没有大量复制销售他人游戏程序的必要。换言之，破解网页游戏源代码密码并不具有引发海量盗版作品的典型风险。另外，这类犯罪对权利人经济利益的损害主要体现在私服经营活动抢占权利人游戏市场，故破解游戏源代码密码也不直接损害权利人经济利益。所以，没理由将这类规避行为当作正犯独立评价。

又如，部分应用于专业领域的嵌入式软件只有与特殊硬件相结合才能

---

[1] 参见（2018）苏1102刑初65号刑事判决书。

运行并发挥功能，所以，市面上复制销售这类软件时通常要搭配特殊硬件。这导致实践中针对这类软件的著作权犯罪通常表现为，行为人破解软件技术措施后还要进行芯片烧录、装配主板等操作才能得到可流入市场的复制件。① 由于搭配硬件增加了复制传播的资金、时间成本，行为人很难在短时间内复制销售海量的盗版嵌入式软件。所以，将规避这类嵌入式软件技术措施的行为按照正犯独立评价也缺乏充足根据。

再如，《著作权法》并没有将"为个人学习、研究或者欣赏，使用他人已经发表的作品"作为规避技术措施的合法事由。② 这意味着，假设某消费者购买唱片公司的音乐 CD 后希望能复制 CD 中的音乐作为备份，但是发现唱片公司在 CD 中加入了防复制措施；这时，即使行为人只是应消费者个人请求（为个人欣赏而复制）而破解防复制措施，其行为也可能违法。但是从实质上看，行为人并非向不特定或多数消费者提供规避帮助，且被帮助者只是为个人欣赏而少量复制他人作品，不会对权利人利益和市场秩序造成损害。所以，或许这类规避行为属于民事违法，但是达不到刑事违法的程度，更无正犯化之必要。

上述案件足以说明，规避技术措施作为侵犯著作权活动的帮助行为，虽然实质上具备正犯化根据，但是在具体案件中也存在欠缺正犯化根据的情况。因而确切地讲，《刑法修正案（十一）》将规避技术措施规定为刑法分则中的不法行为类型只是"相对正犯化"。需要说明的是，"相对正犯化"主要是指规避技术措施的可罚性在一些案件中可以独立判断（按正犯处理），而在另一些案件中不能独立判断（按帮助犯处理），并不是指规避技术措施在一些案件中可罚，而在另一些案件中不可罚。因此，按照正犯处理的规避技术措施者未必实际入罪或者量刑更重，而按照帮助犯处理的规避技术措施者未必实际无罪或者量刑更轻。例如，在上文所举破解网页游戏源代码密码并架设"私服"、盗版专业领域嵌入式软件等侵犯著作权活动

---

① 参见（2020）皖 11 刑初 26 号刑事判决书和（2019）粤 0305 刑初 1423 号刑事判决书。
② 《著作权法》第 50 条。

中，尽管不宜独立判断规避技术措施者的可罚性，但是当整个共同犯罪危害较大时，依然能够以帮助犯判处其较重刑罚。

五 结语

通过上文分析，可以明确《刑法修正案（十一）》将规避技术措施设定为侵犯著作权罪新的不法行为类型，除了形式上符合帮助犯正犯化的条文特征外，实质上也具有帮助犯正犯化的内在根据，故可以认为《刑法》第217条新增第6项属于"帮助犯正犯化"。根据该项规定，盗链视频、破解序列号等欠缺复制传播行为的规避技术措施类型也属于侵犯著作权罪的处罚范围。这有利于强化我国著作权保护。

但也要注意到，规避技术措施在本质上仍然与直接侵害著作权的不法行为类型不同，以侵犯著作权罪评价这类行为的法理根据在于帮助犯理论与帮助犯正犯化。因此，司法实践在认定规避技术措施的可罚性时，要根据案件具体情况判断是否存在正犯化根据。只有具备"实质正犯性"时才能依照《刑法》第217条第6项独立评价，否则，仍应按该条其他几项不法行为类型的帮助犯判断可罚性。

司法前沿

涉互联网不正当竞争纠纷案件行为保全司法裁量分析

吴月琴 何 鑫[*]

摘　要： 互联网竞争行为多样化对知识产权保护造成了压力，为应对侵权行为可能造成的紧迫危害，权利人常常将申请行为保全作为有力的止损手段。《最高人民法院关于审查知识产权纠纷行为保全案件适用法律若干问题的规定》列出了法院审查保全申请的考量因素，包括事实基础与法律依据、损害的不可弥补性、当事人利益平衡、是否涉及公共利益等。法院在现实审查中对上述考量因素有更为具体的判断标准。

关键词： 互联网竞争　不正当竞争　知识产权　行为保全

引　言

互联网纠纷案件随着互联网竞争行为的多样化不断增加。由于互联网环境下的侵权行为实施成本低、隐蔽性强、影响范围广，一旦发生，对于权利人而言则意味着在短时间内即会遭受巨大损失。鉴于此，申请行为保全则成为及时阻止损害扩大的有力手段。从"数据爬取第一案"[①]到"App唤醒策略第一案"[②]，越来越多的权利人通过申请行为保全来避免自身遭受

---

[*] 吴月琴，上海市华诚律师事务所律师；何鑫，上海市华诚律师事务所律师。
[①] 北京市海淀区人民法院（2019）京0108民初35902号。
[②] 上海市浦东新区人民法院（2020）沪0115行保1号。

更大的损失。

本文梳理近年来涉互联网不正当竞争纠纷行为保全裁定，从《最高人民法院关于审查知识产权纠纷行为保全案件适用法律若干问题的规定》（以下简称《规定》）出发，分析法院对《规定》的具体适用及考量因素，以供参考。

一 《规定》相关内容

《规定》第7条具体规定了法院审查行为保全申请应当综合考量的因素，并为具体如何判断提供了指引。简要来说，考量因素包括：①申请人的请求是否具有事实基础和法律依据，包括请求保护的知识产权效力是否稳定（"事实基础与法律依据"）；②不采取行为保全措施是否会使申请人的合法权益受到难以弥补的损害或者造成案件裁决难以执行等损害（"难以弥补的损害"）；③不采取行为保全措施对申请人造成的损害是否超过采取行为保全措施对被申请人造成的损害（"当事人利益平衡"）；④采取行为保全措施是否损害社会公共利益；⑤其他应当考量的因素。

二 事实基础与法律依据的判断

法院对于申请人是否具有事实基础与法律依据的判断标准，可以归纳为：申请人是否具有合法且稳定的权益，即申请人的权益是否应当获得保护，以及被申请人行为构成不正当竞争的可能性，具体而言，包括以下几个方面。

（一）申请人是否具有合法且稳定的权益

根据梳理，法院对于该因素的判断，多基于对于申请人的商业模式进行分析，从而确认其是否具有应当获得保护的利益。如在"腾讯诉飞智、衡智案"①中,法院认为申请人作为涉案网络游戏的开发商和运营商,向用户免费提供游戏下载服务,营造良好的游戏环境,从而增加交易机会,同时通过提供游戏皮肤等增值服务的方式获得收益的商业模式是其赖以生存的基础,其维护游戏正常运营与游戏环境公平稳定的权益应当得到保护。与此同时,申请人的商业投入是法院认定其具有可保护利益的考量因素。在"数据爬取第一案"中,法院认定申请人通过正当合法的商业经营所积累的用户、短视频内容以及通过经营短视频资源所带来的相应流量并以此获得的经营收益、市场利益与竞争优势,应获得反不正当竞争法的保护。

法院的这一法律适用,对于掌握巨量数据资源的互联网企业具有积极意义,确定了企业投入人力、财力以合法经营所获得的利益与优势可为法律保护。但需要注意的是,在目前互联网环境下新商业模式层出不穷的背景下,如何向法院说明自身的商业模式应当受到保护,则是申请人应当重点关注的问题。这意味着申请人需要承担较重的举证义务,若举证失败,则不仅不利于申请行为保全,在后续的实体审理中也将处于不利境地。

(二)行为被认定为侵权或不正常竞争的可能性

在进行实体审理前,法院难以判断涉案行为是否构成侵权或不正当竞争。在《规定》颁布前,法院对于是否颁布禁令所持有的判断标准为申请人的"胜诉可能性"。至于是"一般/较大/极大的胜诉可能性"中的哪一种,各个法院对各个案件的把握尺度不一。标准过宽,容易导致权利滥用;标准过严,则会限制保全制度的适用范围。《规定》颁布后,有观点认为该证明标准为"优势可能性"②,即无须达到案件实体审查中侵权认定所需的"高度盖然性"这一高度。

---

① 上海市杨浦区人民法院(2020)沪0110民初5283号。
② 宋晓明等:《〈关于审查知识产权纠纷行为保全案件适用法律若干问题的规定〉的理解与适用》,《人民司法》2019年第7期。

而对于可能性的判断，法院则可能综合考虑以下因素，即被申请人行为是否破坏或规避申请人为维护现有商业模式及利益而设置的规则或采取的措施以及被申请人实施行为时对于其行为将会损害申请人利益是否知情。如在"腾讯诉飞智、衡智案"中，法院认为，被申请人刻意规避申请人的匹配隔离监测机制，且在其产品进行宣传的过程中存在攀附申请人的故意，因此认为其构成不正当竞争的可能性较大。而在"腾讯诉幻电案"[①]中，法院则认为被申请人提供虚拟定位插件的行为会破坏申请人提供网络游戏服务以地理位置为核心的玩法规则，存在构成不正当竞争的可能。

对于申请人而言，虽然在申请行为保全中举证要求或较实体审理低，但仍应尽可能充分举证。如在"数据爬取第一案"中，申请人通过技术手段收集并提供了大量证据以证明被申请人采用网络爬虫技术实施了不正当竞争行为。如，"刷宝"App上存在大量与"抖音"App一致的短视频（短视频的唯一VID码相同），"刷宝"App上存在"抖音"App因用户下线而无法正常显示的视频等等。法院在综合了双方提交的证据以及进行了听证询问的基础上认为该行为构成不正当竞争行为的可能性极大，达到了"优势可能性"的证明标准。

三 难以弥补的损害的判断

根据《规定》第10条，"难以弥补的损害"即被申请人的行为将会侵害申请人享有的商誉或者发表权、隐私权等人身性质的权利且造成无法挽回的损害，将会导致侵权行为难以控制且显著增加申请人损害，将会导致申请人的相关市场份额明显减少；对申请人造成其他难以弥补的损害。

在涉及知识产权与竞争行为的保全申请中，法院会依据涉案具体行为的影响范围以及紧迫性确定损害是否难以弥补。在"数据爬取第一案"中，

---

① 上海市浦东新区人民法院（2019）沪0115行保1号。

法院结合申请人被抓取短视频的数量、创锐公司与力奥公司实施不正当行为的主观恶意以及无意停止涉案行为的表现，认为如不及时采取保全措施，有可能对申请人造成难以弥补的损害。

此外，行为的紧迫性也是法院判断是否会造成难以弥补损害的重要因素。在"App唤醒策略第一案"中，法院指出，"支付宝"App在历年"双十一"大促活动期间均产生了极为可观的订单数量，2019年交易峰值更是达到54.40万笔/秒。故在"双十一"这一特定期间内，因"家政加"App对"支付宝"App正常支付功能进行干扰所造成的损害结果也将被放大。从而认为如不及时采取措施，将会对申请人造成难以弥补的损害。

四　当事人利益衡量的判断

对于是否采取行为保全措施的判断，也是对于当事人双方间进行利益衡量的判断。法院普遍认为，若因错误采取行为保全措施对被申请人造成的损害小于不采取行为保全措施对申请人造成的损害，则可以采取行为保全措施。也就是说，若采取行为保全对被申请人所造成的影响仅在于其无法通过涉案行为谋取利益，而不影响其通过合法方式或涉案行为外的方式获取利益，则一旦错误采取行为保全措施，该损害也可以预见；而若不采取行为保全，相比于一般环境，互联网环境下对申请人所造成的损害将会进一步扩大，该损害将不可预见。在上述两条件满足后，采取行为保全措施不会造成当事人间利益的明显失衡。如在"App唤醒策略第一案"中，法院指出，被申请人实施的涉案行为使申请人的竞争利益正处于被侵蚀的风险之中，申请人要求被申请人立即停止对"支付宝"App正常跳转的干扰，其所提出的该项行为保全申请系为防止其利益持续受损或损害结果扩大所采取的合理措施，本身并不会实质影响"家政加"App的正常运营。该申请指向明确、范围适当，不会造成当事人间利益的显著失衡。

此外，法院认为，要求申请人出具一定的担保，也可以在一定程度上避免当事人之间利益的显著失衡,如在"腾讯诉幻电案"与"腾讯诉微播案"[①]中,法院均要求申请人提供担保,并指出该担保即可为被申请人可能造成的损害提供充分保障。

因此,对于申请人而言,应当在提出行为保全申请前,明确行为保全的范围,将该范围严格限定为实体诉讼中的被诉行为的范围。这样一方面可以避免造成双方的利益显著失衡,有利于法院作出支持申请的裁定,另一方面,若法院要求提供担保,严格限定的行为保全范围也可以在一定程度上避免给申请人造成较重的负担。

五 对社会公共利益损害的判断

关于社会公共利益的内涵。"腾讯诉幻电案"的法院认为,其内涵应仅包括公众健康、环保及其其他重大社会利益。基于此认识,对于社会公共利益损害的判断应从当事人双方提供的产品或服务涉及的领域进行判断。如"腾讯诉幻电案"与"腾讯诉飞智、衡智案"中,法院认为当事人双方提供的均为市场化产品,不具有公共产品属性,因此采取行为保全措施不会对社会公共利益造成损害。而若被申请人行为涉及向公众提供如金融、医疗等涉及公共利益的产品或服务,责令停止被诉行为将会对前述提供产品或服务行为造成影响的,法院在此时则或会对采取行为保全措施持谨慎态度。

同时,部分法院也认为,在被申请行为具有构成不正当竞争可能的情况下,采取行为保全措施有利于维护市场的竞争秩序及消费者利益,此时采取行为保全措施反而有利于保障社会公共利益。

六 结语

在互联网环境下,不正当竞争行为对权利人造成的不利影响将会进一

[①] 天津市滨海新区人民法院(2019)津 0116 民初 2091 号。

步放大，因此采取行为保全措施是避免损失的重要且有效的措施。目前的司法实践为我们提供了一定的指引，但同时随着互联网背景下新的商业模式层出不穷，对于商业模式正当性等要素的判断也对实务带来更多的挑战，实务界应积极应对新的变化与挑战，以在不破坏创新积极性的前提下，促进市场竞争、提高市场效率并增加社会福利。

论企业隐私政策的合同法规制

陈润平[*]

摘　要：企业隐私政策是企业预先拟定的，用以处理企业与用户之间个人信息收集与保护关系的协议。司法实践中通常仅将企业隐私政策放在格式合同的规制框架之下，忽略了立法机关和行政机关对企业隐私政策制定的各种禁止性和强制性规范，导致公法上无效的条款在私法上有效。为消弭私法规制与公法规制之间的裂痕，应当先借助《民法典》第153条第1款的规定，认定违反法律、行政法规的强制性规定的企业隐私政策条款无效。若相应规范层级较低，则需借助第497条第2项的规定，将规范内容放在"减责限权"的框架下进行解释，从而认定相应的企业隐私政策条款无效。

关键词：个人信息保护　企业隐私政策　格式合同　强制性规范　减责限权

"知情—同意"是企业收集和处理用户个人信息的重要法律基础。实践中，企业为了获取用户的同意，往往需要向用户发送其制定的隐私政策或隐私协议，由用户点击同意。因此，对于企业隐私政策的性质，美国《消费者合同法重述（草案）》对过往诸多案例进行梳理，发现将隐私政策认定

---

[*] 陈润平，中国政法大学中欧法学院2020级欧洲-国际法学硕士，已毕业，现为公司法务。

为合同的司法倾向越来越明显。① 我国理论与实践中也不乏认同企业隐私政策为企业与用户之间的合同的人。② 就隐私政策的合同属性而言,其应当遵循"合同自由"这一大原则,由合同双方当事人自由协商,决定是否缔结合同以及合同的具体内容,法律不应过多干涉。然而,企业隐私政策往往十分冗长,涉及诸多专业术语,用户往往无法理解,也不愿意花时间去阅读企业的隐私政策,导致实践中企业隐私政策内容完全由企业自己决定,用户的自由意志被极度地压缩,只能机械地点击同意。在这一过程中,一旦企业在隐私政策中设定不公平的条款,用户的个人信息与隐私权将被企业"合法"地侵犯。③

为了保护用户的个人信息与隐私权,各国展开了对隐私政策规制的讨论,④ 也通过了系列法案,对隐私政策的通俗化用语、同意要件、目的特定化原则、数据最小化原则、用户对隐私政策条款的选择等方面作出规定。⑤ 我国也加入世界隐私政策规制浪潮中,从公法和私法两个维度展开规制。在公法层面上,《网络安全法》第41条引入了必要性原则,对数据收集的范围进行限制,《互联网个人信息安全保护指南》等规范性文件在此基础上对强迫用户同意、敏感数据和个人生物识别信息的收集等行为作出了进一步的规定。公法层面对隐私政策的各种规制毫无疑问地起到了保护用户个人信息与隐私权的作用,但该作用在进入私法层面时却受到严重削弱。主要原因在于当前理论和实务对隐私政策规制研究存在公法与私法相互脱离

---

① Klass, Gregory, "Empiricism and Privacy Policies in the Restatement of Consumer Contract Law", *Yale Journal on Regulation*, Vol. 36, 2018.

② 谈咏梅、钱小平:《我国网站隐私保护政策完善之建议》,《现代情报》2006年第1期;高秦伟:《个人信息保护中的企业隐私政策及政府规制》,《法商研究》2019年第2期;王娜与北京每日优鲜电子商务有限公司网络购物合同纠纷一审民事判决书,(2020)京0491民初9057号。

③ J. R. Reidenberg et al., "Disagreeable Privacy Policies: Mismatches Between Meaning and User's Understanding", *Berkeley Technology Law Journal*, Vol. 30, 2015.

④ Joel R. Reidenberg et al., "Ambiguity in Privacy Policies and the Impact of Regulation", *Journal of Legal Studies*, Vol. 45, 2016; Florencia Marotta-Wurgler, "Self-Regulation and Competition in Privacy Policies", *The Journal of Legal Studies*, Vol. 45, 2016.

⑤ Article 5, 7 of GDPR.

的情况,当公法规制已经深入隐私政策内部时,私法规制仍然停留在格式条款的规制上,绝大部分法院都拒绝或者不知道如何在司法裁判中引用与隐私政策相关的公法规范。有鉴于此,本文将在梳理隐私政策商业实践的基础上,对当前隐私政策司法实践的现状进行反思,并在私法的框架下提出弥合私法规制与公法规制之间裂痕的方案。

一 企业隐私政策的商业实践

(一) 用户同意的方式

《网络安全法》第 22 条第 3 款规定:"网络产品、服务具有收集用户信息功能的,其提供者应当向用户明示并取得同意……"实践中企业为了获取用户的同意,通常采用三种操作方式,即系统默认勾选同意、用户勾选同意、强制阅读后点击同意。在系统默认勾选同意模式之下,用户无须任何操作,只要进入产品操作界面,接受企业提供的服务便被系统默认为接受企业的隐私政策。在此种情况之下,用户可能在使用该产品相当长一段时间内均不知道企业隐私政策的存在,更不知晓企业收集的个人信息范围及其使用目的。在用户勾选同意模式之下,用户必须找到企业隐私政策勾选项,将其勾选上去点击同意才可以使用网络产品或接受网络服务。在该种模式之下,用户在最开始便知悉企业隐私政策的存在,但用户可能因为主观或客观原因没能阅读理解企业隐私政策内容。在强制阅读后点击同意模式下,用户必须浏览阅读企业隐私政策之后,才可以点击同意。浏览阅读过程是由企业强制设定的,通常表现为必须将企业隐私政策从头翻到尾才会出现同意选项,或者必须在企业隐私政策界面停留一段时间后才会出现同意选项。该模式克服了用户主观上不愿意点开企业隐私政策的情形,但有多少用户会在强制阅读期间真正地阅读企业隐私政策仍然有待调查。

（二）用户的选择权

根据《互联网个人信息安全保护指南》第 6.1 条的规定，企业"不应通过捆绑产品或服务各项业务功能等方式强迫收集个人信息"。《App 违法违规收集使用个人信息行为认定方法》第 4 条将"因用户不同意收集非必要个人信息或打开非必要权限，拒绝提供业务功能"认定为"违反必要原则，收集与其提供的服务无关的个人信息"的行为。上述规定尽管属于部委规范性文件或者行为指南，规范层级较低，但却在深刻地改变企业隐私政策的商业实践。当前针对用户选择权问题，实践中有三种模式，即强制绑定、用户选出、用户选入。在强制绑定模式下，用户若拒绝企业隐私政策中的某项内容，则构成对企业隐私政策及服务协议整体的拒绝，企业不再为用户提供网络产品或服务。用户若想使用该网络产品或服务，则必须同意企业隐私政策的全部内容。在这种情况下，用户只有选择同意或拒绝整个企业隐私政策的权利，对其条款没有选择权。在用户选出模式下，系统默认用户的同意为对企业隐私政策整体的同意，但用户可以通过系列操作，将其中不同意的条款单独勾选出来，以行使用户的拒绝权。用户对部分条款的拒绝只会导致相关产品功能无法使用。在该模式下，由于大部分用户不知道或者不愿意花时间去选出不同意的隐私政策条款，用户选择权在事实上被用户所放弃。在用户选入模式下，系统会先询问用户是否同意基础功能相关的隐私政策条款，若用户主动勾选其他隐私政策条款，则系统默认用户未同意该隐私政策条款。只有在用户主动使用产品附加功能时，系统才会弹出相关的隐私政策条款供用户勾选。在该模式下，企业隐私政策被切割为几个模块，用户根据其需要主动同意其中的一个或多个模块，用户选择权受到最大程度的尊重。

（三）收集、存储、使用规则

《网络安全法》第 41 条第 1 款规定："网络运营者收集、使用个人信息，应当遵循合法、正当、必要的原则，公开收集、使用规则，明示收集、使用信息的目的、方式和范围,并经被收集者同意。"为了符合该要求,企业往往在隐私政策中披露其个人信息收集使用目的、方式和范围,但存在模式上的差异。对于大部分企业的隐私政策而言,其往往采用一种模糊性的语言,一连串地列举其可以想到的目的以及收集的个人信息范围,但没有建立起每一个目的与个人信息范围之间的联系。如 Apple 公司 2021 年 6 月 1 日更新的隐私政策中便一次性列举了创建 Apple ID、申请商业信贷、购买和/或激活产品或设备等使用目的,随后列举了可能收集的个人信息范围为账号信息、设备信息等。对各项信息与特定使用目的之间的联系,Apple 公司隐私政策中并没有载明。① 该种情况使企业的个人信息收集使用行为具有更大的操作空间,但却使个人信息被过度采集。少数隐私合规做得较好的企业,则分别列举个人信息收集使用目的与相应的收集范围,建立起使用目的与收集范围之间的联系。如 2021 年 1 月 29 日版的《微信隐私保护指引》中逐一列举了注册微信服务、使用微信服务、使用微信朋友圈功能等个人信息使用目的下对应的个人信息收集范围。② 此种情况将个人信息收集使用范围严格限定在特定目的之上,若企业后来发展出新的业务,需要收集使用用户个人信息,则需要更新隐私政策,重新获得用户的授权,对用户知情同意权起到一个较好的保护作用。

在个人信息存储方面,《互联网个人信息安全保护指南》第 6.2 条对个人信息存储期间做了一个限制,要求对收集的个人信息设置一定的存储期限,超过设置的存储期限应当删除个人信息或进行匿名化处理。由于该规范属于软法规范,实践中存在一些企业未在其隐私政策中规定个人信息存储期限问题,如 Apple 公司隐私政策。在设置个人信息存储期限的企业隐私政策中,存在两种设置方法:一是将个人信息删除时点设定为用户注销账

---

① 《Apple 隐私政策》,https://www.apple.com/legal/privacy/szh/,最后访问日期:2021 年 6 月 7 日。
② 《微信隐私保护指引》,https://weixin.qq.com/cgi-bin/readtemplate?lang=zh_CN&t=weixin_agreement&s=privacy,最后访问日期:2021 年 6 月 7 日。

户时，但法律法规规定留存数据的除外；二是将个人信息存储期限设定为实现处理目的所必需，当个人信息对收集使用目的不再必要时，企业将删除用户个人信息。第二种存储期限设置方法实际上是对《网络安全法》第41条第1款规定的必要性原则的运用。该原则要求个人信息的收集、使用和存储都必须限定在实现个人信息处理目的的必要范围之内。当个人信息的收集、使用或存储对于处理目的而言不再是必要的，企业应当停止相应的收集、使用或存储行为。然而，实践中很多企业并没有遵守必要原则的规定。工信部在2021年集中查处、约谈、通报了大量企业的超必要范围收集用户个人信息行为，其中不乏"美团"这样的头部企业。

二 企业隐私政策的合同法规制实践

（一）格式条款提示说明义务

《民法典》第496条第2款规定："……提供格式条款的一方未履行提示或者说明义务，致使对方没有注意或者理解与其有重大利害关系的条款的，对方可以主张该条款不成为合同的内容。"该项规定来源于《合同法》第39条规定的格式条款提示说明义务。由于企业隐私政策是企业预先拟定的，用以处理企业与众多用户之间的个人信息收集与保护关系的协议，具有"重复使用""预先拟定""非协商性"三个特征，属于《合同法》和《民法典》所认定的格式条款。司法实践中常常围绕企业的提示说明义务展开规制。在司法裁判过程中，双方当事人之间的核心争议焦点在于企业提示说明义务的具体表现是什么、怎样才算履行了提示说明义务。对该问题的回答，需要回到用户对企业隐私政策的同意方式。如前文所述，商业实践中用户的同意模式可以分为三种，即系统默认勾选同意、用户勾选同意、强制阅读后点击同意。在系统默认勾选同意模式下，江苏省泰州市中级人民法院认为用户在该种模式下无须点击阅读便可对网络产品进行正常使用，其中突出强调的条款用户也就看不到了，所以企业未能尽到合理提示及说明义务。① 在用户勾选同意模式下，山东省枣庄市中级人民法院认为即便要求用户主动勾选的程序设计能够提示用户企业隐私政策的存在，但若没有其他设置，则不容易使用户注意到企业隐私政策中的一些内容，所以该种模式也不能认为企业尽到了提示说明义务。② 在强制阅读后点击同意模式下，山东省潍坊市中级人民法院认为此种模式下企业已经尽到提示说明义务。③

不过，也有法院对提示说明义务采取较为宽松的解释路径。如北京市第四中级人民法院认为，在裁判相关条款法律效力问题上，不能仅考虑企业是否以弹窗方式或勾选方式征求用户意见，还需要考虑先前对类似条款的判决与用户对该条款的可预见性。如对于管辖条款，因先前有大量判决认定该条款有效，则出于维护交易稳定角度的考虑，应当也认定本案中的管辖条款有效。如用户根据一般消费常识，可以预见到协议中存在某类条款，则用户不去阅读协议条款不能视为企业未尽提示义务。④ 对于用户不去阅读协议条款的行为，北京市第一中级人民法院认为用户作为完全民事行为能力人，自己放弃查看阅读合同文本系对自身权利的处置，法院不能以此认定该条款无效。⑤

除了对用户同意方式的审查外，法院还对企业隐私政策的格式排版进行审查，判断与用户有重大利害关系的条款是否能够引起用户注意。对于何为重大利害关系，当前司法实践并未给出认定标准，但山东省滨州市中级人民法院在其判决书中引用了国家工商总局发布的《网络交易平台合同

---

① 上海寻梦信息技术有限公司、葛松崖与上海寻梦信息技术有限公司、葛松崖等民事裁定书，(2021) 苏 12 民辖终 63 号。
② 广州虎牙信息科技有限公司、何某 1 网络服务合同纠纷二审民事裁定书，(2020) 鲁 04 民辖终 104 号。
③ 官国栋、北京字节跳动科技有限公司网络购物合同纠纷管辖民事裁定书，(2021) 鲁 07 民辖终 120 号。
④ 赵某与上海轩盒网络技术服务有限公司网络服务合同纠纷二审民事裁定书，(2020) 京 04 民终 451 号。
⑤ 郭文龙与多点新鲜（北京）电子商务有限公司买卖合同纠纷二审民事判决书，(2020) 京 01 民终 1649 号。

格式条款规范指引》，将行政机关出台的指引作为认定依据。① 对于条款应当在何种程度上区别于其他条款问题，山东省枣庄市中级人民法院认为企业仅仅对相关条款做加黑、加粗及加下划线处理并不足以认定企业尽到合理提示义务，企业还需要将相应的字体放大，并将其置于突出位置。② 北京市第四中级人民法院认为，企业采用加粗、加下划线、加蓝色亮字的方式足以引起消费者注意，应当认定为尽到合理提示义务。③ 吉林省吉林市中级人民法院认为，仅仅是将条款突出显示是不够的，应当考虑消费者的注意力，若协议中包含大量烦琐的资讯，消费者很难注意到该条款。④

（二）格式条款的解释与无效

《民法典》第 497 条规定："有下列情形之一的，该格式条款无效：（一）具有本法第一编第六章第三节和本法第五百零六条规定的无效情形；（二）提供格式条款一方不合理地免除或者减轻其责任、加重对方责任、限制对方主要权利；（三）提供格式条款一方排除对方主要权利。"第 498 条规定："对格式条款的理解发生争议的，应当按照通常理解予以解释。对格式条款有两种以上解释的，应当作出不利于提供格式条款一方的解释。格式条款和非格式条款不一致的，应当采用非格式条款。"上述两条规定分别来源于《合同法》第 40 条和第 41 条。司法实践中围绕该条展开的争议相对较少，笔者 2021 年 6 月 1 日在北大法宝上以"隐私政策"为关键词，将检索范围设定为全文进行检索，出现 509 份裁判文书，其中仅 1 份涉及隐私政策的解释问题，仅 4 份涉及隐私政策条款无效的问题。

---

① 广州趣丸网络科技有限公司、李某 1 买卖合同纠纷管辖民事裁定书，(2021) 鲁 16 民辖终 20 号。
② 广州虎牙信息科技有限公司、何某 1 网络服务合同纠纷二审民事裁定书，(2020) 鲁 04 民辖终 104 号。
③ 赵某与上海轩盒网络技术服务有限公司网络服务合同纠纷二审民事裁定书，(2020) 京 04 民终 451 号。
④ 中国移动通信集团终端有限公司广东分公司与张某网络购物合同纠纷管辖民事裁定书，(2020) 吉 02 民辖终 54 号。

在"每日优鲜案"中,每日优鲜的用户协议与隐私政策在推送信息类型条款中存在差异表述。其中用户协议用了"每日优鲜相关信息"这一较为模糊的用语,对其是否包含商业推广信息存有疑虑。而隐私政策中则直接列明了商业推广信息。对此,北京互联网法院拒绝将用户协议放在隐私政策框架下做体系性解释,而是运用格式条款的解释规定,采用不利于企业的解释路径。然而,由于隐私政策中授权了发送商业推广信息行为,且法院认为用户有事后拒绝的权利和途径,不构成排除用户主要权利,所以拒绝认定该条款无效。① 在"爱奇艺案"中,爱奇艺试图通过格式条款的形式排除《合同法》第40条的适用。对此,北京市第四中级人民法院认为通过格式条款排除《合同法》第40条的适用属于意图排除消费者权利的不公平不合理的规定,应当认定该类条款无效。② 在"字节跳动案"中,安徽省芜湖市中级人民法院认为法院在审查格式条款是否无效的问题上应当处于被动角色,用户应当举证证明案涉格式条款存在无效事由。③ 在"阿里案"中,支付宝、淘宝、天猫公司在其隐私政策中采用概括授权的方式获取用户对其个人信息共享行为的同意。对此,北京市海淀区人民法院认为,个人信息的收集使用应当遵循必要原则,此处的必要是指用户之必不可少,而非企业之必要。支付宝公司的个人信息共享行为并非用户完成交易所必要,而是网络公司引流的必要,其行为超出了最初设定的个人信息收集目的之必要,需要重新获得用户授权。虽然支付宝公司主张其隐私政策中对共享行为存在概括授权条款,但法院结合个人信息保护法的立法目的指出:"如果认为网络运营者仅仅采用概括式的授权即履行了其告知义务,而在具体场景的应用中无需再次取得用户同意,则个人信息相关权益的所有人在进行该种授权时对于其个人信息的使用方式以及使用范围无法明确知晓,

---

① 王娜与北京每日优鲜电子商务有限公司网络购物合同纠纷一审民事判决书,(2020)京0491民初9057号。
② 北京爱奇艺科技有限公司与吴声威网络服务合同纠纷上诉案,(2020)京04民终359号。
③ 北京字节跳动科技有限公司与江珍惠、钟胜淘赠与合同纠纷二审民事判决书,(2020)皖02民终2598号。

可能导致个人信息脱离于用户意志而被不当收集和使用，不利于对个人信息的保护。"基于上述理由，法院认定支付宝公司的个人信息共享行为未获得用户授权，构成侵权。[1]

（三）总结与反思

从上述司法裁判可知，司法实践中主要的争议在于企业的提示说明义务，对于企业隐私政策的解释和无效争议较少。其中，在提示说明义务问题上，法院对互联网环境下企业提示说明义务采用的是较为严格的解释，要求企业采取强制阅读后点击同意的模式。此种司法裁判具有经济合理性，因为采用此种登录方式，企业仅需要修改几行代码即可，负担并不重，而广大用户却因此能够有更多的机会注意到企业隐私政策的具体内容，以便决定是否使用该网络产品。北京法院提出的在先判决、用户可预见性、权利放弃三点理由是对企业提示义务认定的一项重要补充，但其结论仍有待商榷。针对在先判决这一理由，应当明确我国并非判例法国家，法院进行司法裁判的依据是法律而非判例，采用在先判决确定的结论不符合我国司法运作体系。再有，对于互联网企业的提示义务问题，其属于新问题，实践中的案例仍然较少，且存在不少冲突判决，很难说已经达成了一个确定性的裁判趋势，稳定的裁判结果尚未形成。针对用户可预见性，其存在法律人的主观臆断。尽管对法律人而言，管辖协议是合同起草中一项非常常见的条款，但对于大部分非法律人，其对管辖协议是几乎没有认识的，难以说用户可以预见到管辖条款的存在。至于企业隐私政策中其他条款，没有接触过个人信息保护的法律人都十分陌生，更难言广大群众可以预见到其潜在的不利条款。针对权利放弃，尽管用户不阅读行为可以被视为用户对自身权利的处置，但大多数用户实际上并不知悉个人信息被过度采集的风险，将其认定为权利放弃行为实际上是助长企业利用用户的无知谋利的行为，不利于个人信息保护的发展。但考虑到企业无法真的强制用户去认

---

[1] 俞某诉北京乐某达康科技有限公司等网络侵权责任纠纷案，（2018）京0108民初13661号。

真阅读，所以采用技术手段，强制用户在浏览企业隐私政策一段时间后才可以点击同意，有利于企业向用户揭示风险，使用户能够谨慎决定是否放弃权利。

对于企业隐私政策适用格式条款解释规制，虽然在一些案例中能够起到保护用户合法权益的效果，但其威慑力较弱。格式条款解释规制的前提是对格式条款的理解存在歧义，企业完全可以在制定隐私政策中对其用语进行审慎选择，严格解释限定的方式消除歧义，从而避免受到格式条款的解释规制。而企业隐私政策的无效规制，虽然当前司法实践中遇到的案例较少，但其威慑力却十分强大。如在"阿里案"中，法院通过对《网络安全法》中的必要原则与个人信息保护目的进行解释，得出用户授权必须是针对特定目的的授权，不能是概括授权，将企业霸道的隐私政策条款归于无效，保护了用户的合法权益。同时，在该裁判中，法院进行了非常详尽的论证说理，对个人信息保护法律规范进行了深刻的解释说明，有利于推动个人信息保护法的更高水平发展，其意义十分重大。当然，该裁判中对于无效的具体法律依据展现得并不够明晰，没能理清个人信息保护的公法规范在私法裁判中应如何适用。一些法院对于企业隐私政策条款的效力审查表现得过于被动，用户在起诉时也缺乏专业的法律知识，未能穷尽一切可能的请求权基础。这些问题背后的原因在于法院和当事人对于企业隐私政策的公法规范不熟悉，未能在企业隐私政策的私法规制框架中引入公法规范。

三 公法规范在私法规制中的引入

（一）引入的必要性

尽管在法学理论上，法律规范按照行为主体或者法律关系被划分为公法和私法两大领域，但此种划分并非绝对的、非此即彼的。在近现代社会法律实践中，公法规范时常侵入私法领域，作用在私主体之间以便实现公法规范的目的。而私法规范也在一些情况下被作为公法规制的工具,柔性地实现相应的法律目标。[①] 在企业隐私政策私法规制中,当前司法实践中常用的是格式合同的法律规制,其中以企业提示说明义务的规制为重点。对于企业隐私政策的内容,法院往往不愿意去审查。然而,若从公法规范的角度来看,企业隐私政策的内容正是当前规制的重点,也是个人信息保护效果实现的核心。因为企业的提示说明义务终归只是程序上的义务,企业只要在获取用户同意时多一些步骤便能满足,用户的知情同意权虽然得到保障,但该权利的保障和行使并不能对企业隐私政策的内容产生实质性的影响。企业仍然可以制定霸道的隐私政策条款,疯狂地获取用户个人信息。甚至在企业尽到提示说明义务,且隐私政策条款没有歧义的情况下,即便企业获取个人信息行为与其业务目的完全无关,企业的隐私政策条款在司法实践中仍然被认定为合法有效。企业过度收集用户个人信息的行为获得私法上的合法外衣,用户无法通过诉讼的方式对企业的个人信息收集处理行为提出挑战。即便当前司法实践中已经有少数法官注意到了此种私法规制的困境,并试图在个案中运用个人信息保护理论进行裁判说理,否决企业不合理的隐私政策条款的效力,但法官在判决书中却未能明确指出无效的法律依据,使其判决的合法性受到一定的质疑。从当前企业隐私政策公法规制现状来看,相比于用户的知情同意而言,最小必要原则在规制中的地位更为重要。公法已经深入企业隐私政策的具体内容,要求企业的收集使用存储行为都要有明确的目的,并且每一个环节都要限定在必要的范围内。此种必要要求企业将个人信息的收集使用存储行为限定在最小范围内。企业仅能收集、使用或存储那些在没有该个人信息的情况下,企业的目的将无法实现的个人信息。

(二) 强制性规范

《民法典》第 153 条第 1 款规定:"违反法律、行政法规的强制性规定

[①] 苏永钦:《私法自治中的国家强制——从功能法的角度看民事规范的类型与立法释法方向》,《中外法学杂志》2001 年第 1 期。

的民事法律行为无效。但是，该强制性规定不导致该民事法律行为无效的除外。"该条规定来源于《合同法》第 52 条第 5 项，是公法规范进入私法领域的一个重要通道。该条规定在最开始实施时，一些法院动辄以该项规定为由认定合同无效，不当地扩大无效合同范围。对此，《最高人民法院关于适用〈中华人民共和国合同法〉若干问题的解释（二）》第 14 条和最高人民法院《关于当前形势下审理民商事合同纠纷案件若干问题的指导意见》将"强制性规定"限定在效力性强制性规定范围内，指出违反管理性强制性规定的，人民法院应当根据具体情形认定合同效力。随着这一规定的提出，审判实践中又出现了另一种倾向，即认为凡是行政管理性质的强制性规定都属于"管理性强制性规定"，不影响合同效力。这种望文生义的认定方法，在《全国法院民商事审判工作会议纪要》中被予以明确纠正。在该纪要中，最高人民法院提出在认定强制性规定的性质时，应当综合考量其所保护的法益类型、违法行为的法律后果以及交易安全保护等因素。有鉴于此，本文将从企业隐私政策公法规范所保护的法益类型、违反相应公法规范的法律后果以及交易安全保护等因素对相应公法规范的性质展开分析。

  从企业隐私政策公法规范的内容来看，其包含三个核心方面：一是保护用户的知情同意权，要求企业在收集、使用或存储用户个人信息前，将其目的和对应的个人信息范围清晰地告知用户，让用户可以控制其个人信息的流向，避免个人信息被滥用，进而对其人身和财产造成危害。二是保障用户个人信息在最小必要的范围内被收集、使用或存储等。互联网时代下，一方面用户个人信息受损会导致其人身和财产权益受到重大威胁，另一方面用户个人信息是企业提供网络产品和服务所必不可少的。为了平衡二者之间的矛盾，我国一方面允许企业收集处理个人信息，另一方面又运用必要原则对其收集处理行为进行限制，从而降低用户个人信息权益受损的风险。三是保障用户个人信息的安全性和完整性。由于用户个人信息具有重大的商业价值，存储在企业服务器里的用户个人信息受到很多外部主体的觊觎，用户个人信息容易被泄露或者非法获取。为此，公法规范对企业施加了安全管理义务，要求企业采取加密存储，设置最小访问权限等措施保护用户个人信息的安全性和完整性。

从上述公法规范所保护的法益类型来看,其都是为了保护个人信息权益不受侵害。从表面上看,该法益的重要性不高,但其受损会导致用户的财产和人身等其他重大法益受到严重威胁,故应当认可其法益的重要性。从违反上述公法规范的法律后果来看,企业违反相应的公法规范都会被主管机关要求整改,情节严重的还会面临行政或刑事处罚。从其法律后果来看,即便企业隐私政策中对其违反公法规范行为予以合法化,但相应的企业隐私政策条款在公法规范下是不可执行的。一个在法律上不可执行的合意应当被认定为无效,而无效的依据便是公法规范阻止了其法律可执行力。从这个角度来看,应当将相应的公法规范认定为效力性强制性规范。从交易安全的角度来看,用户对于企业隐私政策和相应公法规范都是接近无知的状态,用户对交易没有任何稳定性预期。而企业其作为一个从事个人信息收集处理的商主体,应当知悉公法规范的内容,应当知道其隐私政策的违法性,其预期也不值得保护。因此,交易安全不能成为阻却企业隐私政策无效的理由,企业隐私政策公法规范应当被认定为效力性强制性规范。

(三) 减责限权

《民法典》第153条第1款规定的"强制性规范"仅限定在法律、行政法规范围内,其规范层级较高。而从企业隐私政策公法规范的层级来看,只有《民法典》和《网络安全法》的相关规定达到了该款所要求的法律规范层级。但是《民法典》和《网络安全法》的相关规定都是较为原则性的,其具体规范内涵还需要依赖于监管机关发布的部门规章和规范性文件才能明确。并且,在企业隐私政策的公法规制中,部门规章和规范性文件不满足于解释细化的角色,其常常承担着发展个人信息保护规则的作用。如《民法典》和《网络安全法》均只要求企业公开收集、使用规则,明示收集、使用信息的目的、方式和范围,并经被收集者同意。对于同意的方式和用户选择权问题并没有强制规定。而《网络安全标准实践指南——移动互联网应用程序(App)个人信息保护常见问题及处置指南》却对同意的方式和强制捆绑索权问题作出规定。因此，为了充分发挥公法规范的作用，避免公法规范在进入私法领域被减损，导致公法上无效的隐私政策条款在私法上有效这一矛盾现象，应当将这类规范层级较低的公法规范也引入私法规制框架之中。

根据《民法典》第 497 条第 2 项的规定，提供格式条款一方不合理地免除或者减轻其责任、加重对方责任、限制对方主要权利的，该格式条款无效。由于实践中企业隐私政策都符合格式合同的特征，而公法规范的核心内容在于界定企业的责任和用户的权利，因此可以借助《民法典》第 497 条第 2 项的规定，将与公法规范冲突的企业隐私政策条款认定为减责限权的格式条款，从而认定该条款无效。实现这一目标需要两个条件：一是企业隐私政策条款作出了减责限权的规定，二是该规定具有不合理性。企业隐私政策公法规范可以用于界定什么是企业的责任，什么是用户的主要权利。与公法规范相冲突的企业隐私政策条款可以被认定为减责限权条款。但是这种减责限权行为必须达到不合理的程度才会被认定为无效。这意味着，法院在司法裁判时还需结合个人信息保护理论，对公法规范和企业隐私政策的背离程度进行审查。通过对不合理性的判断，法院一方面可以对公法规范进行阐述说理，协调公法与私法之间的冲突，推动公法规范的细化和发展，另一方面还可以对公法规范进行司法监督，阻却不合理公法规范在私法领域中的效力，并向监管机关发出警示信号。

结　论

企业隐私政策作为企业与用户之间的协议，其毫无疑问将受到合同法的规制。当前司法实践对企业隐私政策合同法规制的重点主要在格式条款的提示说明义务上，重点在于保障用户的知情同意权。然而，仅仅依靠用户知情同意权不足以保障用户个人信息权益。当前我国公法对企业隐私政策的规制已经深入其内容，要求企业的收集处理行为限定在最小必要范围内，并采用数据加密、设置访问权限等措施保障用户个人信息的安全性和完整性。然而，法院对这些公法规范不熟悉，不知道如何在合同法规制框架内引入这些公法规范，实践中这些公法规范在企业隐私政策的合同法规制上很少出现，导致公法规制与私法规制成为两个独立封闭的圈子，彼此之间存在裂痕，出现了公法上无效的隐私政策条款在私法上有效的现象。为此，本文提出在合同法规制框架中引入公法规范的两条路径：一是综合考虑其所保护的法益类型、违法行为的法律后果和交易安全等隐私，将《民法典》和《网络安全法》等法律、行政法规中对企业隐私政策的相关规定认定为效力性强制性规定；二是借助《民法典》对"减责限权"的格式条款无效的规定，将监管机构等出台的规范层级较低的公法规范作为认定隐私政策条款是否减少企业责任、限制用户主要权利的依据，法院借助"不合理性"这一要件，对公法规范本身以及隐私政策条款违法程度进行司法审查，将相应的公法规范合理地引入合同法规制框架中。

书 评

从作品独占论到著作权工具论
——《知识财产法哲学》读后的一点思考

李 杨[*]

在现实生活中,人们一直尝试沿用有体财产的物权逻辑,将作品拟制为一种与有体物类似的东西——抽象物。某种意义上,我们将作品视为著作权的"保护对象",其本身就预设一种隐喻式的逻辑前提,即作品可以像有体财产那样,作为财产权边界划分的主要依据。作品独占论时常用来指涉那些将自然权利作为中心内容的财产公平理论。在作品独占论看来,占有者应当支配抽象物,所有权理应高于共有利益。换言之,"财产利益本身就被给予道德的至上性,与个人主义有很强的联系"[①]。某种意义上,作品独占论支撑着著作权是一种自然权利的观念,主张作品作为一种抽象物的个人财产具有神圣的不可侵犯性,而这将使财产法的原则及制度设计被植入著作权体系,著作权由此可以获得一种绝对性的支配力,进而形成渐次扩张的理论基础。[②] 人们用"偷窃"一词来形容对作品的未授权使用,实际上恰恰隐喻着自然权利体系内的一种财产观念。

然而,作为一种知识产权,著作权实际上是由建立在人与人之间的社会关系所决定的,而并非由人与作品之间的独占关系所构成。可以认为,个人在创作过程中既是贡献智力劳动成果的创造者和革新者,又是使用前

---

[*] 李杨,法学博士,苏州大学王健法学院教授。
[①] 〔澳〕彼得·德霍斯:《知识财产法哲学》,周林译,商务印书馆,2008,第209~211页。
[②] 宋慧献:《版权保护与表达自由》,知识产权出版社,2011,第455页。

人知识信息的借用者和复制者,扮演着相互对立的双重角色。[①] 这是因为,创作一个新的独创性表达的作品,一般涉及对已有的一系列作品中的材料进行借用或重塑,再给它加上新的独创性表达。[②] 例如,一部新小说除了包含作者在独创性表达方面的贡献以外,还包括由以往作者所创作设计的人物、场景、具体情节以及类似的东西。所以,法律需要有效协调和维系著作权人与使用者以及社会公众之间的利益平衡关系,从本体意义上解决著作权制度的价值导向和利益合理配置问题。

尽管《TRIPs协议》的导言开宗明义地宣称"知识产权为私权",但从公共政策层面来说,著作权仍被普遍视为实现著作权法根本宗旨的一种手段或方式,甚或可谓一种工具主义特权。如《美国联邦宪法典》第1条第8款的"版权与专利"条款规定:"为了(for)促进科学和实用技术的发展,国会有权……通过(by)保障作者和发明者对他们各自的作品、发现在有限期间内享有专有权利。"[③] 再如欧盟《2001/29/EC号指令》导言中的大量表述,都说明制定该指令的目的在于"通过(by)提供知识财产的高水平保护,可以有利于培育创造力和革新的大量投资,包括引领欧洲产业竞争力的持续增长……这将会捍卫就业并将鼓励创造新的就业机会"[④]。可见,著作权在立法层面实际上是实现著作权法根本宗旨、作为公共政策层面的一种工具主义特权,必须谨慎、合理地维系权利人与社会公众之间的利益平衡关系,各国在法律实践中仍无法回避将著作权视为一种工具主义之法定权利的现实。

然而,让著作权从自然法权利回归至制定法权利,使知识财产理论从作品独占论转向著作权工具论,仅解释了著作权的"术"现象,并未从本

---

① 〔澳〕彼得·德霍斯:《知识财产法哲学》,周林译,商务印书馆,2008,第73页。
② 〔美〕威廉·M.兰德斯、理查德·A.波斯纳:《知识产权法的经济结构》,金海军译,北京大学出版社,2005,第84页。
③ 参见 United States Constitution, Article 1, Section 8。
④ 参见 Directive 2001/29/EC of the European Parliament and of the Council of 22 May 2001 on the Harmonisation of Certain Aspects of Copyright and Related Rights in the Information Society, Preface (4)。

体价值上探讨并确立著作权"道"的本质。言及著作权是一种工具主义的法定权利，仅表明它是实现公共政策之特定目标的一种手段或工具，至于这一特定目标所指为何，仍不得而知。换言之，工具主义的法定权利说仅能够解释著作权作为实现公共政策之特定目标的技术性功能，而未能真正解决著作权本体意义上的价值指向和利益合理配置问题。如果我们仅简单地强调著作权是一种政策性的工具主义特权，无异于承认其因受权力角逐中的集团政治影响而可以肆意地扩张和重设权利边界。这既可能损害著作权人（尤其是原始创作者）对利益回报的合理诉求，又可能危及鼓励学习、实现表达自由以及推动公众文化参与等公共福祉的实现。德霍斯先生在反对独占论的基础上也主张知识产权是一种工具主义的法定权利，但他将这一工具性权利延伸至伦理层面进行探讨，强调财产工具论必须服务于道德价值，即"财产服务于道德价值，而并非道德价值的基础"[1]。在德霍斯先生看来，"如果确立特权（如知识产权）的目的是实现某一既定目标，那么特权拥有者有义务以不损害特权被最初授予的目的的方式行使这项特权"[2]。正义的财产权意味着权利人在行使意志自由时，必须能够和所有其他人的自由并存。用穆勒的话说，"效用主义的财产观与正义之间应建立某种必然联系"，行为应当遵守的规则是一种"所有理性人都采纳的有益于集体利益的行为规则"[3]。

著作权的终极价值指向或既定的根本目标可以说是实现社会福祉的最大化以及利益的公平分配伦理。由于知识产品的价值实现依赖并取决于经济、社会、文化、政治等多元层面的因素，故与有体财产相较而言，著作权更倾向于将作品作为一种信息的开放式利用和公共效用发挥。权利人在行使著作权的同时，应合理地兼顾使用者基于学习、表达自由以及民主文化参与等宪法基本权利对作品的使用自由。可见，著作权除私权属性以外，

---

[1] 〔澳〕彼得·德霍斯：《知识财产法哲学》，周林译，商务印书馆，2008，第222页。
[2] 〔澳〕彼得·德霍斯：《知识财产法哲学》，周林译，商务印书馆，2008，第227页。
[3] 〔英〕约翰·穆勒：《功利主义》，徐大健译，上海世纪出版集团，2008，第53页。

还应当具备实现"公共福祉"的社会属性。在对著作权制度进行价值衡量时，我们应清醒地意识到个人财产由市场价值最大化原则单向支配的法律体系可能会对公共利益造成的破坏和消极影响，必须兼顾实现社会福祉最大化和利益分配伦理的社会责任，以避免"市场取代市民社会，凌驾于市民社会之上而成为法律"①。诚如德霍斯先生所言，知识产权（包括著作权）必须服务于一定的道德价值——具有必要的人本主义倾向或显现出一定的人文主义道德关怀，应将其置于仅限于市场利益至上的个人主义观念之外的多元价值体系的环境中加以考量。

从这个意义上说，与其说著作权法保护的是作品，毋宁说保护的是创作者基于作品特定利用方式而产生的利益。此外，对于"转换性使用"是否有引入我国司法裁判解释论体系的必要性的疑惑及分歧，本质上涉及对价值的理解问题。价值是人类对于自我发展的本质发现、创造与创新的要素本体，包括社会价值、个人价值、经济学价值及法律价值等不同形态。价值命题代表主体对于客体的评估和态度，既满足主体对客体的"个人"利益偏好，又兼顾客体在整体社会关系中的"公共"价值导向，应"表征主客体之间存在于个人与社会关系范畴的一种普遍价值"②。故可以认为，"转换性使用"并非单纯意义上的规范分析概念，需要结合司法实践中的具体个案情形进行解释论层面的价值分析和功能定位。我们与其将"转换性使用"作为规范分析中的一种"理论"或适用"规则"，毋宁将之视为功能性术语，即行为事实类型化区分下的一种价值判断"工具"。

---

① 〔法〕米海依尔·戴尔玛斯-马蒂：《世界法的三个挑战》，罗结珍等译，法律出版社，2001，第15~16页。
② 〔德〕文德尔班：《哲学史教程》（下），罗达仁译，商务印书馆，1993，第912页。

Table of Contents & Abstracts

Editor's Note

Legal Protection of Big-data   Zhang Peng / 3

Focus

On Date-related Rights and Protection

—A Comparative Study on Date Protection in the US and EU

                    Andy Y. Sun / 3

Abstract: The collection, transfer, transmission and analyses of data has become one of the most critical functions of the e-commerce as a whole, much like neuro transmissions within the nerve system of a human body, that help maintain the orderly operations of numerous highly complex and interdependent supply chains within the market. So how should data be defined? Should any legal right be bestowed to data themselves or databases? How should the personal privacy issues behind and reflected by the various data be handled? How can a proper balance be struck between the need of national and social security and the need for privacy protection, among other things? These are some of the pressing issued that have perplexed many countries around the world. This article intends to provide an overall review of the current development, experiences and practices in the U. S. and EU, and to comment on the issues encountered. Hopefully it will shed light and assist the legislative agenda to enact similar law in China.

Keywords: Data; Privacy; General Data Protection Regulations (GDPR); California Consumer Privacy Act (CCPA); California Privacy Rights Act (CPRA)

A Study on the Responsible Party of Personal Data Protection
— From the Perspective of Health-care Data

Lin Wei, Li Ting, Zhang Ziqian / 91

Abstract: Personal data has increasingly become a significant factor of production, and the importance of personal data protection is growing highlighted. The primary task of fulfilling obligations of data protection is to clarify the responsible party. However, the complex data utilization model makes it difficult to define the responsible party without clear legal provisions. China's regulations on the subject of responsibility for personal data protection are scattered with conflicts and contradictions, resulting in poor operation in practice, which further affects the performance of data security responsibilities. In comparative law, the EU adopts the "controller-processor" dichotomy framework in terms of the responsible party, and the responsibilities for data protection have gradually expanded from the controller to the processor. Similarly, the United States adopts a "covered entity-business associate" dichotomy framework which is identical to EU and has experienced the expansion of corresponding liability subjects. However, whether a party constitutes a controller still determines whether there is direct responsibility for protecting the positive rights of data subject. This "controller-processor" dichotomy framework is of great reference to my country.

Keywords: Personal Data; Health-care Data; Responsible Party; Controller; Processor

Analysis of the Processing Boundary of the Opening of Data and Personal Information

Li Yingli / 108

Abstract: Personal information and data security have been discussed in recent years among the public widely. On the one hand, we are living in a "particle society", the data seems to have become the basic unit of our life, there is no denying the fact that data analysis and the use is to our life brings the incomparable advantage, on the other hand, from the trill TikTok blocked at sea, The removal of Didi from the market revealed public concern about the protection of personal information. In this paper, the author will focus on a special type of data—the public data, especially the personal information contained in the public data. From relevant legal provisions and judicial cases, the author will probe into the current protection status of the public data and public personal information in China.

Keywords: Data; Personal Information; Legal Provisions; Judicial Case

Studies on Information Law
The Hypertrophy of German Copyright Law
— And Some Fragmentary Ideas on Information Law
Written by Thomas Hoeren   Translated by Han Tong / 133

Abstract: In the Internet age, German copyright law is facing a gigantic crisis. In order to better understand this crisis, the author first introduced some basic rules and fragmentary ideas of information law, such as information, law, regulative ideas, and information justice. Next, the author proposes that the crisis faced by German copyright law is caused by its excessive expansion. Reasons include the expansion of the scope of protection, the extension of the period of protection, the issue of right buyout, limitations, the expansion of neighboring rights, the boundary between copyright and trademark law and patent law, etc. Nonetheless, there are still many issues that need to be discussed so as to prevent the copyright law from overextending and eventually leading to the consequences of its collapse.

Keywords: Copyright Law; Information Law; Intellectual Property; Intellectual Property Rights

Adaptation to Fit the Situation, Time and Use
—An Introduction to US Copyright Law

Qiu Anman / 156

Abstract: The first federal copyright law was enacted in 1790, just 14 years after the founding of the United States in 1776 and just three years after the Constitution was written in 1787. In the more than 230 years since then, this federal copyright law has been amended several times. Each time it was amended, the starting and ending points were appropriate to the situation, the time and the use. This article briefly describes the dozens of enactments and their main features after the US Copyright Act of 1976, outlines the brief history of the change and development of the US copyright system with the development of information technology, and makes a brief comparison with Chinese legislation in terms of legislative basis, legal objectives, competent authorities, scope of works, content of rights, infringement and legal remedies, etc.

Keywords: US Copyright Law; Copyright Legislation; Copyright System; Copyright Reform

Reflection and Revision on the Criminal Protection of Commercial Secrets

Qi Jinfeng / 167

Abstract: The Sino-US Economic and Trade Agreement and the Amendment to the Criminal Law (xi) have raised the level of protection of trade secrets and lowered the threshold for criminal punishment, so that the victim is no longer subject to heavy losses. However, in practice, the judicial organs should pay attention to the convergence between the Anti-Unfair Competition Law and the criminal law; The third party's indirect infringement of commercial secrets is easy to be understood as negligent crime; The jurisdiction of commercial secret civil dispute and criminal lawsuit is not coordinated; The burden of proof in the Agreement has been misunderstood. Objectively, the judicial organs should guard against the behavior of "commercial spies" and pay attention to the relationship between criminal and civil protection system. Subjectively, we should adhere to the systematic thinking and limit the positive criminal law view, so as to better protect the legitimate rights and interests of citizens and promote the optimal application of the criminal protection system of commercial secrets.

Keywords: Trade Secrets; The Sino-US Economic Trade Agreement; The Amendment to the Criminal Law

Postgraduate Forum

A Reflection on the Objective Criteria of Determining Work's Originality

—Taking AI Generated Content as a Model

Li Yalan / 201

Abstract: In copyright law, the objective criteria of determining work's Originality emphasizes getting rid of the subjective elements such as creating process and focusing on the formal symbols of works. Scholars are keen to prove AI Generated Content's originality through Objective standards. However, no matter from the history of the objective standard or from the discussion of the objective standard in our academic circles, it cannot be proved. The objective criteria of determining work's Originality can't abandon creative process. The core of the copyright issue of AI generated content does not lie in whether or not to insist on subject problem. The more important thing is to choose a fairer mechanism of interest distribution. From the perspective of interest distribution, copyright law should insist on the uniqueness of natural person as the subject of creation.

Keywords: Artificial Intelligence; Originality; Objective Standard; Profit Distribution; Creating Process; Distribution of Interests

Tort Liability for Loss of Internet Server Data under the Perspective of Japanese Law

—Review of the Tokyo District Court Judgment of May 20, 2012

Ren Woxing / 222

Abstract: The tort liability for data loss faces multiple challenges in the construction of substantive law. First of all, data, which is the object of infringement and damage calculation, can be regarded as "absolute right" and protected by the route of "infringement of rights". In terms of the calculation of damages, the "difference theory" should prevail, and the cost of data recovery should be the scope of compensation. Secondly, in determining the fault and identifying the duty of care, attention should be paid to the impact of the exclusion clause and limitation of liability clause in IDC services on the duty of care of the tortfeasor, and there is no reason to burden the tortfeasor with the duty of care beyond the extent of the limitation of liability clause. In addition, the *de facto* unequal status between the parties should be considered in data infringement cases, and the fair allocation of the burden of proof should be realized by presumption of negligence, *prima facie* evidence rule or shifting/alleviating the burden of proof.

Keywords: Data; Object of Rights; Duty of Care; Tort Liability; Burden of Proof

On Circumvention of Technological Measures and Defining Aiding Acts as an Independent Crime

—An Analysis of the Relevant Provisions in Amendment (XI) to the Criminal Law of the People's Republic of China

Guo Lixuan / 241

Abstract: Circumvention of technological measures does not directly damage copyright in copyright infringement, but mainly plays a helping role. Thus, Amendment (XI) to the Criminal Law of the People's Republic of China stipulates the circumvention of technical measures as the type of illegal acts of Copyright Infringement crime, falling into defining aiding acts as an independent crime. After analyzing the origin background, technical characteristics, and actual hazards of circumvention of technical measures, it concludes that there is a substantive basis for defining this aiding act as an independent crime. However, in some specific cases, there is also a lack of substantive bases for above action. Thus, accurately speaking, the provision on circumvention of technical measures in Amendment (XI) to the Criminal Law of the People's Republic of China belongs to "relative defining aiding acts as an independent crime".

Keywords: Amendment (XI) to the Criminal Law of the People's Republic of China; Crime of Copyright Infringement; Circumvention of Technological Measures; Defining Aiding Acts as an Independent Crime

Judicial Frontier

Analysis of Judicial Discretion on Preservation of Conduct in Internet-related Unfair Competition Dispute

Wu Yueqin, He Xin / 255

Abstract: The diversification of competitive behaviors on the Internet has put pressure on intellectual property protection, and in order to cope with the imminent harm that may be caused by infringement, entitled parties often apply for act preservation as a powerful means to stop the damage. The Provisions of the Supreme People's Court on Several Issues Concerning the Application of Law in Reviewing Cases of Conduct Preservation in Intellectual Property Disputes list the factors that courts consider in reviewing preservation applications, including factual basis and legal basis, irreparability of damages, the interests of the parties, and whether public interests are involved. The court has more specific criteria for judging the above considerations in the realistic review.

Keywords: Internetcompetition; Unfair Competition; Intellectual Property rights; Conduct Preservation

On the Contractual Regulation of Corporate Privacy Policies

Chen Runping / 262

Abstract: A corporate privacy policy is a pre-defined agreement that governs the relationship between a company and its users regarding the collection and protection of personal information. Judicial practice usually places corporate privacy policies only under the regulatory framework of form contracts, ignoring the various prohibitions and mandatory norms established by the legislature and administrative authorities on corporate privacy policies, resulting in provisions that are invalid in public law being valid in private law. In order to bridge the gap between the private and public legal systems, the provisions of Article 153 (1) of the Civil Code should first be used to invalidate the provisions of corporate privacy policies that violate the mandatory provisions of laws and administrative regulations. If the corresponding norm is at a lower level, it is necessary to interpret the norm in the framework of the "reduction of liability and limitation of rights" by virtue of the provisions of Article 497 (2), so that the corresponding corporate privacy policy provisions are deemed invalid.

Keywords: Protection of Personal Information; Corporate Privacy Policy; Form Contracts; Peremptory Norms; Reduction of Liability and Limitation of Rights

征稿启事

1.《知识产权研究》是有关中国艺创，信息生产、传播、利用，法律研究的学术出版物。自1996年创刊以来，至今已经出版了27卷，自2019年起，计划每年出版两卷。《知识产权研究》追求学术旨趣，鼓励信息自由，采用匿名审稿制度，摒弃论资排辈，仅以学术价值为用稿依据，尤其欢迎在校研究生、博士后和青年研究者投稿。

2.《知识产权研究》设"主题研讨""司法前沿""书评"等栏目，刊登多种体裁的学术作品。

3. 根据学术刊物的惯例，《知识产权研究》要求来稿必须符合学术规范，在理论上有新意，或在资料的收集和分析上有所贡献；"书评"以评论为主，其中所涉及的作品内容简介不超过全文篇幅的四分之一，所选作品以近年出版的本领域重要专著为佳。

4. 请勿一稿数投。投稿一个月内作者会收到评审意见。

5. 来稿需为作者本人的研究成果。请作者确保对其作品拥有版权并不侵犯其他个人或组织的版权。译作者应确保译本未侵犯原作者或出版者的任何可能的权利，并在可能的损害发生时自行承担损害赔偿责任。

6.《知识产权研究》热诚欢迎国内外学者将已经出版的专著惠赠本刊编辑部，备"书评"栏目之用，编者、作者共同营造健康的学术研讨氛围。

7. 作者投稿时，电子稿件请发送至：zhoulin@ cass. org. cn。

8.《知识产权研究》鼓励学术创新、探讨和争鸣，所刊文章不代表本集刊编辑部立场，未经授权，不得转载、翻译。

9. 版权声明：《知识产权研究》集刊整体版权属于编辑部，该整体版权可授权社会科学文献出版社，在合同范围内使用；此举是为满足我国信息化建设的需要，实现刊物编辑和出版工作的网络化，扩大本集刊与作者信息交流渠道。凡在本集刊公开发表的作品，视同作者同意接受本声明。作者如不同意本声明，请在来稿时注明。

10. 由于经费所限，本集刊实难承担稿酬支出，文章刊出后，编辑部即向作者寄赠当期刊物两本。

稿件体例

一、稿件第一页请按以下顺序自上而下依次载明：篇名、作者名（译作顺序：原作者名、译者名）、摘要、关键词（三到五个，最多不超过五个）、正文。在正文末尾，请附上英文标题、英文作者名和300—500字的英文摘要。

二、正文内各级标题均按照首起退两格，按"一""（一）""1.""（1）"的层次设置。其中"1."以下（不包括"1."）层次标题不单占行，与正文连排。

三、各类图、表等，均分别用阿拉伯数字连续编号，后加冒号并注明图、表名称；图编号及名称置于图下端，表编号及名称置于表上端。

四、注释体例

（一）本刊提倡引用正式出版物，根据被引资料性质，作者原创作品格式为作者姓名＋冒号＋篇名或书名；非原创作品在作者姓名后加"主编""译""编译""编著"等字样。

（二）文中注释一律采用脚注，每页单独注码，注码样式为①②③等。

（三）非直接引用原文时，注释前加"参见"；非引用原始资料时，应注明"转引自"。

（四）数个注释引自同一资料时，体例与第一个注释相同。

（五）引用自己的作品时，请直接标明作者姓名，不要使用"拙文"等自谦词。

（六）具体注释举例

1. 著作类

郑成思：《知识产权法》，法律出版社，1997，第3页。

2. 论文类

马长山:《智能互联网时代的法律变革》,《法学研究》2018 年第 4 期。

3. 文集类

谢怀栻:《论著作权》,载中国版权研究会编《版权研究文选》,商务印书馆,1995,第 52~71 页。

4. 译作类

〔美〕伦纳德·D. 杜博夫、克里斯蒂·O. 金:《艺术法概要》,周林译,知识产权出版社,2011,第 148 页。

5. 报纸类

参见刘树德《增强裁判说理的当下意义》,《人民法院报》2013 年 12 月 27 日,第 5 版。

6. 古籍类

《汉书·刑法志》。

7. 辞书类

《元照英美法词典》,法律出版社,2003,第 124 页。

8. 外文注释

作者(书出版年份):《书名》(版次),译者,卷数,出版地:出版社。

作者(文章发表年份):《文章名》,《所刊载书刊名》,期数,刊载页码。

author (year), *book name*, edn., trans., vol., place: press name.

author (year), "article name", *journal name*, vol. (no.), page (s).

图书在版编目（CIP）数据

知识产权研究.第二十八卷,数据保护与信息自由/周林主编.－－北京：社会科学文献出版社,2022.3
ISBN 978－7－5201－9916－2

Ⅰ.①知… Ⅱ.①周… Ⅲ.①知识产权－中国－文集 Ⅳ.①D923.404－53

中国版本图书馆 CIP 数据核字（2022）第 047141 号

知识产权研究（第二十八卷）
数据保护与信息自由

主　　编 / 周　　林

出 版 人 / 王利民
组稿编辑 / 刘骁军
责任编辑 / 易　卉
文稿编辑 / 王楠楠
责任印制 / 王京美

出　　版 / 社会科学文献出版社·集刊分社（010）59367161
　　　　　 地址：北京市北三环中路甲29号院华龙大厦　邮编：100029
　　　　　 网址：www.ssap.com.cn
发　　行 / 社会科学文献出版社（010）59367028
印　　装 / 三河市尚艺印装有限公司
规　　格 / 开　本：787mm × 1092mm　1/16
　　　　　 印　张：19.5　字　数：281千字
版　　次 / 2022年3月第1版　2022年3月第1次印刷
书　　号 / ISBN 978－7－5201－9916－2
定　　价 / 98.00元

读者服务电话：4008918866

版权所有 翻印必究